人生大学问

南怀瑾著作解读

魏承思◎著

浙江人民出版社

图书在版编目（CIP）数据

人生大学问 ：南怀瑾著作解读 / 魏承思著. — 杭州 ：浙江人民出版社，2022.1
ISBN 978-7-213-10372-8

Ⅰ. ①人… Ⅱ. ①魏… Ⅲ. ①南怀瑾（1917-2012）-哲学思想-研究 Ⅳ. ①B261

中国版本图书馆CIP数据核字(2021)第216902号

人生大学问：南怀瑾著作解读

魏承思　著

出版发行：浙江人民出版社(杭州市体育场路347号　邮编　310006)
　　　　　市场部电话：(0571)85061682　85176516
责任编辑：诸舒鹏　　　　责任校对：杨　帆
责任印务：程　琳　　　　封面设计：张合涛
电脑制版：杭州天一图文制作有限公司
印　　刷：杭州丰源印刷有限公司
开　　本：710毫米×1000毫米　1/16　　印　　张：22.25
字　　数：324千字　　　　插　　页：2
版　　次：2022年1月第1版　　印　　次：2022年1月第1次印刷
书　　号：ISBN 978-7-213-10372-8
定　　价：78.00元

序言

中国传统文化的当代弘扬者

这些年来，在海峡两岸以及海外的华人社会里有一种说法：当代人不读南怀瑾，就不知道何为中国文化。南怀瑾一生中著述极丰，在国内已经出版的就有50多种。现在很多人都在读南怀瑾的书。可以说，他的书容易读，也不容易读。一方面，他的书深入浅出，通俗易懂；另一方面，他的书又博大精深，包罗万象。你以为读懂了，其实只是一知半解，或者是挂一漏万。因此，我希望能通过这本书，让大家一起来全面掌握南怀瑾著作的精华。

读南怀瑾的书，首先要了解南怀瑾这个人。20世纪80年代初，我在华东师范大学历史学系读研究生。刚开始接触南怀瑾的著作时，我还以为他是一个古人。他的学问实在渊博，各种著作涉及的内容十分广泛。这和当代专攻一门学问的专家学者很不同。后来，因缘际会，我不仅认识了南怀瑾，且能经常亲聆他的教诲，还有整整两年的时间在太湖大学堂与他朝夕相处，对他的了解才逐步深入。

南怀瑾究竟是怎样一个人？他一生行迹奇特，年少时广泛涉猎经史子集，礼义具备，诗文皆精，在其老家以“神童”闻名，并学习各门派武术，毕业于浙江省国术馆。早年曾钻研道家，青年时代发心学佛，在四川峨眉山大坪寺闭关三年，遍阅《大藏经》三藏十二部。出关下山后，深入康藏地区参访密宗上师，被白教贡噶上师及黄教、红教、花教上师陆续印证为密宗上师。因而，有人称他为“国学大师”“易学大师”，有人称他为“佛学大师”“禅宗大师”“密宗上师”，也有人称他为“当代道家”或“现代隐士”。这些头衔似是而非，每一种说法都只涉及了南怀瑾学问、人生的一个侧面，他也从未以这些头衔自居。

2000年，有人打算出版《南怀瑾全集》，南怀瑾指定我来写前言。动笔之前，最觉困难的是究竟应该如何给南怀瑾定位。我把他已经出版的著作全部重读了一遍，认识到南怀瑾的学问兼及儒、佛、道三家，在精研中国文化之外，还吸取了西方文明的精华。因此，很难说南怀瑾的学问究竟是偏于儒家、佛家，还是道家。我认为，准确地说，他是“中国传统文化的当代弘扬者”。

中国文化源远流长、辉煌灿烂，然而，近代中国在经济、科技和军事等许多方面都落后于西方国家，因此遭受西方列强的欺侮和侵略。一些知识分子寻找中国贫穷落后的原因，结果把账算到了传统文化头上，以为是旧的文化，尤其是孔子的儒家学说禁锢了中国人的思想，拖累了中国社会的进步。“五四”前后，一些人为了使中国走向现代化，提出“打倒‘孔家店’，推翻旧文化”的口号。他们分不清在中国文化传统中，什么是经过几千年考验积累起来的精华，什么是后人穿凿附会、肆意曲解加进去的糟粕，结果把精华与糟粕一起抛弃了。旧文化被抛弃，新的中国文化是什么却没有人知道。有人甚至提出“全盘西化”的主张，要我们这个有着五千年文化历史的民族，像个乞丐一样，向西方讨文化的饭吃。他们就这样把文化传统拦腰砍断，致使中国文化传统近百年来命若悬丝。

什么是中国的传统文化呢？南怀瑾说：中华文明在秦汉以前，儒、墨、道三家几乎涵盖了其全部的文化思想。到魏晋南北朝以后，儒、佛、道三家成为文化主流。因此，必须深入儒、佛、道三家的学问，由博返约，融会贯通，才能掌握中国文化的精义。如今的学者所受的大多是西式教育，将人类文化知识分门别类，成为专攻一门的专家。因此，他们对中国传统文化的了解往往是支离破碎的。特殊的人生经历和治学方法，使南怀瑾不同于当代的一般学者，而能出入于儒、佛、道之间。可以说，若其没有这样的学养，实难担负起弘扬中国传统文化的重任。此外，南怀瑾不是一个死读书、读死书的书呆子。他对中国文化的贡献不是停留在咬文嚼字上，也不是成天叫喊口号。对他来说，弘扬中国传统文化，不仅要坐而论道，而且要起而行之。

南怀瑾从青年时代起便一心以弘扬中国文化为己任。近一个世纪以来，他漂泊天涯，四海为家，但一直苦心孤诣地为振兴中国文化奔走呼号。20世纪40年代末他到台湾以后，一面担任文化大学、辅仁大学、政治大学等校教授，一面创立东西文化精华协会、老古文化事业公司、十方书院等文化机构。1985年，南怀瑾赴美客居，直至1988年到香港定居。在此期间，他先后创办美国弗吉尼亚州东西文化学院、华盛顿大学南怀瑾学院、加拿大多伦多中国文化书院和香港国际文化基金会等文化教育机构。20世纪90年代末，他在世界各地华人社会推广儿童诵读东西方经典的文化运动。21世纪初，南怀瑾在苏州创办太湖大学堂，在最后的岁月里依然孜孜不倦地传播中国文化。

南怀瑾教学数十年，门生弟子无数，并曾到美国、日本以及欧洲各国讲学。无论是在著作中、讲堂上，还是在与学生或友人的言谈中，他都表达了对民族文化发展命运的深切关怀。他始终认为：一个国家，一个民族，亡国都不怕，最可怕的是亡掉了自己的根本文化，这就会万劫不复，永远无法翻身。因为没有自己的文化，一个民族就不会有凝聚力，始终像一盘散沙；没有自己的文化，一个民族就不会有创造力，只能跟在别人屁股后面模仿；没有自己的文化，一个民族就不会有自信心，也不可能得到其他民族的尊重。

南怀瑾一生都在为延续中国文化传统的命脉而奔波。因此，毫无疑问，他是中国传统文化的当代弘扬者。对于这样一个人生定位，南怀瑾是认可的。当我写成上万字的《南怀瑾全集》前言，送给他审阅时，他一字未改地嘱咐送交付印。现在南怀瑾离开了我们。如果有人将他视为一个“文化学者”“国学大师”，那是贬低了南怀瑾；如果搞出一个“现代造神”运动，将他神化成一个“宗教人士”，那是曲解了南怀瑾。至于社会上有些不肖之徒对他进行攻击、诬蔑或质疑，说他是“江湖术士”，或者在数千万言著作中挑几处瑕疵质疑他的学问，对此，南怀瑾生前从来就是微微一笑，不置一词。只要认真读了南怀瑾的著作，种种误解就会迎刃而解。

目录

第一部分　认识南怀瑾

少年南怀瑾：博览群书，自修自通　/003
走出老家闯天下　/006
由儒入道：湖边奇遇　/009
只身入川：寻找剑仙　/012
由道入佛：从袁焕仙学禅　/016
护国法会：拜虚云和贡噶活佛为师　/019
峨眉闭关：能行难行，能忍难忍　/022
出川入台：动荡的岁月　/025
初到台湾：中国文化命若悬丝　/029
为保卫民族文化而战　/032
不要虚名，桃李满天下　/036
著作等身，创办十方书院　/039
洋弟子：向世界传播中国文化　/043
远走美国：为中国改革把脉　/047
南怀瑾的饭桌：在香港迎回归　/050
两岸密会一线牵　/053
金温铁路：为祖国建设尽一份力　/056
儿童读经：振兴文化从孩子抓起　/059
太湖大学堂：最后的日子　/061

第二部分　南怀瑾的学问

贯通儒释道，出入百家言　/067

经史合参，以经解经 /071
深入浅出，广征博引，贯通古今 /075
南怀瑾谈为己之学 /078
中国文化必读书 /082
南怀瑾哪些著作最重要 /085

第三部分 南怀瑾儒家著作导读

《论语别裁》，别出心裁 /091
为孔子平反昭雪 /095
还《论语》本来面貌 /099
《论语》究竟说什么 /103
正本清源说《大学》 /107
七证：内养功夫的顺序 /111
自欺、欺人、被人欺 /115
外用以修身为本 /119
广征博引讲《孟子》 /123
“仁政”与义利之辨 /126
浩然之气是我们的民族精神 /130
孟子的性善论 /133
深入浅出讲《离娄》《万章》 /137
修身立命在“尽心” /141
《话说中庸》：解开儒家心法的奥秘 /145
什么样的人是强者？ /148
五达道和三达德 /152
《易经杂说》：学易入门 /156
《易经系传别讲》：学易经，看人生 /159

第四部分 南怀瑾道家著作导读

《中国道教发展史略》 /165

《道家、密宗与东方神秘学》 /168
《老子他说》：他说老子 /171
老子说“道” /174
老子的法宝 /178
道家养生的原则和方法 /181
做人处世学道家 /184
《庄子諵譁》：探究生命的意义 /188
庄子说逍遥人生 /191
讲《庄子》内六篇 /194
《列子臆说》：寓言里有哲理 /198
听列子讲故事，悟人生大道理 /202
《小言黄帝内经与生命科学》 /205
《我说参同契》：难懂能懂 /208
气脉真通和假通 /210

第五部分 南怀瑾佛家著作导读
《中国佛教发展史略》：佛法、佛教和佛学 /215
佛教的中国化 /218
学点常识进寺庙 /221
《学佛者的基本信念》 /223
《定慧初修》：禅学与禅净双修 /226
南怀瑾说《心经》 /228
《如何修证佛法》 /231
《静坐修道与长生不老》：静以养生 /234
南怀瑾教七支坐法 /236
细说静坐的身心反应 /239
《金刚经说什么》：善护念 /241
应无所住，如如不动 /244
无所住，不着相 /247

《药师经的济世观》：救人济世的大乘精神　/251
大乘佛教精神的实践　/254
《维摩诘的花雨满天》：在入世中出世　/257
大乘菩萨的见地　/260
如何看待自己的身体　/264
《圆觉经略说》：一念一清净　/267
十二菩萨问，佛法精要　/270
《楞伽大义今释》　/274
自从一读《楞严》后，不看人间糟粕书　/278
《楞严经》的宇宙观与人生观　/282
根尘解脱与二十五圆通　/286
教理行果　/290
《禅宗与道家》　/294
《禅海蠡测》是正本清源之作　/298
禅宗与教理　/302
顿悟与渐悟　/306
“拨乱反正”之作　/310

第六部分　南怀瑾杂说

谈谋略学　/317
谈历史　/321
谈文学和诗　/325
谈商道　/329
谈养生之道　/332
谈生死　/336
谈待人处世　/340
跟南师学做人　/344

后　记　/347

第一部分

认识南怀瑾

少年南怀瑾：博览群书，自修自通

一个人学问、事业的基础，是在少年时期建立的。所以要了解南怀瑾这个人，自然应该从他的少年时期开始探究。

1918年，南怀瑾出生在浙江温州的乐清县翁垟镇地团村。父亲南仰周从挨家挨户挑货叫卖开始经商，后来开了一家叫“南杏春”的杂货店，逐渐置下一份小康水平的家产。南家人丁本来就不旺，母亲赵氏过门后又多年没有生育，三天两头去庙里烧香许愿。也许是她的虔诚感动了佛菩萨，在26岁的“高龄”，终于生下儿子南怀瑾，为南家续了香火。人们把南怀瑾叫作“佛子”——佛祖送来的孩子。父亲自然对南怀瑾这个独子非常钟爱，但他的爱不是那种溺爱，而是严格的管教，该打就打，决不放纵。南怀瑾15岁那年，父亲怕他在家懒散，就送他到离家五六里地的家庙井虹寺去闭门读书自修，平时不许回家。井虹寺建在人迹罕至的山上，逢年过节或婚丧嫁娶的时候，才会有人去那里祭祖。15岁的少年，整天对着几尊佛像、一排排祖宗牌位、四十几口族人寄放的空棺材，和一个管庙的跛脚老和尚一起生活。南怀瑾当时曾写诗描绘过在井虹寺读书的生活：“西风黄叶万山秋，四顾苍茫天地悠。狮子岭头迎晓日，彩云飞过海东头。”父亲这种独特的管教方式，磨练了南怀瑾的意志，也形成了他日后那种特立独行的性格。

温州在古时候又名永嘉，历来文风很盛。谢灵运做永嘉太守时，在此开了中国山水诗的先河。南宋时期更是学者大家辈出，如王十朋、叶适等。永嘉学派也随之产生，成为南宋时期重要的儒家学派之一，与朱熹的理学、陆九渊的心学呈鼎足之势。永嘉学派的核心思想为“事功”学说，主张利与义的一致性，“以利和义，不以义抑利”，反对道学家的空谈义理。从南怀瑾的思想、著作中，我们可以明显地看到这种不务空谈的永嘉学派遗风。

南怀瑾的父亲虽是个商人，但很重视对儿子的教育，让他6岁开蒙入私塾。尽管此时距离1905年“新政”废除科举制度已近20年了，不久前还发生了“五四”新文化运动，但中国的文化教育还处于新旧交替时期。在乐清这个地方，交通不便、信息闭塞，现代教育还不普及，小学毕业就相当于过去的秀才了。因此，南怀瑾最初接受的是两千年沿袭下来的旧式教育。他天生非常聪明，7岁就能够写诗，而且有过目不忘的记忆力，对“四书”“五经”尽管似懂非懂，但都能背下来，几十年后都没有忘记。在严格的私塾教育下，他打下了深厚的国学底子。南怀瑾自己也常对人说，他现在“这点墨水”，就是小时候打下的基础。12岁那年，父亲总算把他送到乐清县第一小学，插班读六年级。尽管南怀瑾在私塾里读了许多古书，但对算术、化学、生理卫生这些现代科学知识则很少涉猎。在县小学插班上了最后一个年级的课，考试成绩倒数第一名，那时候叫“背榜”。拿他后来的话说，自己一辈子连个小学文凭都没有拿到，勉强算是小学肄业。从南老师身上，我们可以看到，学历不等于学问。在当今这个学历社会里，以博士、硕士或名校毕业取人，实行误人子弟的应试教育，生产了越来越多有学历、没学问的人。我们是不是应该反思一下呢？

13岁的南怀瑾念完了小学，很想继续上中学。那时候，乐清县还没有一所中学，只有去温州上，可是供养一个中学生，不是一般家庭能负担的。此时家里又刚被海盗洗劫一空。父亲决定让南怀瑾去学一门手艺，或者继承自己的衣钵，学做生意。但南怀瑾对学手艺和做生意一点兴趣都没有，只想读书。父亲叫他在自家的杂货店帮忙，不到几分钟，他就躲到阁楼上去读书了。父亲尽管严厉，但也很开明，尊重儿子的选择，就让他在家读书自修。

那年暑假，上中学的表兄王世鹤从温州回乡度假。王家是当地的大户人家，请了一位老师给他补习。父亲让南怀瑾跟着去听课，在听课的七八个孩子里，他年纪最小。那位老师叫朱味渊，字复戡。朱先生是前清的落第秀才，学问很大，不仅国学根底深厚，而且留过洋，见多识广，为人正直，喜欢议论时政，愤世嫉俗，喜怒形于色，被乡里视为奇人。

那个暑假，朱味渊给这七八个孩子讲古文，讲诗词。朱先生擅作古诗词，在当地诗坛小有名气。当时南怀瑾早已熟读《唐诗三百首》，而且7岁就会写诗，但是对于古诗词的奥妙，并不知晓。有一天，南怀瑾到朱味渊的书房，看到书桌上有清人吴梅村的诗集，便拿起来翻阅朗读，爱不释手。朱先生见他喜欢，乘兴为他吟诵吴梅村的《琴河感旧》四首，并借给他清诗一卷。南怀瑾从吴梅村入手，读遍了清朝名家的诗作，认为清代诗人情怀磊落，成就并不亚于唐代诗人。在唐诗之外，清代的诗另有境界。我们现在读南老师的著作，里面引用了许多清朝诗人的诗句，特别是郑板桥、袁枚、赵翼、龚定庵、钱谦益、吴梅村等人，他都是随手拈来。南怀瑾自己更是一个杰出的诗人。他自己说过，二三十年来，“虽劳役四方，从事多途，行李所携，不离诗卷，迨自遍读历代诸名家之作，入乎其内而又出乎其外，会之于心，始得释然”。现在多数人读南怀瑾著作，不读南怀瑾诗词，实为一大遗憾！朱先生第二年就去世了，南怀瑾和朱味渊的师生因缘，尽管只有一个短短的暑假，但他一直把朱先生尊为自己诗学的启蒙者，后来还自费出版了朱复戡的诗集。

少年南怀瑾的另一位老师是同村的叶公恕。他在家自修期间，父亲替他请来叶先生单独辅导。叶先生古文底子深，又留意现代知识。从他那里，南怀瑾第一次听说孙中山、康有为以及外国的林肯、华盛顿、兴登堡和卡耐基，这为这个乡村少年打开了一扇观察外部世界的窗。在家自修的三年时间里，南怀瑾主要还是靠自修自通的能力，自己找书来读，自己揣摩领会，他的读书范围更广了。家里的藏书不少，《史记》《文选》《纲鉴易知录》，还有唐诗宋词等，都被他找出来一遍遍研读。他还想方设法找来《红楼梦》《三国演义》《水浒传》以及武侠小说等“闲书”“野书”看。少年南怀瑾就这样打下了厚实的中国传统文化基础。

走出老家闯天下

1935年，南怀瑾18岁，这是他人生历程上的一个转折点。上一年，南怀瑾已经娶妻生子，但他不想把自己困在家乡这个小地方，按父亲的心愿做一个生意人。他决心出去闯天下，干一番惊天动地的事业。他的这个想法越来越强烈，无人能够阻挡。但是怎样才能走出老家呢？南怀瑾这个乡村少年并不知道。此时，恰好有一位在外地做事的同乡回来探亲，鼓励他去闯荡世界，说杭州的浙江省国术馆正在招生。这是一家公费学校，不仅不用缴学费，还管吃管住。在那里学满2年毕业后，政府将指派分配到军队任教官，或分配到各地国术馆任教。

学武术正合南怀瑾的心意。他个性好动，自幼就喜欢读武侠小说，对武林大侠充满好奇和敬仰。他曾经托人到上海买来一些武功“秘籍”，躲在书房里偷偷照着练习。有一次，他在楼上练跳梁倒挂，将双脚倒挂在屋梁上。一不留神，从梁上跌在楼板上。父亲听到巨大声响上楼察看，看到他摔倒在地的狼狈相，才知道他在偷练武功。父亲没有责怪他，只是关心他有没有受伤。等他自己爬起身来，父亲才撩起长袍，给他比画了几下拳脚。这时南怀瑾才知道，原来父亲也会武功。父亲语重心长地说：“武术只照书上练是学不会的，要有专门的老师教才行！”不久，父亲延聘武师到家教他武术。从12岁起，南怀瑾正式拜师学种种武术。现在有这样的机会，如能掌握十八般武艺，走南闯北，当一个英雄好汉，也不枉活一生。

父亲的规劝、母亲的不舍，都没有能够拦住他那颗远走高飞的心。父母只得筹借一笔路费，送他出门。这一年夏天，南怀瑾跟着一位同乡离开家乡，在温州坐船到上海，又转乘火车去杭州，并顺利考取了省国术馆。千百年来，国内武林授艺一直沿袭师徒相传的方式，而且师父对徒弟还会留一手，有些绝技就没能传下来，只成了人们茶余饭后的谈资。以现代教学的方式传授武术，而且打破门派观念，浙江国术馆可以说是在武术史上开创了新风。学校的教师个个都是武林高手，除了杨澄甫、萧聘三之外，担任教务长的是名震武林的刘百川，他擅长刀术和“子母鸳鸯连环腿”。此外还有太极高手田绍先、少林名家奚诚甫、八卦名家陈秉衡、擒拿国手韩庄堂、形意高手奚鑫法等，各门各派，人才荟萃。

南怀瑾是第三期学员，学生只有七八个人。学校采用不分流派的系统训练，每天8小时的课程，老师的要求非常严厉，除上午4节武术课程以外，还要出操30分钟，用来强化学员的武术基本功。南怀瑾十分珍惜这来之不易的学习机会，格外认真努力。他不满足于学校安排的课程表，于是把自己的日程从早到晚排得满满的。他晚上只睡四五个小时，每天凌晨三点钟起床，独自一个人到西湖边上练拳弄棒，臂缚铁环，腿绑沙袋，练上2小时后，再回校沐浴更衣，吃完早饭去上课。在国术馆的2年里，他对自己的要求非常严格，从来不浪费一点时间。在同学中，南怀瑾年纪最轻、个头最小，但每门功课、每种武艺，他都学得最快最好。每学期结束，他总是年级排名第一。有一次，中央国术馆张清江先生在杭州主办全省国术比赛，南怀瑾以优异的成绩获得冠军。

尽管校内的武术老师都身怀绝技，但南怀瑾私下反思，自己所习武艺实未精到，各路各派都不过浅尝而已，便决心继续寻师访道。他曾经这样回忆说：“不论宗派，凡遇有一技之长的人，或具神通，或有道，或有武功，即顶礼叩拜为师。因此到20岁前，所拜的师父，各门各派，积加起来亦多达80余人。所学范围包括南宗、北派，长拳、短打，乃至十八般兵器，至少亦习弄过14件左右，外加蒙古摔跤、西洋搏击等，真可谓‘样样统摸，般般皆弄’。”

浙江省国术馆除了武术训练外，还开设文化课程，教授国文、历史、英语、数学以及武术理论、武术史等课程。南怀瑾喜欢读书，学起来津津有味。国术馆的课程本来已不轻松，但他还不满足，抽时间跑到附近之江大学旁听，并且把能够找到的书都找来读，文学、书法、诗词曲赋、医药卜算、天文历法，广泛涉猎。当时，商务印书馆编了一套“大学丛书”，讲电、光、航空这些现代科技知识，南怀瑾都去借来读。杭州的孤山旁有个文澜阁藏书楼，珍藏一部《四库全书》。南怀瑾办了一张借书证，每个星期天都跑到文澜阁，借出几本来翻阅。他有一股强烈的求知欲，从来不让自己闲下来。

他的同学郑康先生几十年后回忆说，那时候的南怀瑾“似乎有些不合群，每每假日他大多是抱着几本书，躲到西湖边人迹稀少的地方看书，直至日斜暮色方回，于是一些调皮的同学都暗地称他‘书蛀虫’”。

由儒入道：湖边奇遇

武术与道家文化，尤其是与道家的养生学关系至为密切。各门派的武术几乎都以道家“阴阳”“五行”“八卦”学说以及精、气、神三位一体的养生观为基础。可以说，不懂道家学说，就无法深入武学堂奥。因此，在浙江省国术馆学习期间，南怀瑾的学习兴趣开始集中在道家学说上。少年南怀瑾接受的基本上是儒家教育，那么，现在要到哪里去学道呢？

南怀瑾似乎天生与佛道有缘。有一次，他在西湖边练拳，邂逅一位名叫“圣士”的和尚。和尚宁波人，长得斯斯文文，戴着一副眼镜。南怀瑾叫他“四眼和尚”。交谈几句后，“四眼和尚”见这个年轻人谈吐不凡，就请南怀瑾去他庙里。这座名叫“闲地庵”的小庙就在西湖边上，清静幽雅。庙里挂着一幅史量才的遗像。史量才是中国杰出报人，《申报》的总经理。《申报》在当时的上海和中国南方几乎家喻户晓。原来，这座“闲地庵”就是史量才的家庙。隔壁的“秋水山庄”，是他为姨太太沈秋水修建的别墅，和家庙有一扇小门相通。史量才的家庙里有非常丰富的藏书，尤其是他搜罗的许多道家的典籍，有些秘本是很罕见的。1934年11月13日，史量才从秋水山庄回上海途中在沪杭公路上被暗杀。南怀瑾没有见过史量才，但自从认识了“四眼和尚”后，史量才的家庙“闲地庵”就成了他读书的好地方。在杭州的两年里，南怀瑾用课余时间把这些道家秘籍都看完了。他后来常说：“史量才大概没有想到，他搜集的这些道家的书等于是为我准备的。”南怀瑾读过的这些道家秘籍后来都派上了用场。

圣士师不仅为南怀瑾研习道家经典提供了方便，还引导他开始接触佛教。有一天，南怀瑾在圣士师房间桌上看见一本《金刚经》。他翻开来一看，尽管不明白里面的内容，但马上就心生欢喜。圣士师就把这本书送给了他。南怀瑾回到学校就独自坐在学校会客室的一个角落念了起来，早晨念一半，晚上再念一半。他后来说：“刚拿到《金刚经》时，管它是般若还是菠萝，也不去找佛学辞典，就这么规规矩矩、恭恭敬敬念了下去。这样念到第四天，念到‘无我相、无人相、无众生相、无寿者相’时，就找不到‘我’了，身体没有了，经典也没有了，都空了。什么都没有了，念不下去了，不是不肯念，是没有念头可起了。我觉得奇怪，把经本一合就愣在那里，就不念了，赶快站起来跑去找那位和尚，问他为什么会出现这种境况。和尚一听，很惊讶地说：‘你真了不起，人家修行几十年都做不到，你念了三天《金刚经》就达到这种境界，你就是再来人。’”佛教的“再来人”是指悟道之人。然后和尚又回房间拿了一套禅宗经典《指月录》说：“这个拿回去看。”和尚的话，当时南怀瑾并没有在意。也许佛缘未到，他和这位禅宗高人擦肩而过了。多年后，南怀瑾在四川，圣士师也到了四川的自流井（今自贡市）。据说，圣士师入定的时候，徒弟们以为是死了，就把他埋掉了。南怀瑾得到消息，就从四川宜宾走路赶到自流井，可惜到的时候已经无法起死回生。南怀瑾在晚年提起这位老朋友，仍然又痛心又惋惜。

杭州庙宇多，传说中有不少神仙高士，青年南怀瑾一心想要寻访得道高人，学一身无敌天下、经世济时的本领。学校附近有一处叫作“葛岭”的名胜，相传晋代道家高人葛洪曾在这里修道。葛岭上有一座道观，南怀瑾经常去那里，希望能遇到一个指引自己得道的高人，结果一次次失望而归。有一次，他听说杭州城隍山上有一名老道长，出身清朝皇族，已经修炼成剑仙。南怀瑾迫不及待地上山去找他拜师。去了几次都没有见到，据说是这位道长不愿教人，总是推称自己不会剑术。几经周折后，南怀瑾终于见到了这位传说中的高人。老道童颜鹤发，神采奕奕。南怀瑾恳求向他学剑：“听说您是一位剑仙，我想跟您学剑。”他说：“哪有这回事，我出家修道以来并没有看到过神仙，不要迷信了！”然后问道：“你要学剑，你有没有练过剑？”南怀瑾答道：“学过一点青萍、奇门等等。”道长就示意身边徒弟取出剑来让南怀瑾比试，然后说：“小说书上说的白光一道，口吐飞剑，在世界上并无其事。剑仙虽有，但并非如同小说上描述的那样。你真要学剑，每天晚上把门窗紧闭，房间内不点灯，使室内漆黑，仅点香一支，尝试用剑劈开香头，手腕着力，而臂膀不动，等练到一剑劈下，香成两半时，才算进入第一阶段。第二步再把豆子掷向空中，用剑在空中劈成两半。功夫能练到这里，再来见我，为你解说剑路。”然后又说：“我看你前途无量，不要学这些小把戏了。现在这些没有用了，武功再好，哪怕飞得起来，枪一响，一颗子弹就打下来了，还是以读书为好。”他见南怀瑾执意要拜自己为师，就说：“你另有明师，我不够格做你老师。但看在你诚心请教的份上，我吩咐你两件事。第一，看世界上任何东西要轻松，眼睛要会看东西，一般人看花、看风景，都把眼神盯到花和风景上去，错了。看风景就要让风景跑到你眼睛里来，看花就要把花的精神收到自己的眼神里来，不要把自己的精神放到风景上，放到花上。将精神收进来，比放出去要管用得多，这就是道家讲的精神内敛。第二，将来你出去会做很多事，我看你前途很辛苦，责任很大。我们的心脏只有拳头那么大，装不进多少东西的。要把得意、痛苦、烦恼和悲伤，统统丢出去，都不要向心里头装，才能健康长寿。若能做到这两点，你这一生必然前途无量、后福无穷。”南怀瑾再三拜谢，等他抬起头时，道士早已飘然而去。南怀瑾说，老道说的这两条道法，他一生受用无穷。

1937年初，南怀瑾从浙江省国术馆毕业，暂时在省学生集中训练总队担任国术教官，为人生历程的下一站做准备。

只身入川：寻找剑仙

1937年，20岁的南怀瑾只身入川，到1946年底回到上海，在四川整整度过了10个年头。这是他人生经历中一段十分重要的岁月。南怀瑾曾经好几次对我说过，他一生中遇到两次千年难逢的机会：一次是全中国的奇人异士因抗日战争爆发而集中到四川；另一次是许多名士高人在1949年从大陆去往台湾。这两次机会，使他得以在短时间内寻师问道，结交了各路人马，从他们身上学到不少东西。和平年代时，这些人散落在三山五岳，即便穷极一生，也很难把他们一一找出来。

青年南怀瑾入川的动机并非像许多人所说，是因为“七七事变”爆发而投笔从戎。用他自己的话说，其实只是想到四川寻觅剑仙、学习剑术而已。当时还珠楼主的武侠小说《蜀山剑侠传》和《青城十九侠》正风靡一时，热爱武术的南怀瑾自然对蜀山剑侠心向往之。他认为真正的剑仙可能在四川的峨眉与青城两山，既然在江南找不到剑仙，他决定入川寻找。说走就走，5月，他从杭州出发，经九江、汉口、重庆，最后到了成都，一路上相当顺利。两个月后，中央政府迁都重庆，大批难民跟着涌向西南大后方。

初到成都，南怀瑾在贵州会馆落脚。会馆里供奉着唐代名将南霁云将军的神像。姓南的本来不多，想不到竟在他乡相遇，也算是冥冥之中的一种缘分。在会馆里，南怀瑾遇到后来结成莫逆之交的钱吉。钱吉是四川彭县人，与同村的一个少女相恋，遭到女方家族反对。这对恋人准备离家出走，结果被发现，少女被抓回去活埋了。钱吉怀恨在心，打算报仇，后来受一位高僧指点，才带着老母离家，住在贵州会馆里的成都佛学社带发修行。当时的南怀瑾生活极为窘迫，经常连饭都吃不上。他后来在诗句中回忆道："蜀道初登一饭难。"有一次，他和表叔一起从宜昌回成都，路上整整三天没吃过一顿饭。饭馆里飘出饭香，他们身上却没有一分钱，只能口水直流。钱吉母子和南怀瑾萍水相逢，却经常帮助和关心他。直到南怀瑾要去闭关学佛，钱吉才和他依依惜别，并写了一首诗赠给他："侠骨柔情天付予，临风玉树立中衢。知君两件关心事，世上苍生架上书。"这正是南怀瑾的一生行谊。

在成都住了一段时间后，"七七事变"爆发，南怀瑾和无数热血青年一样，怀着一腔抗日热情报名参军，但未能如愿。于是他来到川康边境的大小凉山地区，在这个偏远的蛮荒之地，拉起了一支队伍。这支队伍名义上是大小凉山垦殖公司，实际上是南怀瑾整编的地方上的土匪豪强。南怀瑾自任总经理兼自卫团总指挥，对他们进行军事训练，随时准备开赴抗日前线。当年他有一首诗很能说明他的这个志向："东风骄日九州忧，一局残棋尚未收。云散澜沧江岭上，有人跃马拭吴钩。"澜沧江边的崇山峻岭之上，云开雾散，自己骑着嘶鸣的战马，擦拭着手上的武器，随时准备奔赴沙场、以身报国。南怀瑾的举动很快引起轰动。当时有报纸报道："有一南姓青年，以甫弱冠之龄，壮志凌云，豪情万丈，不避蛮烟瘴雨之苦，跃马西南边陲，部勒戎卒，殚力垦殖，组训地方，以巩固国防。迄任务达成，遂悄然单骑返蜀，执教于中央军校。"垦殖公司只维持了一年，因为地方势力的排挤，南怀瑾不得不放弃，回到了成都。但此时他的胆略和才干已经广为人知，不久就被成都中央陆军军官学校破格任命为政治教官。第二年还带职进入中央军校的第十期政治研究班学习。

每逢节假日，南怀瑾就外出寻仙访道，访求名人高士。在这段时间里，他结识了青城派剑术高手王青风——四川人传说中的一代"剑仙"。王青风告诉他：剑为一种"气功"，所谓以神御气，以气御剑，百步之外可以御敌。南怀瑾曾亲眼看见他的表演，由此而相信中国武术的确可练至甚高甚妙境界。南怀瑾在四川遇到的第二位奇人，由李宗吾先生引荐。李宗吾的《厚黑学》流行了半个多世纪，被称为“厚黑学主”。他学问大，名气也很大，尤其以喜欢骂人出名。他骂历史上的名人，也骂当时的四川军阀，骂社会上的丑恶现象，敢于挑战权威。南怀瑾在成都少城公园认识李宗吾后，两人成了忘年交。听说老友圣士师在自流井去世，南怀瑾从成都徒步到自流井去凭吊他。回程时路费已花光了，走投无路之际，南怀瑾突然想起李宗吾的家就在自流井。他找到李宗吾，受到热情款待。李宗吾在当地有一个叫赵四爷的朋友，得武当内家功夫的真传，轻功已经到了“踏雪无痕”的境界。80多岁的赵四爷后继无人，因为他的师父是浙江人，所以也想找一个浙江籍的弟子，以报师恩。李宗吾知道南怀瑾是浙江人，觉得是个理想的人选。老人和南怀瑾相谈甚欢，怕他仍心存怀疑，便疾行一里多地，又快步走回，来去洒然自如。此时正逢新雨初晴，地上泥泞，老人脚上穿着一双白底新靴，来回走了一趟，鞋底竟然没有沾上一点泥水。他笑着对南怀瑾说：“学这些功夫只有七十二诀，归纳成七十二字，一字一诀，一字一姿势，循序渐进，无须广场，仅楼阁之上，即敷应用，若愿住三年，即可示教。”南怀瑾想了整整一夜，觉得三年时间太长，自己要做的事还很多。次日清晨，他婉言谢绝了李宗吾，借了20块大洋，返回成都。

在成都少城公园，南怀瑾结识的人除了李宗吾，还有许多名人雅士，有的还成为忘年交。当时四川有学问的遗老遗少很多，享有盛名的有所谓“五老七贤”。他们经常在成都少城公园的棋社聚会聊天。最有趣的是南怀瑾和马一浮的交往。马一浮是清末民初的一代大儒。弘一法师曾对丰子恺说过：“马先生是生而知之的，假定有一个人，生出来就读书，而且每天读两本，而且读了就会背诵，读到马先生的年纪，所读的还不及马先生之多。”1939年初，马一浮在乐山乌尤寺办复性书院。1945年，南怀瑾从峨眉下山到五通桥多宝寺闭关，路过乌尤寺，请人通报求见马先生。稍待片刻后，只见复性书院大门洞开，马一浮和众弟子从中门出来迎客。南怀瑾见此大礼，赶忙双腿跪下。他向马一浮求证著作中提及的“灵光独耀、迥脱根尘是果位上事”。马先生立即回答：“那是当年的著作，现在看来统统是葛藤语言，我很想把从前的著作烧了。”南怀瑾一听，立即起坐顶礼说：“先生言重了，是我多嘴胡闹。”就此告辞退出，马先生亲自送到大门，互相作礼而别。南怀瑾到晚年追忆这段经历时说：“这是我亲自经验的前辈的风范。马一浮先生接见我的这个举动，就是《法华经》中佛说的‘不轻后学’，也就是孔子所说的‘后生可畏’，是前辈对后生的期待重视。”

由道入佛：从袁焕仙学禅

1942年夏，南怀瑾借休假之机，背着一把长剑悄然上了灌县灵岩山，前去看望他的至交，灵岩寺住持传西法师。传西法师与汤用彤、梁漱溟、蒙文通、王恩洋、熊十力等都是佛学大师欧阳竟无的弟子。他才华横溢，精通唯识。有一次，华西大学再三恳请他去给学生讲授佛学，结果传西法师在课堂上竟擅自将题目改成了《情与爱的哲学》。一个出家人面对大学生“谈情说爱”，在华西坝轰动一时。南怀瑾后来回忆说：“以和尚而讲情与爱的哲学，实足耸人听闻，因此听众既无虚座，和尚也不空讲，大为叫座。”传西法师结交的都是一代知名学者。他曾经邀请李源澄在山上创办灵岩书院，邀请冯友兰、钱穆、傅真吾、蒙文通等大师来庙里避暑。在国难当头、兵荒马乱的局势下，学者们有了一个清静的“世外桃源”。据说，冯友兰就是在庙里完成了传世之作《中国哲学史》。一座庙里住着那么多的名人高士，自然引起南怀瑾极大的兴趣，于是他经常上山问学。在这些人之中，对他影响最大的是袁焕仙。

袁焕仙号盐亭老人，四川盐亭县麟瑞乡龙顾村人。辛亥革命后，毕业于四川法政学堂，曾参加过反对袁世凯的护国战争，北伐战争时，担任国民革命军二十军的军法处长。40岁时，袁焕仙眼看国家多难、人心涣散，心灰意懒，便弃政从佛。当时，他已是与高僧虚云齐名的禅门宗匠。1949年后，袁焕仙回盐亭老家休养；1966年，“文化大革命”初起时去世，享年80岁。南怀瑾上山时，袁焕仙正在灵岩寺闭关。他发现经常到山上来的南怀瑾年轻有为，绝非等闲之辈，有意要降伏这条“孽龙”，传道于他。这一天，两人一见面，袁焕仙先表示要跟南怀瑾学武，而且真的学了一阵子太极拳。当时南怀瑾只知道他是个大名人，并不知道他是禅宗大师。尽管南怀瑾在杭州闲地庵已经开始接触佛教，但并未深入。在和袁焕仙的交往中，他的兴趣开始从道家转向佛学，从此拜在这位禅宗大师门下，走上学佛学禅的道路。

过了些日子，南怀瑾再上灵岩山，有很多疑问想请教袁焕仙。不料袁先生正在禁语，他顿时十分失望。传西法师见了，就帮他请求袁焕仙在禁语期间以笔作答。于是，数十天里，袁、南两人一问一答，机锋迭起。有一次南怀瑾问道：“什么是‘六根’‘六尘’‘六识’？”袁焕仙回答：“石头就是六根，柱子就是六尘，木棒就是六识。”南怀瑾听了有些茫然：“先生如此戏言，学生不能领会。”袁焕仙说：“你如此戏问，谁要你领会？”南怀瑾仍不能领悟，又问：“佛教中说，‘眼耳鼻舌身意’为‘六根’，对应‘色声香味触法’为‘六尘’，根尘相接，生出‘眼耳鼻舌身意’等识，称为‘六识’。如今你却说：六根即石头，六尘即柱子，六识即木棒，这岂不是违反佛教教义，不符合佛典吗？”袁焕仙见他拘泥书本不能醒悟，非常生气，提笔写道：“你既然已明了教义，贯通道理，即自己解脱可也，又何必到我这里来唠唠叨叨？”其实，袁焕仙是教导他：学禅不能钻在佛学理论的牛角尖里，要避免思想被教条束缚。袁焕仙的笔示口授对南怀瑾一生影响巨大，接引他走上习禅学佛的道路。后来他把当时的部分对答语录辑成一册《灵岩语屑》。

这一年的9月，灵岩山云高气爽，红叶遍山，袁焕仙在这里举行了一场“打禅七”，参加的有十几位僧侣和居士。南怀瑾被指定为首座，负责敲引磬、木鱼，担任维那。当时的南怀瑾对“参禅打七”等佛门规矩全然无知，只是因为传西法师的鼓励，加上袁先生特别指定，他才在茫然中上阵。想不到这次“打禅七”被誉为“居士禅”重新兴起的标志。现在经常有人在那里“打禅七”，有些甚至当作敛财的手段，但是并没有多少人知道“打禅七”是怎么回事。

所谓“打禅七”，是禅宗的一种修行方式，据传始于南宋末年。这是一种集体的短期“闭关”专修活动。传统的“打禅七”一般在冬季农闲时举行，每期以7天为限。一期结束后，可以连续举行，多者可接连打7个，49天。参加打七者务必发大愿，要在7天期限内专心致志禅修，力求在短时间内参禅开悟，明心见性，号称“克期取证”。释迦牟尼佛当年在菩提树下发誓，若在7天之内不成道，不离此座。“打禅七”就是效法释迦牟尼佛的这种精神。

南怀瑾后来回忆这次灵岩山“打禅七”说：“记得我从灵岩山下来后，师友皆说我明白了此事。我自己也觉得对了。果然在此后，什么都懂了。这一点是根本智、无师智。凡是什么新旧学问，疑难杂症，不懂的，到了心中，只要一念回光，什么都众流归元，就都懂了。如石头投到大海中，连个波纹都不见，提起即用，放下便休。”由此可见，袁焕仙和灵岩寺应该是南怀瑾人生的重要转折。

拜在袁焕仙门下，改变了南怀瑾的人生道路。从此，他对那些旁门左道已不再有兴趣了，对军校教官的职务也心不在焉，只想专心致志地跟随袁焕仙学禅。1942年冬，袁焕仙出关后，在成都提督街的三义庙创办了维摩精舍。南怀瑾果断辞去中央军校的教职，协助袁焕仙。开始时只有他一人追随在袁焕仙身边，后来袁先生的弟子越来越多，许多人年龄都比南怀瑾大，但都尊称他为大师兄。袁焕仙在维摩精舍讲学，兼涉儒、释、道三家学问。南怀瑾和同修们将听课记录编成《维摩精舍丛书》。他以后几十年四处漂泊，总是把这部书带在身边，在台湾创办老古出版社后，正式出版了这部著作。袁焕仙弟子众多，唯独对南怀瑾最为器重，他曾在一段《示南怀瑾》的文字里称赞他“禅德巍然自拔，有独立振衣之概”，但也指出南的缺点是“律己过严，责人如己”。袁焕仙坦率、严肃地指出南怀瑾的性格弱点。南怀瑾一生中，始终改不掉“律己过严”的毛病。尽管经过几十年的人生历练，不再是“责人如己”，但仍能看到一点影子。南怀瑾希望每个人都能像他一样，读圣贤书，行圣贤事，这其实很难。所以有时候他也会深深地失望，说自己没有一个学生。

护国法会：拜虚云和贡噶活佛为师

1942年底，南怀瑾跟随袁焕仙先生到重庆，在那里见到虚云大师和贡噶活佛，成为他俩的皈依弟子。当时正值中国的抗日战争进入最艰难的阶段，国无宁日，遍地不安。有传言说，日本高野山的密宗高僧在修“降伏法”，试图摧毁中国人民的御敌意志。国民党元老戴季陶、林森向蒋介石建议，针锋相对地在陪都重庆举办一场“护国息灾法会”，激励国民的抗战士气。于是由国民政府主席林森出面，邀请104岁的虚云老和尚与西藏密教上师贡噶活佛主持这场法会。“护国息灾法会”在重庆南岸狮子山慈云寺内举行，前后共50天。法会共有显教与密教两坛。上午显坛，由虚云老和尚主持；下午密坛，由贡噶活佛主持。

虚云老和尚是中国近代富有传奇色彩的一代禅师，和太虚、印光、谛闲并称为“民国佛门四大老”。他出生于晚清，历经整个民国时代，在1959年圆寂，活了120岁。贡噶活佛是西藏著名的白教高僧，主要传承噶举和宁玛两系的教法，熟悉各种显宗的教理和修持方法。贡噶活佛不仅精通显密各派教理，而且曾在贡噶山连续闭关12年，完成噶举派方便道的那饶六法、涅槃道的大手印等所有训练，并在大圆满脱噶四显阶段中获得圆满。

这次“护国息灾法会”盛况空前，慈云寺前人山人海，万头攒动。按照南怀瑾的说法：“如想皈依显密这两位大师而得以见面亲授，几乎比面见如来佛而亲得教诲还难。”南怀瑾就是在这次法会上得以亲近这两位大师的。灵岩山“禅七”刚结束，就传闻虚云大师与贡噶活佛要到重庆主持护国法会。四川的高僧名流聚集在成都文殊院商议，打算礼请虚云大师顺便来成都讲经说法。大家一致推举袁焕仙为代表前往重庆迎请，一路由南怀瑾陪同。师徒两人坐了两天汽车才抵达重庆。在法会开始前到慈云寺，由虚云的两名大弟子弘伞法师与显明法师接待。袁先生说明来意，并将成都僧俗名流的邀请函交给他们。过了一会儿，虚云请袁先生师徒入室。袁先生见了虚云伏地跪拜，大师赶忙扶起说：“老居士不必如此。”并说：“老居士来意，我已知道了。老居士不为自己而来，是为众生而来。”过了两天，袁焕仙和戴季陶见面，想托他劝说虚云大师到成都弘法。戴说：“虚云已是百岁高龄，眼下气候又冷，况且50天的法会下来，他已经很疲惫了。我看最好不要勉强，行吗？”袁先生嘴上答应，但仍不死心，又托弘伞法师转达邀请之意。等到50天法会结束，虚云大师约请袁焕仙师徒夜谈，说：“法会已终，彼此无事，可以随便聊聊，千万不必拘于律仪。”接着又说：“眼下一般人对神通着迷，并以此来判断学佛的道行高下，成都朋友有这样的毛病吗？”袁先生答道：“有，天下乌鸦一般黑。”说完指着南怀瑾对虚云说：“他在灵岩打七时也有小小成就，曾一度发起神通，远隔重楼，却能看见我房间里的一切活动，如同处一室。他还来告诉我，被我痛骂一顿，才没有着迷。”话还没说完，虚云大师就说：“好，好！幸亏老居士眼明手快，一时打掉，不然就危险啦！大法未明，多取证一分神通，即多障蔽本分上一分光明。”这件事对南怀瑾影响很大，他后来常说：“神通与神经只隔一张纸。”

南怀瑾这次陪同袁焕仙到重庆，与虚云老和尚一起待了5天，前后交谈数次。用他的话说：“大师相见，备极平常，不但未逞机锋，更无所谓棒喝。这就是俗语说：大智不肆口，大拳不弄手。”有大智慧的人话不多，武艺高强的人不卖弄身手。有一晚，南怀瑾陪同虚云大师过江。当时天色已黑，船靠岸后，两人走出码头，虚云走在前面。沿途道路坎坷不平，到处是乱石烂泥，他就趋步上前，扶住老人的右臂说：“师父，天太黑了，我来扶着你走。”虚云大师微微一笑，脱开手臂说：“前路暗淡，你我各走各的，不必相扶。”南怀瑾后来追忆这段话说：“这是告诉我，两个人的道路不同，他剃他的光头，我留我的头发，各走各的路。”其实，无论是出家僧人，还是在家居士，只要真心诚意地修行弘法，终究是殊途同归的。

也正是在这次法会上，南怀瑾结识了贡噶活佛。在短暂的接触中，他很快就得到了贡噶活佛的赏识。这得益于他在杭州研习道家秘籍，对道家有着深入理解。中国道家方术和佛教密宗如出一途，究竟是道家学密宗，还是密宗源于道家，历来说法不一，但道家修法常有秘咒、做法和瑜伽术则是不争的事实。南怀瑾在闲地庵的道家秘籍中学到了道家的“夺舍法”。有一次，贡噶活佛告诉他，西藏密法中有“颇哇成住”，意译就是“夺舍法”，可惜已经失传了。当南怀瑾说懂得道家此法，活佛甚为惊叹，就此对这位年轻人刮目相看。南怀瑾在峨眉山闭关阅读《大藏经》期间，更是对佛教显密同源有了深刻的理解。在此期间，他的好友、贡噶活佛的弟子谢子厚还提供了红教、白教、黄教、花教等多种秘藏法本，让他钻研。

1945年，贡噶活佛率领一班高僧到了成都。南怀瑾与他再度相逢。在成都的古刹大慈寺，也就是唐代玄奘法师出国之前挂褡的寺院，贡噶活佛特别为南怀瑾授比丘戒，并当着十多位高僧的面，亲自印证南怀瑾圆满修持。2008年，在太湖大学堂，我曾亲眼见过贡噶活佛发给南怀瑾的戒牒。这张戒牒用汉藏两种文字写成，有南怀瑾的照片，藏文法名为曲吉扎巴，汉译法称。第二年，南怀瑾结束闭关，远走西康、西藏，参访藏传佛教各宗各派。风了和尚为他护法并安排行程，满空法师为他担任藏语翻译，他受到贡噶活佛、根桑活佛等名重一时的大活佛传法与印证，得以参透密宗各派的奥秘，成为红、黄、花、白四大教派的金刚阿阇黎。阿阇黎，就是教授，即肯定了南怀瑾密宗上师的合法身份以及可以传法的资格。

峨眉闭关：能行难行，能忍难忍

1943年5月，南怀瑾做了一件常人很难做到也很难理解的大事。他没有和袁焕仙打招呼，就一个人悄悄地上峨眉山，闭关去了。

闭关是指关闭用心，不被外缘内缘带走，要求独居一处，静修佛法，不跟外界往来，满一定期限才能外出。修定是闭关的主要内容之一，每天除短暂的睡眠和定时的功课外，其余时间全部用来修定，不容有一丝散乱。一般闭关的人有两种目的：一种是为了能够顺利专修某一法门；另一种是为了能集中精力阅读《大藏经》。

南怀瑾上峨眉山闭关正是为了后一种目的。他跟随袁焕仙学了一段时间禅，感觉自己教理基础薄弱。但袁先生精于禅而疏于教，对教理不太感兴趣，认为一悟便了，无须教理这些"葛藤"。南怀瑾觉得没有教理的铺垫不行，于是下决心要将《大藏经》通读一遍，补上佛教教理的课。当今无论是寺院里的法师，还是大学里的佛学家，恐怕没有几个人能读完整部《大藏经》。在那个时代，一个寺院能藏有全部《大藏经》的并不多，即使有，也不是随便可以阅读的。

南怀瑾是个在家居士，没有资格入山读经，那是寺庙的规矩。南怀瑾听说峨眉山大坪寺藏有全部《大藏经》，但不得其门而入。他有一位好友印华法师，是圣士师的师妹，川西著名的尼师。她知道后，就把南怀瑾介绍给普钦法师。普钦法师是负有盛名的大德，又是大坪寺嫡系弟子。他出面找师弟，大坪寺住持普明法师商量，让南怀瑾在那里闭关阅藏。普明法师虽然答应了，但提出的条件是南怀瑾在闭关阅藏的三年期间，必须穿上僧衣，成为大坪寺的正式弟子。这就促使26岁的南怀瑾只身前往峨眉山的大坪寺皈依普明法师，削发为僧，法号通禅，一入空门便是三年。

南怀瑾“闭关”的大坪寺，在中峰顶上，由明末避世的得道高僧松月法师开山。每年农历十月以后，大雪封山，好几个月寸步难行。南怀瑾有两句诗描述当时的情况：“长忆峨眉金顶路，万山冰雪月临扉。”这确是一个闭关静修的好去处。

南怀瑾上山后，照闭关的规矩，首先要当着僧众发宏誓愿，请普贤菩萨做证：自己所证悟的，对吗？刚才所做施食方法，对吗？上峨眉山闭关阅《大藏经》，将来出来弘扬三教百家，接续中国文化断层，对吗？话音刚落，夜空下的山谷突然出现亮光，如同白天，还伴随着巨响裂空，在场的僧众无不震撼！峨眉山中峰下有一座山王庙，庙中供着一只泥塑的大老虎，浑身漆黑，相传就是那只保护松月和尚的黑虎。南老师到了庙里，感觉自己好像来过这个地方。他童年时代曾经做过一个梦，有一只大黑虎趴在他身上，和山王庙里供的这只大黑虎一模一样。南怀瑾后来说，命中注定他要到峨眉山闭关，而且闭关一定会顺利，因为有这只大黑虎的保护。此后的三年间，南怀瑾穿上僧衣，独处幽室，与外界断绝了一切联系。月落星沉，青风白雾，他在青灯古佛旁日夜埋头苦读，把整部《大藏经》从头到尾读了一遍，通晓了佛教教理和戒律，并以经为法，印证个人修持所得，成为一个大禅师。

南怀瑾在大坪寺闭关，他的勇气，他所面临的困难，是常人难以想象的。在这里，他和其他出家人一样“过午不食”；每天吃的是辣椒、盐巴和干菜；初一、十五才有一点豆腐加餐。和尚们的粮食给养全靠两位苦行僧从山下挑上来。这两位苦行僧替南怀瑾护关，每天替他送饭菜食水。其中一位叫哑巴师兄，又聋又哑，但聪明绝顶。还有一位叫通永法师，贵州人，早年投身行伍，是个文盲。他比南怀瑾年长几岁，两人结成了深厚的情谊。50年后，南怀瑾在厦门南普陀寺主持“打禅七”，把通永法师请去。这是他们分别半个世纪后的第一次重逢。尽管生活艰苦，但南怀瑾能行难行，能忍难忍。在他闭关期间留下的诗篇里，我们能看到他当时的心路历程。南怀瑾的一首诗是这样写的："云作锦屏雨作花，天饶豪富到僧家。住山自有安心药，问道人无泛海槎。月下听经来虎豹，庵前伴坐侍桑麻。渴时或饮人间水，但汲清江不煮茶。"

上山三个月后，南怀瑾在峨眉闭关的消息还是传开了。他的好友谢子厚和傅真吾等相约入山访探。袁焕仙也被惊动了，亲自上山看望，还在大坪寺为僧众举行了一次"禅七"。有一次，南怀瑾和著名的唯识学者王恩洋对话，对方被深深折服。龙门寺的演观法师公布了他们的对话，流传很广，以致透露了南怀瑾在峨眉闭关的消息。于是上山来看他的人络绎不绝。南怀瑾常说："佛法世法，什么魔事都不可怕，最可怕、最难过的还是人事魔啊。"1945年秋，南怀瑾为了逃避访客，转往乐山五通桥的多宝寺继续闭关。多宝寺是大坪寺的下院，寺院后面有一大片挺然秀拔的松林。每当夜半月明时，南怀瑾就在松林中舞剑练拳。过了一段时间，信众们传说多宝寺来了一位高人，来访的人渐渐又多了起来。南怀瑾既厌烦又无奈，只好再搬到当地一位居士家中去暂住。这位居士家藏书很丰富，他就在这里继续读书修行。此时，传来了日本投降、抗战胜利的消息。在四川的外省人以及官员们都急忙准备回乡，做官的赶做官，发财的抢发财，但南怀瑾却蛰居在五通桥，安禅打坐，埋首书海。第二年，他又远走康藏参访密宗上师。

出川入台：动荡的岁月

抗日战争胜利后，南怀瑾并没有马上启程回乡，但对故乡家人的思念越来越难以抑制。1946年的冬天，他在寄居的五通桥写了一首诗："去国九秋外，钱塘湖泛悬。荒村逢伏腊，倚枕听归船。戍鼓惊残梦，星河仍旧年。人间复岁晚，明日是春光。"寄托了浓浓的思乡之情。

这是国家最乱的一个时期。国共合作破裂，国民党执意召开没有共产党参与的政协和制宪国民大会。当时社会上最时髦的是组党。南怀瑾从康藏地区参访密宗上师回到成都，一批西南派政客、前清遗老的朋友和黄埔同学恳切挽留他不要离开四川，希望他出来组党。他们对南怀瑾说："你年纪轻，但介于新旧两代人之间，有旧学功底，又潇洒看得开。蒋老先生是你老乡，陈诚是你同学，戴笠、胡宗南、郭武骐都是你朋友，不如出来组织一个文人党。"南怀瑾对政治始终抱持"买票不入场"的态度。所谓"买票"，就是近距离观察那些政治人物的作为，包括公开的和秘密的。"入场"则是直接参与政治。不买票就无法真正了解政治，但买票下场就难免同流合污。南怀瑾不愿意卷入政治旋涡，对他们说："你们这是想把我抬到火炉上去烤啊！"此时，他已下定决心，尽快离开四川，成都是万万不能久住了。有人问他为什么，他只说梁园虽好，绝非久住之乡。

袁焕仙出任第一届制宪国大代表，去南京开会时，想要南怀瑾同行。他希望南怀瑾利用与蒋介石、陈诚的私人关系，说动当局弘扬佛法。但是南怀瑾已经看到：在这个时代要弘扬传统文化，只有依靠社会的力量。与其依赖权力，不如广结民间群众的善缘。他第一次拒绝了恩师的要求，没有跟他去南京，而是应邀去昆明讲学。从此师徒两人天各一方，再也没有见面。但是无论身在台湾，还是旅居美国，他时时惦念老师。只是限于时局，两岸音讯阻隔，尽管他多次通过各种渠道打听老师下落，但都没有结果。

20世纪80年代，国内的政治气氛宽松了，旅居美国的南怀瑾开始尝试以书信方式与亲人和故交联络。他从四川友人的女儿那里获悉袁先生已经在1966年去世，享年80岁。得到这个消息，身在异邦的南怀瑾悲从心来，当即含泪写下了这样的词句："四十年前西蜀，恩情辜负何多。干戈丛里，死人离恨，处处闻悲歌。行遍天涯我亦老，海山回首南柯。大地还生春草，人间电掣风摩。浮世泪婆娑。"字里行间蕴含着南怀瑾对恩师的深情，父子般的师徒情谊，数十年来历久弥深。2009年初，他托人找到袁先生的遗骨，并用自己的稿费在成都文殊院修建袁焕仙灵骨塔。

1946年底，南怀瑾搭机从昆明飞到上海，回到老家温州，此时他离乡背井已近10年了。尽管南怀瑾谈不上衣锦还乡，但在温州乐清这样的小地方，他也算是见过世面的人物了。当时的温州虽然还听不到枪声，但内战的消息也不断传来。家人团聚，悲喜交集。当晚，他睡在父亲房中，但见老父辗转难以成眠。睡到半夜，父亲忍不住问他：如今天下大势究竟如何？南怀瑾回答："国民党已是落日残阳，共产党绝对会成功，肯定会坐天下。"父亲惊起，抓住他的手问："你是否共产党？"南怀瑾说："不是。我是你儿子，如果是共产党，我不会瞒你。但如今也不管国民党的事。超然出世，不求闻达。"父亲问："既然如此，你何以认为共产党会统一中国呢？"南怀瑾回答："大势所趋，理由很多，一言难尽。"父亲再问："你怎么会了解共产党呢？"南怀瑾答道："我做政治教官时，马克思的书是非看不可，所以深懂共产党的思想。"父亲说："那你快走吧。"南怀瑾说："我这次回来的意思就是希望全家一起走。"父亲长叹一口气说："我素来不喜欢出门的，外面的语言也不通，就留在家里听天由命了。你准备到哪里去呢？"南怀瑾说："要走就离开中国大陆了，有三个地方可以选择——台湾、香港或新加坡。”1948年，南怀瑾含着热泪离开了温州乐清这个生养自己的地方，从此再也没有机会回到故乡。

他第一次去台湾考察，先一个人去了杭州，再从上海出发，在基隆的一家旅馆内住了三个月，几乎走遍全岛。所到之处，只见民风淳朴，街道整洁，树木葱茏，乡村建设得像城市，社会井然有序。南怀瑾禁不住感叹万分。台湾给他留下不错的印象，他认为这不失为将来一个栖身之地。三个月后，南怀瑾回到杭州，住在西湖边上的中印庵，与师弟通远法师晤面。经通远法师介绍，南怀瑾认识了巨赞法师，并得以在灵峰寺借住。巨赞法师在这里住持武陵佛学院，邀请南怀瑾给佛学院僧众讲授禅修课。当时国事纷乱如麻，人心惶恐而极不安定，南怀瑾心情也很忧郁烦闷。有一天，巨赞法师突然神色慌张地对他说："国民党特务很快会以'通共'的罪名抓我去枪毙。你住在这里，恐怕会牵连到你，所以不能不坦言相告。”南怀瑾问他有没有真的“通共”。巨赞法师照实回答："我与虚云老和尚、陈铭枢商量，认为中共统一全国是大势所趋。为了将来保存佛教，总需要有人与中共周旋，我就承担了这个使命。”南怀瑾听他这么一说，答应尽力帮忙，然后赶去火车站。戴笠曾送他一张“红派司”，平时在全国各地通行无阻，乘船坐车都不用买票，可以直上头等舱。不过，这时候也不管用了，他只能挤在一群游兵散勇中间，一路站到南京，找到好友许衡生，托他约见保密局局长郑介民为巨赞法师说情。郑介民是南怀瑾在成都中央军校的老同事。因此，南怀瑾开门见山说明来意："巨赞法师对政治完全没有兴趣，只是为了保护佛法。你们没有必要伤害他的性命。”郑介民见他言辞恳切，就写了一张赦免巨赞的手令。巨赞法师度过了这场危机，赠诗感谢南怀瑾，有“无端岁月堂堂去，万种情怀的的来”之句。解放后，在周恩来总理的邀请下，巨赞法师从香港回来，出任全国佛教协会副会长。半个世纪后，在香港的圆桌上，南怀瑾听说我的大哥和巨赞法师相熟，就急切地询问他的下落，对巨赞法师后来的遭遇不胜唏嘘。

1949年解放军渡江前，南怀瑾仍在杭州。有消息说，自3月1日起，大陆人进入台湾需要查证件。南怀瑾决定赶在这条规定生效前去台湾。在上海订购船票时，他遇见老同盟会会员、四川立法委员曾子玉，对方问他："天下大乱，你是准备南走越，还是北走胡？"越是指广东，胡是指青海、新疆。南怀瑾回答："我南北都不走，浮海而去。"2月28日，在江南已经能够听到解放军渡江的隆隆炮声了，南怀瑾匆匆东渡到达台湾，从此一住就是36年。

初到台湾：中国文化命若悬丝

南怀瑾初到台湾，先是栖身在北部海港小城基隆的一条陋巷之中。当时的台湾到处是一片乱象，人人都有朝不保夕之感。抗战胜利后，大后方的人都抢着回江南，没有人愿意去光复后的台湾。所以当时接收台湾的是一批乌合之众。一年后，大批一流人才来到台湾，都要向他们低头了。真是将军满街跑，县官不如狗了。南怀瑾不愿求人，决意自谋生计。当时，浙江温州与台湾在海上还能来往，他就从老家弄了三条船，办起一家公司做起贸易生意来。南怀瑾的公司叫作“义利行”，既讲义，又讲利，这是孟子的思想。南怀瑾生平第一次做生意，也不忘儒家原则。义利行开张，南怀瑾当了老板，但自己的钱并不多，资金大部分是凑拢来的。当时仓皇逃到台湾的人，既有官僚、军阀，也有土豪、富商。他们身上多多少少都带着黄金美钞，但个个如丧家之犬，惊魂未定，加上人地生疏，不知道怎么去赚钱谋生。南怀瑾人脉极广，四川、云南、浙江的朋友，同乡的亲友，“立法委员”“游击司令”等各路人马都来找他，想和他合伙做生意。义利行很快就筹集了几千两黄金。南怀瑾经常说：“天下的钱多得很，就看你会不会拿来用。”那时候，台湾人口一下子激增，物资匮乏，南怀瑾的海上生意做得兴旺发达。南怀瑾赚了钱，也做了不少慈善事业。一些从大陆逃来的穷人，饥寒交迫找到南怀瑾，他都雪中送炭。国民党的残兵败将，蓬头垢面地投奔南怀瑾。南家常常要为两三百人开饭。入夜后，连床底下都睡满了人。南怀瑾在这批“亡国大夫”和“败军之将”中间一时成了救难济急的“孟尝君”。

解放军虽然没有打过来，但义利行却遭受了一场灭顶之灾。1950年5月16日，解放军进攻舟山群岛，13万国民党部队撤离到台湾。撤退时，在舟山的民用船只全部被征用。一天中午，从舟山回来的合伙人突然出现在南怀瑾跟前，面如土色，一副狼狈相。他吞吞吐吐地向南怀瑾报告：义利行的三条船被征用，三船汽油被烧掉，损失黄金三千两。南怀瑾眼看义利行的老本通通输光，许多钱都是别人的血本。但他仍然镇定地对合伙人说：“没事，不要紧，你先回家去，洗个澡，睡一觉，生意的事明天再说。”其实，南怀瑾自己也没有什么高招，不知道到了明天该怎么办。一夜之间，他从一个大老板变成穷光蛋，以致要靠典当衣服来维持生活，陷入了平生从未遭遇的困境。整个20世纪50年代，南老师都过着清贫的生活。1952年，南家从基隆搬到台北，住在菜市场边上的一间陋室里。有位学生曾这样描写当时的南怀瑾：“一家六口挤在一个小屋内，‘家徒四壁’都不足以形容他的穷，因为他连‘四壁’都没有。然而，和他谈话，他满面春风，不但穷而不愁，潦而不倒，好像这个世界就是他，他就是这个世界，富有极了。”

在这段时间里，即使个人生活极端困难，南怀瑾仍然念念不忘弘扬中华传统文化。日本统治台湾50年，推行奴化教育，尤其是抗战开始后，中文报纸被禁止了，学校也不准教学“四书五经”了。到此时，中国文化在台湾已经命若悬丝。书店里卖的都是日文书，不但买不到“四书五经”这样的传统经典，连《红楼梦》《三国演义》一类的中文小说也都找不到，更不要说佛经了。

南怀瑾决意以弘扬中国文化为己任，就从印书开始。他的老同学朱镜宙从香港到了台湾，倡议成立“台湾佛教印经处”，为此到处募款，但当时大多数人都是捉襟见肘，有钱人也是心神不宁。一个月下来，朱镜宙只募到几百元钱，他向南怀瑾求助。不久前，南怀瑾在海关拍卖时标得一部旧电影《洪学娇》的拷贝。他见一批相熟的东北军人生计无着，就拿出这部拷贝让他们去放电影谋生。当时台湾的文化生活十分枯燥，这部旧电影上映后十分卖座，这些东北军人赚到钱后，就还回了拷贝。南怀瑾让人在基隆又放映了5天，居然赚了2000

元。他就把这笔钱悉数给了朱镜宙，一起印刷佛经，并从自己随身带到台湾的几本佛经中挑出《圆觉经》。这部经就成为台湾光复后第一部印成的佛经。但是，印成的佛经很长时间也没有卖出去，直到后来有一位商人愿意出钱全部买下。南怀瑾当然很高兴，算碰到好心人，自己的苦心没有白费。谁知道，这个商人原来是一个肉商。他把这些佛经买回去，然后把书都撕开，把纸拿来包肉用。南怀瑾后来经常当作一个笑话提起这件事。对文化人来说，这是多大的悲哀！

南怀瑾在台湾印行禅宗经典《指月录》也有一段故事。西安事变以后，张学良遭到软禁，蒋介石专门派了一连人去看管张学良。这一连人由刘乙光少校指挥。因为刘乙光是戴笠的亲信，才会担任这个要职。刘乙光托黄埔的同学许建业买一部《指月录》，说是张学良要的，想学禅。因为这部书是成都出版的，许建业找到南怀瑾代购了一部，寄到台湾去了。后来刘乙光一步步升到了中将，但始终负责看管张学良。一个军人一生只靠看管一个人而高升到中将，真是天下少有。南怀瑾在台湾时想起了《指月录》的事，就问刘乙光能不能向张学良借用一下。刘乙光说："张学良已信基督教，不学禅了。这部《指月录》放着也没有用，就还给你吧。"南怀瑾就这样翻印了《指月录》。

1956年，南怀瑾推广中国文化遇到了一个"大护法"，台湾航运业大佬杨管北。杨管北是民国风云人物，不仅是经营长江流域航运的大达轮船公司老板，更是上海闻人杜月笙的密友。旧上海形容杜月笙发迹是靠杨度、杨管北、杨志雄三位谋臣策士替他占地盘抢天下，人称"三杨开泰"。到台湾后，杨管北担任台湾轮船同业公会理事长，此外还担任复兴、益祥两家航运公司的董事长。此时杨管北已称病退出一线经营，在家中辟出奇岩精舍，潜心研究养生打坐法门。他经人介绍认识了南怀瑾，晤谈片刻，相见恨晚，从此每周六下午，请南怀瑾到家讲授佛学及其他中国文化经典，一直持续了十多年。杨管北的年龄比南怀瑾大十多岁，但始终尊他为老师。在杨管北的竭力推荐下，何应钦、顾祝同、蒋鼎文等一批文官武将也纷纷到奇岩精舍听南怀瑾讲授中国传统经典，并让他教授太极拳一类的运动强身养心。南怀瑾在台湾各界的影响越来越大。他不但去台湾各地主持"打禅七"，还应邀前往三军巡回讲演，甚至到监狱用传统伦理教化囚犯。

为保卫民族文化而战

1955年7月，南怀瑾的第一部著作《禅海蠡测》在台湾出版。他从1953年开始写这本书，当时已经迁居到台北龙泉街，寓居一处菜市场边上，腥臭扑鼻，污水横流。在陋室里，他一字一句完成了这部20多万字的禅学专著。后来南怀瑾经常向人家说起这本书的写作过程："那时候，左手抱着一个小孩，一只脚蹬着摇篮，摇篮里是另一个孩子，右手写书，终于完成了这部著作。"虽然南怀瑾只是用了几句话来形容，但这里蕴含了多少的心酸！此前一向述而不作的南怀瑾为什么会提起笔来写《禅海蠡测》呢？答案在书的扉页上的一句话：为保卫民族文化而战！

1950年，胡适发表了一篇文章《禅宗在中国》，质疑铃木大拙在1949年出版的《禅与生活》。胡适写过半部《中国哲学史》，讲清了禅宗在中国产生的历史背景，但并没有深入理解禅宗思想。1953年4月，美国夏威夷大学学报发表了铃木的回应文章《禅：答胡适》。他开头就说："胡适可能了解许多历史，但并不了解历史中的人物。"铃木洋洋洒洒地说了半天，最后才直截了当地说胡适不懂禅宗。胡适有生之年也没有回应铃木，说实话，他也确实不懂禅宗。铃木是什么人呢？他是在美国生活的日本学者，娶了一个美国太太，在美国用英文弘扬禅宗，占尽语言优势，于是声名鹊起。到现在，西方人说起禅，还以为是"日本产品"呢。铃木在1949年被选为日本学术院院士，并获得日本天皇颁授的文化奖章。日本政府每年还资助他50万美元研究经费。固然，日本人对文化的重视正是大和民族的一种优秀品质，但其中也另有所图。第二次世界大战后，战败的日本什么也没有了，但他们知道文化的重要性。日本政府支持日本禅学的发扬，进军国际，希望影响以美国为代表的西方世界。日本善于吸收他人的文化精华。禅宗本是地道的中国文化产物，是印度佛教种子播植在中华文化的土壤上产生的果实。虽然日本的茶道、花道、剑道和建筑都将禅宗的高尚韵味渗入其中，但论及禅的最高处，日本就谈不上了。胡适是名扬中外的大学者，却被铃木批评为不懂禅宗。作为中国人，真是情何以堪！于是就有许多人建议南怀瑾代替胡适，执笔完成《中国哲学史》的下半部，以确立禅宗在中国文化史上的地位。最后说动他的是好友萧天石。他对南怀瑾说："中国文化到了这步田地，还不赶快采取行动？不能立德立功，至少可以立言啊！"南怀瑾后来说，当时他被萧天石骂出一身冷汗，就立刻动手写书了。南怀瑾没有写《中国哲学史》，而是写了《禅海蠡测》。书出版后，开始没有多大的影响，在基隆市面出售，每本定价新台币5元，根本没有人买。但随着时间的推移，越来越多人知道了这部禅学巨著的价值，也由此促成了1969年南怀瑾的日本之行。

1969年11月，日本盖了一个徐福庙，邀请台湾派"中日文化访问团"参加落成典礼。徐福的传说，在中国几乎家喻户晓。传说秦始皇派方士徐福去东海的仙山寻找长生不老之药，随行的有五百童男童女。他们在航行途中遇到台风，漂流到日本列岛，在那里定居下来，经过世世代代的繁衍，成为现在的日本民族。日本人过去对徐福的故事讳莫如深。现在为徐福盖庙祭祀，还请台湾派人参加庆典，摆出一种友好的姿态。台湾派了一个规格不低的20人代表团，团长由何应钦担任，南怀瑾以学者身份参加。这是南怀瑾生平第一次出国访问。短短的一星期里，除了游览日本的名胜古迹之外，他们还在东京参加了"东方文化恳谈会"，和日本学术界进行交流。南怀瑾应邀作了题为《东西文化在时代中的趋向》的讲演。

首先，南怀瑾自豪地对日本人说："所谓复兴东方文化的内涵，实际上便是复兴中国文化。当年之所以造成明治维新的壮盛局面，无非是真能做到汉学为经、西学为纬所得的成果。除了中国文化以外，如果东方文化还有别种精华，那就非我所知了。过去一个世纪，日本在东方文化的地位，据我所知，它一直为中国接受西方文化的先河，一向成为东方文化的转运站，犹如今天日本在工商业上的成就一样，创造的不太多，吸收融会而改良的倒不少。”

其次，南怀瑾指出：“东方人自有东方文化的历史背景与价值，正如西方人自有西方历史背景与价值一样。现在我们两国许多人可能都有一种偏见，认为我们社会秩序、道德观念、生活方式等一切突变中的乱象，都是受到西方文化影响的关系，所以厌恶甚而鄙弃西方文化。其实，西方文化，自然科学发展成果中的物质文明，并没有带给东方人太多的祸害，反而给予人类在生活上的便利。至于我们接受西方文明以后所发生的流弊与偏差，那只能怪我们自己抛弃了东方固有文化的宝藏，而自毁精神堡垒所得的应有惩罚。”

最后，他说：“目前东西方所遭遇的困惑和烦恼，只有病情轻重的不同，而同病相怜的情况并无二致。因此，我们不仅要为复兴东方传统文化而努力，更要发扬东方文化固有的人生哲学，来补救西方文化的不足，为人类文化开创新的局面。对于过去历史文化上的光荣，不能留恋。过去的历史，是无法挽回的，留恋往事，只是文学的情绪。至于时代的演进是无法倒流的，我们要放开胸襟与眼光。思考如何振兴东方文化，这才是我们的责任。”

因为口音关系以及翻译的缺陷，南怀瑾的讲演日本人不容易听懂，而且日本方提出的许多问题也来不及回答，东道主希望他更详细地说明。于是，南怀瑾回到台湾后，写了一篇《致答日本朋友的一封公开信》，并发表。这篇文章也收集在《中国文化泛言》一书中。南怀瑾在半个世纪以前说的这些话，到现在还是很有价值。

这次同行的陈致平教授，也就是台湾女作家琼瑶的父亲，回到台湾后说：“这次到日本去，幸亏有个南怀瑾，否则我们中国人要丢人了！”原来日本方面参加交流的人都有很高的中国文化修养。他们能临场作诗，请台湾客人即席唱和。此时，台湾访问团成员都傻了眼，不要说会作诗的不多，要七步吟诗就更难。眼看我们中国人要出丑了，好在南怀瑾当场和诗一首回应日本友人，才让大家松了一口气。其中有一位名叫木下彪的日本汉学家，曾任天皇宫廷文官，是一位唐诗专家。在日本时，南怀瑾和他一唱一和，结成诗友。

不要虚名，桃李满天下

20世纪六七十年代，可以说是南怀瑾教学活动最繁忙的阶段。他从早到晚写书、教课、讲学，接待来自四面八方的问道者，打开了一个著作等身、桃李满天下的新局面。然而，南怀瑾要的不是虚名，而是实现自己弘扬中国文化的理想。

1963年，南怀瑾开始在大学教课，先是在张其昀创办的台湾“中国文化大学”。张其昀在台湾曾经担任教育事务主管部门负责人，卸任后创办了这所大学。在台湾，原先是不准私人办大学的，但张其昀深得蒋介石的信任，第一个获准办私立大学。他一边向朋友告贷，筹措办学经费，一边招纳人才，登门拜访有真才实学的学者。他想请南怀瑾在文化大学内办一个禅学院，出任院长。张其昀接连上门8次，都被南怀瑾婉言谢绝，便退而求其次，聘他做教授。最后，南怀瑾勉强答应在文化大学教课。不过，他的条件是不到校上课，而由研究生上门听讲。这是南怀瑾在台湾的第一份正式工作。

这一年，台湾辅仁大学也邀请南怀瑾给学生讲中国哲学史、禅宗和《易经》。台湾辅仁大学是天主教会办的，第一任校长是于斌，他是华人第二个枢机主教。于斌主教亲自邀请南怀瑾去辅仁大学讲课，他陆续讲了十来年。南怀瑾上课时，教室坐得满满的，还有人在窗外站着听讲。当时，台湾大学校园里有“不三不四”教授的说法，是讽刺那些教“三民主义”和“四书五经”的教授。他们一张口就是刻板的教条和空洞的口号，学生很反感。南怀瑾认为，学生不爱听这些课，是老师教得不好。南怀瑾起初只在这两所私立大学教书，因为没有学历资格，不能去公立大学讲课。台湾公立大学教授都要由台湾教育事务主管部门任命。一个人尽管有学问，如果是自学成才，没有学历资格，台湾教育事务主管部门也不会任命他当教授。南怀瑾讲课深受学生欢迎，一传十、十传百，名气越来越大，请他讲课的大学也越来越多。台湾师范大学请他讲“佛学概论”；成功大学请他讲“21世纪的文明与禅学”；东海大学历史研究所请他讲“隋唐五代文化思想史”；政治大学东亚研究所博士班请他讲“中华文化大系”。台湾教育事务主管部门见到这种情况，就想给他特批一个教授资格。教育事务主管部门负责人几次派人登门，请南怀瑾填表，以便颁发教授资格证书，但都被拒绝了。南怀瑾对来人说：“麻烦你跑了好几趟，真对不起部长，不是我不识抬举，不通人情。无奈我从来不想取得什么资格，我也不想把自己的著作拿去让人审查。”

不仅如此，比教授更高的头衔，南怀瑾都不屑一顾。1966年起，蒋介石、蒋经国父子发起“中华文化复兴运动”，邀请南怀瑾到台湾三军各基地巡回演讲中国文化。有一次，南怀瑾在高雄冈山空军基地演讲，蒋介石在后台旁听，回到台北后便下令成立“中华文化复兴运动推行委员会”，蒋介石亲自担任会长，请南怀瑾出任主持实际工作的委员。也许很多人会把这当作可望而不可即的殊荣，但这也被南怀瑾婉言谢绝了。后来和别人谈起这件事时，他说自己是“以保持超然身份之故，婉辞美意”。他曾经写过一首诗：“一纸飞传作委员，却惭无力负仔肩。人间到处宜为客，免着头衔较自然。”各种各样的职位和头衔是很有诱惑力的，多少人为此孜孜以求，而南怀瑾却与众不同。他一辈子对送上来的虚名一概拒绝，要做事就自己做，要做就真干实干。

在大学里教书，生活是安定了，但南怀瑾需要一个更大的舞台，在更大的范围内弘扬传统文化。大学校园这个天地太小了，他要走向社会，走向更高的层次。于是他决意辞掉大学的教职。一方面，南怀瑾的课越来越受学生欢迎，但有些教授的课却没有学生要听，为避免这样的强烈对比造成别人的不愉快，南怀瑾觉得自己应该急流勇退，以免招来嫉妒；另一方面，自己开班讲课，可以针对需要来开设课程，不但大学生可以来听，其他各阶层的社会人士，也都可以来听讲。1969年，南怀瑾访日归来就打算创立“东西精华协会”。为什么叫这个名称呢？就像协会宗旨里说的，要从东方文化中和西方文化中摘“精”取“华”，为人类文化开创新的局面。这也是南怀瑾在日本讲话时提出的历史使命。

那时台湾还是“戒严时期”，对社会组织管制很严，即使纯粹的文化活动，当局也总是放心不下。南怀瑾要创立这样一个民间文化社团，可以说是史无前例的，其中的困难可想而知。一方面有来自官方的阻碍，另一方面很多朋友也不赞成。有人说：“南某人喜爱夸大，想当领袖，所以要大费周折，办这个东西精华协会。”南怀瑾不为所动，他办事基本上有三个原则：一、不向既成势力低头，已是既成势力，投靠不上；二、不向反对意见妥协，既然反对，和他妥协也没有用；三、不拉拢不赞成的人士，不赞成的人拉拢了也不可靠。他采取了迂回的办法，先在美国加利福尼亚州注册成立“东西精华协会国际总会”。因为在美国筹组这类组织比较容易，只要有人共襄盛举，立刻就可以登记，开始活动。美国总会成立后，再在台北成立分支机构就比较顺利了，因为国民党当局不敢得罪美国人。

1970年3月22日，“东西精华协会”在台北举行成立大会，有70多名会员出席。南怀瑾为协会定下了三大目标：一、唤醒近世东方各国，使他们恢复自信，不再舍弃固有的文化宝藏而一味盲目地全盘西化；二、重新振兴中国人文思想的精神，以纠正西方物质文明的偏差；三、沟通东西文化，以谋人类的和平和幸福。在“东西精华协会”的章程里，他提出了筹建“国际文哲学院”“禅学进修班”“西洋哲学进修班”“美术进修班”“国乐进修班”“语文进修班”和“国医进修班”等计划。他的目标很大，想做的事情很多。在此后的十几年里，南怀瑾照着这个目标和计划，在忙碌，在操心。协会初创的时候，条件很差，只有几个学生做义工。经费不足，南怀瑾拿出自己的版税，学生们也拿着募捐簿到处募捐。协会在台北青田街租了一套三房一厅的公寓办公。客厅里挂着国民党元老李石增撰写的对联：“上下五千年，纵横十万里；经纶三大教，出入百家言。”这副对联表达了南怀瑾的文化理想，也正是他这一生学问和事业的写照。

著作等身，创办十方书院

“东西精华协会”成立后，南怀瑾几乎是一个人在独自支撑着。协会的第一个讲座，由他主讲，主题是《易经》，后来又先后讲了《论语》《庄子》《周易参同契》《楞严经》《瑜伽师地论》和中医理论等。每次讲课都由学生记录整理成文字，他自己再把记录稿通读一遍，反复修改。南怀瑾的50多部专著大多数都是这样完成的。有时候，他把学生整理完的书稿通读一遍后，表示不满意，说不能出书。其实，不是对记录整理不满意，而是对自己讲的内容不满意，他要重新再讲一遍。在讲课的过程中，有时候情绪不好，有时候身体不舒服，讲课的质量就会打折扣。因此，事后他就会对自己讲的内容不满意，不愿意匆忙出版。可以说，南怀瑾在世时出版的书都不是一次就完成的，而且，学生们记录整理的水平也参差不齐。南怀瑾最满意的，也是大家公认整理得最好的，要算《论语别裁》。他在这本书的前言里特别提到了蔡策先生，说他“不但记录得忠实，同时还详细补充了资料”“其情可感，其心可佩”。蔡先生比南怀瑾还稍年长一点，当时在《中央日报》担任秘书。在繁忙的公务之余，他帮助南怀瑾完成这部60多万字的巨著，确实功德无量。

说起蔡先生和《论语别裁》这部书，还有许多故事。1974年4月，台湾某机构邀请南怀瑾讲《论语》。对南怀瑾来说，讲《论语》是轻松的事，因为他已经讲过很多次了。不同的是这次听课的学生中有一位会中文速记的蔡策。他边听边记，又自告奋勇地把速记整理成文字稿，以《论语新义》为题目在《人文世界》上发表。这份杂志是南怀瑾在1971年初创办的。他自己每期都要写四五篇文章。这份杂志办了差不多10年，南怀瑾的好几本著作都是先在《人文世界》上发表的。讲了差不多有一年的时间，《论语新义》也连载了一年。《论语》已被讲了几千年，但这次是从当代的角度，用白话表达的，所以受到极大的欢迎，读者热情的来信如雪片似的寄到协会。《青年战士报》社长专诚拜访南怀瑾，恳请允许他的报纸转载。南怀瑾同意后，1975年《青年战士报》开始刊出，又造成一时的轰动，这份报纸的发行量也大大增加，还有人将连载的文章剪贴成册。广大读者要求出单行本，自己办出版社的事被提上议事日程。以前南怀瑾的书，并不是自己出版，因为法令规定，杂志社不可以出版书籍。这时候，随着南怀瑾的著作越来越多，办一家自己的出版社也就水到渠成了。

1976年5月，“老古出版社”成立，南怀瑾自任发行人。当时，他的一位学生古国治刚从辅仁大学毕业，愿意加入这个行列，南怀瑾就让他掌管出版业务。当古国治去政府登记出版社时，老师说：“就用你的姓，登记为老古出版社吧！”

老古出版社最初出版的书就有《论语别裁》。1975年9月开始，南怀瑾就组织学生整理编辑《论语新义》。经过8个月时间，才以《论语别裁》的书名出版。

这段时间，南怀瑾的工作相当繁忙。除为杂志写稿外，每星期还有三个晚上公开讲课，还要应付日夜来往不息的访客；有来求医问药的，有来诉说烦恼的，有来聊天排遣、求禅问道的。星期天上午是静坐课程。其余时间，南怀瑾还要亲自处理成堆的海内外来信，往往通宵达旦。同时，南怀瑾仍然经常应邀到各处讲演。1976年3月，中国广播公司邀请老师讲《易经》；4月，在《青年战士报》报社大厅，他开了一门“唯识研究”的课；7月开始讲《孟子》，一直讲到12月，才把《孟子·梁惠王》讲完。这些讲课内容都被整理成南怀瑾的著作，在老古出版社相继出版。宝岛上刮起一股“南怀瑾旋风”，学术著作能够如此畅销，在台湾是几十年少见的事。

此时的南怀瑾已经名满天下，但他突然在1977年2月15日开始闭关。这次闭关是他一生中的第二次，离在峨眉山闭关已有30多年了。盛名之下，南怀瑾为什么要掩室谢客，隐居闹市呢？闭关之前，他写了两首诗偈：“忧患千千结，山河寸寸心。谋身与谋国，谁解此时情。（其一）”“忧患千千结，慈悲片片云。空王观自在，相对不眠人。（其二）”他是想暂时摆脱俗务的纠缠，继续精进，冷静地思考以后的方向。

1979年新春过后，预定的两年闭关期满。南怀瑾出关后，香港的洗尘法师就找上门来。洗尘法师办了一所能仁书院，打算在台北登记，想请南怀瑾出面担任香港能仁书院的院长。另一方面也希望和南怀瑾合作，在台湾设立一个佛教中心。到了5月，洗尘法师第三次到台湾，协商的结果是筹办一个“十方丛林书院”，请南怀瑾做教授，并主导一切。南怀瑾愿意致力于文化工作，佛教虽也是文化的一环，但他不希望局限于宗教。所以，与洗尘法师合作的十方书院，并不是纯粹的佛教书院，而是半为佛法半为人文的书院。1980年9月1日，书院正式开学，招收初中毕业及高中毕业的学生，另有一半学生是出家人。这也是洗尘法师的意愿，给想出家的人一个学习进修的机会。后来南怀瑾身边的许多出家人，如首愚法师、弘忍法师等都是当年十方书院的学生。

1981年，南怀瑾搬进了台北市信义路二段的复青大厦。这是一座12层的大楼。十方书院购下了从五楼至十二楼的所有楼面。他自己住八楼，五楼是政治大学东亚研究所学生上课处，十楼是军政元老讲习班，其余有佛堂、老古文化公司、东西文化精华协会，这里还举行各种学术禅修讲座。南怀瑾的课程多半安排在晚饭后，因为是对外公开，上课时听众竟达200人之多。复青大厦里里外外，熙来攘往，热闹非凡。十方书院办了两年，南怀瑾讲的课程有《庄子》《列子》《成唯识论》《维摩诘经》《药师经》和《周易参同契》等，后来都陆续整理出版了。南怀瑾在这里大规模地讲学传道，闻风而来的各界人士越来越多。其中元老班更是衣冠辐辏，将星闪耀，许多军旅人士前来听讲。他们来听南怀瑾讲《史记》《战国策》《素书》和《阴符经》等历史政治典籍。每当星期四晚上，复青大厦门前经常停着一二十辆高级轿车，便衣安全人员也不敢疏忽，整夜在外巡街保卫。南怀瑾有一副联语记述当时的情况："白屋让王侯，座上千杯多名士；黄金如粪土，席前百辈数英雄。"这一批人差不多都是南怀瑾的同龄人，有的还比他年长许多，但一直待南怀瑾以师礼，尊称他"南先生"。

洋弟子：向世界传播中国文化

1983年4月，南怀瑾还在十方书院专门为在台湾的外国留学生开过一个短期班。因为他们对中国道家有兴趣，南怀瑾就专门给他们讲《禅宗与道家》里的道家部分。这已不是南怀瑾的第一批洋学生了，早在1970年，东西精华协会开办的禅学班里就有好几位洋弟子。美国女孩罗梅如在哈佛大学读比较宗教博士时到台湾做研究，成为南门弟子，后来在南卡罗来纳大学当教授。另一个美国人罗维特也是哈佛大学毕业的，当时在台湾工作。有一次下课后，他看到南怀瑾点了一支香烟，竟哭了起来。其他同学问他原因，他擦着眼泪说："南怀瑾是属于全世界的，吸烟会损害身体。"南怀瑾只好向他解释：多年前在四川峨眉山上闭关，在没有人烟的地方生活了几年，空气极其清新干净，后来下山闻到人的体味，觉得很臭，实在受不了。无可奈何，只好点起香烟，把"人味"赶走。

后来罗维特回到美国，就在旧金山万佛城出家当了和尚。还有一位美国人薛乐如，是退役的美国海军少将。他的父亲是基督教的牧师，在临终时对他说：自己一生信奉基督，但心中仍有一个生命的疑问，没有找到答案。希望你能到东方去寻找，可能会有答案。薛乐如退役后到华盛顿大学修读历史哲学硕士，然后到日本和中国台湾参学，结识了南怀瑾。薛乐如对《易经》下了不少功夫，老古出版社曾出版过他的一部著作《易经传承》。

禅学班上的加拿大人文颢儒温文儒雅，言谈举止都符合中国古礼，南怀瑾常笑着说，他的做派可以称为西方的理学家。文颢儒的中文说得字正腔圆，比一般中国人还好，写信必用毛笔。30多年来，每年春节他都会给南怀瑾写贺年信。他回到加拿大后在文化部工作，辅导中国留学生。这个加拿大人一直向他们介绍《论语别裁》和《孟子旁通》，许多留学生读了《论语别裁》，写信给南怀瑾表示感激。法国女学生戴思博在淡江大学教法文，她跟随南怀瑾多年，对《易经》、《老子》、禅学以及密宗都有广泛和深入的研究，回国后在法国巴黎第七大学担任东方语言学院院长，是欧洲著名的汉学家。文颢儒和戴思博都参与了东西精华协会的创立。

美国外交官艾德是南怀瑾在美国时期的学生，出于对东方文化的兴趣去听课。南怀瑾推荐他念“准提咒”。他持着求证的心理，要亲自试试有没有用。他坚持念了8年，每天念6000次，大约花五六个小时。他念咒从不出声，在心里念，因此随时随地都可以念，开会时念，办公时念，散步时念，甚至开车时也念，8年里念了1300多万次。我也念准提咒，念了300万次，但还是很难像艾德那样持之以恒。艾德是基督徒，并没有皈依佛门，也没有想得道成佛，但他从中得到了很大的收获。他曾经说：“南怀瑾对文化事业的贡献既深又远，可惜人们现在还不懂，还认识不到。20世纪，人类经历了许多灾难；21世纪，人类必须找到一条道路，使各种文化能够和平共处，一起努力，创造更美好的世界，这是全人类面临的一个重要任务。而南怀瑾的思想就是讲东西文化的融合，未来的历史学家，在回顾20世纪时，会把南怀瑾列为重要的思想家。”在追随南怀瑾的洋弟子中，有美国人、法国人、德国人、加拿大人、日本人、印度人、比利时人和拉丁美洲人。他们中的大多数都和南怀瑾结下家人父兄般的感情。一个德国留学生回国时，向南怀瑾行三跪九叩大礼，说也许此生不能再见到老师了，但师恩永生难忘。艾德经常带全家来看望南怀瑾，“一踏进‘南门’，就很喜欢那种氛围，像一个大家庭”。他几乎每个月都要给南怀瑾打一次越洋电话，报告自己的学习心得，请南怀瑾指点。他要他的儿子学中国文化，包括读中文书，打少林拳。就像一位美国女学生说的那样，“当我付钱去学习时，与在南怀瑾这里学习的心情完全不同，因为用钱换来的知识，只会有商业行为的感觉，并无感谢的心情”。南怀瑾对洋弟子们坚持“诚以待人，无物不格”的古训。许多人以为他有许多外国学生，应该会有很多的收入。事实上，他为弘扬中国文化，为沟通东西文化而做的都是“蚀本生意”。当西方学者要向他学习的时候，每每会问到要收多少钟点费。这时南怀瑾便回应：“我只要求依礼来学，并不讲求代价。西方人从商业的观念出发，重视学问的价值，所以把学问与知识也变成商品。东方人素来认为道是天下之公道，只要执礼而来，学问知识便是布施，并无代价，更不要求还报。”

麻省理工学院教授彼得·圣吉是当代杰出的新管理学大师。1990年，他出版了《第五项修炼》一书。此书连续三年荣登全美最畅销书榜首，并荣获世界企业学会的最高荣誉“开拓者奖”，短短几年中，被译成二三十种文字风行全球。1999年，他曾被《经营战略》评为“20世纪对商业战略影响最大的24个伟大人物”之一，2001年又被《商业周刊》评为“世界十大管理大师”之一。彼得·圣吉从青年时代开始接触东方文化，21岁就在加利福尼亚州一个铃木大拙开办的禅修中心学习禅坐，直到现在仍坚持早晚各一次的禅坐。1995年，他第一次到香港拜访南怀瑾。1997年，他又带了5个美国著名学者专程到香港向南怀瑾求教。南怀瑾为他们开了一个小型的讲习班，从唯识论的“五十一心所”开始讲起，内容涉及人类意识活动、生死问题以及个人修养等方面。从此之后，圣吉每年都会到中国拜访南怀瑾，最初一年一次，后来越来越频繁，还通过书信向他请教。

南怀瑾定居太湖大学堂后，2003—2006年间，彼得·圣吉4次率领欧美的顶尖学者和企业家组团拜访南怀瑾，请教的内容涉及禅宗的修持方法、生命科学、认知科学等。圣吉说：“南怀瑾的工作最重要的一个地方，就是把儒释道融合起来，最终探讨我们如何生活。在整个世界里，没有人能像南怀瑾那样成为我的老师。我在这个世界上可以找到很多宗教方面的大师，但是他们都不会像南怀瑾那样对于当代世界有如此深度的研究。我可以在商业界找到许多在管理方面很有研究的人，但是他们对于人类、对于人的意识也没有如此深入的理解。”

向南怀瑾请教过的还有英国著名学者李约瑟。1984年9月22日，他在陈立夫陪同下拜访南怀瑾，请教有关道家的问题。美国禅宗大师卡普乐曾在日本修禅12年，追随过3位大禅师，后来写了《禅门三柱》一书。1984年3月15日，他到台湾寻找禅宗的根，要求拜访南怀瑾。第一次见面时，他们就拥抱在一起，极为亲热友善。美国人自视甚高，南怀瑾起初只是待之以礼，不愿与他讨论禅宗，后来经他再三诚恳请求，才两度深夜单独促膝相谈，终于使他心悦诚服，临别时，卡普乐说："我还要再来。"

远走美国：为中国改革把脉

南怀瑾在十方书院开办军政元老讲习班。虽然是讲《史记》《战国策》，但南怀瑾从来是“以史为鉴”，注重理论联系实际，讲习班也就成了这班高官们议论时局的地方。碰到晚饭时间，大家就坐下来围成一桌，无拘无束地边吃边聊。这是完全不同于官场的另一个世界，没有职位的尊卑之分，也没有利益的冲突交集，充满着坦诚和融洽。南怀瑾不但是这座房子的主人，也是这个“世界”的主人。他以超俗的风范、深刻的思想和机智的语言凝聚着大家。许多人有事也喜欢向南怀瑾请教。

有一次，王升戏称这里像大陆的“人民公社”。王升在江西时起就追随蒋经国。那之后，这个“人民公社”的说法就一直流传下来，随着南怀瑾的足迹传到美国和中国香港地区。不过，也正是这样的聚会引起了蒋经国的猜疑，后来南怀瑾不得不出走北美。

在南怀瑾那里听课的文官武将越聚越多，实际上形成了一个小圈子。政治圈里少不了飞短流长，风声难免传进蒋经国的耳朵里。最初，蒋经国还算对南怀瑾礼贤下士。“总统府”秘书长马纪壮三番五次想安排南怀瑾与蒋经国见面。有一次，马纪壮对他说：“经国先生一直想见你，但不好意思来听课。我安排你们见一次面好吗？”南怀瑾拒绝说：“我见老先生还会叫一声校长，他是我的老长官。但我30岁就与老先生意见不同，上峨眉山闭关。他也知道我是有意见的。我从那时起就与蒋家分道扬镳了。蒋经国刚愎自用，没有文化，既不懂中国文化，也不懂西方文化，只有一点西伯利亚文化。你替我找个合适理由婉言谢绝吧。他如硬要逼我见，我就走，离开台湾。”天长日久，以蒋经国的个性，难免对南怀瑾产生了猜忌。

1985年，台湾发生了一件震撼当时政坛的大事——“十信”案。这一事件的余波竟迫使南怀瑾远走他乡。王升虽然并没有卷入“十信”案，但也被蒋经国远调巴拉圭。王升临行前向南怀瑾告别。两人相谈后，南怀瑾赋诗一首相赠：“如水交情二十年，始终道义亦堪传。离亭听唱朝中措，持节青云别有天。”王升临出门，南怀瑾说：“你看着吧！你走了还有几个人也会有麻烦。”王升走了不久，南怀瑾的预测果然一一应验。凡是和他沾上关系的大员纷纷失势。

“十信”案发生后不久的一天，南怀瑾的一名学生突然来转告蒋彦士的话，近日，蒋经国对蒋彦士说：“南怀瑾是新政学系领袖。”政学系是近代中国一股重要的政治势力，自清末的岑春宣、民国初年的陈调元、国民党的张群一路下来绵延不绝。国民党执政几十年来，在幕后出主意的一直是政学系。现在蒋经国指南怀瑾是“新政学系领袖”，自然话中有话。《论语》说：“贤者避世，其次避地，其次避人，其次避言。”南怀瑾一看势头不对，此生既然欲求避世不得，只能取其次，于是决意离开台湾，当场就对身边弟子说：“这个话很严重，我要走了。”然后就让他最信任的学生朱文光博士去美国安排移民事务。

1985年7月5日，南怀瑾在几个学生的陪同下避居美国。这是他首次到美国，途中作诗明志：“不是乘风归去也，只缘避迹出乡邦。江山故国情无限，始信尼山输楚狂。”字里行间透露出南怀瑾避走他国的无奈。到了美国，南怀瑾决定客居华盛顿。因为在他看来，只有住在首都，才能与第一流的人物交往，才能真正了解美国。他的寓所临山傍水而筑，豪华气派。照南怀瑾的说法，不能让“美国佬”看低中国人，以为我们到美国都是来开餐馆和洗衣店的。南怀瑾初到美国就相当引人注目。当地一个社会团体为他举行了一个欢迎会。会上，这个团体的负责人第一句话劈头就问：“请问南先生到美国来，是为我们美国呢，还是为中国?”南怀瑾不紧不慢地回答他：“对不起，我是借你们的地方避居的，当然七分为中国，为美国至多三分而已。”问话者肃然起敬说：“诸位！你们看到了吧，这就是南大师坦白诚恳的话，我想听到的也就是这句话。”

南怀瑾到了美国继续弘扬中国文化，他寓所旁有一条小河，故大家称美国的南怀瑾寓所为“兰溪讲堂”。他在这里创立了东西学院，给当地华人开讲《易经》、《佛说入胎经》、密宗大手印和佛学大纲。此时，他的著作不仅在台湾继续一本接一本地出版，而且开始被翻译成英文介绍给美国人。南怀瑾身在北美，时时不忘故国河山，密切注视着海峡两岸的时局发展。那时候，到“兰溪讲堂”来听南怀瑾讲学的人，不仅来自台湾，许多大陆留学生和访问学者也慕名而来。南怀瑾的“人民公社”成为两岸中国人隔绝40年后第一个彼此交流的私人空间。当时，在中国大陆，邓小平正领导人民如火如荼地推行改革开放。南怀瑾专门为大陆留学生开讲“中国未来之前途”，一口气讲了43次。他为中国改革开放把脉，说大陆将来应该走的路是“共产主义的理想、社会主义的福利、资本主义的经营和中国文化的精神”。他常对中国大陆留学生说：“大陆对外开放应该再推迟十年。先等老百姓丰衣足食，再解放思想。否则，人民会失去礼义而一切向钱看。如此一来，不要说中国文化，连共产主义的信仰也没有了。如果能一步一步有计划地开放，集体制还能对国家经济发展出大力，中国就更容易走向富强。”南怀瑾几次对一位大陆青年学者说：“你们在这里谈论未来的中国，但真正要发展国家，还是应该回去。”后来，这位青年听从南怀瑾的吩咐，马上就回到国内，成为20世纪80年代中国改革的风云人物。

南怀瑾的饭桌：在香港迎回归

1988年1月13日中午，国民党主席蒋经国在台湾逝世。17天后，也就是同年1月31日，在美国华盛顿隐居3年的南怀瑾途经日本抵达香港，打算在这个行将交还中国的英国殖民地住下来，迎接香港的回归，见证中国大陆、台湾和香港社会一段新的历史。

南怀瑾刚到香港，先在一个比利时外交官位于半山的寓所中暂时落脚，这位叫李文的外交官也是他的洋弟子。南怀瑾到了香港，闻风而来的旧识和学生，就像是被一块巨大的吸铁石吸引的小铁片，越来越多地聚集到他的周围，以至寓所坐客常满。后来他搬进坚尼地道的寓所，有一层辟为与友人和学生们聚会的讲堂。讲堂布置得古朴典雅，香案上供奉着紫檀木雕成的佛像，墙上挂着清朝名将左宗棠亲笔书写的对联。窗口正对着草木葱茏的香港公园，入夜可以饱览香港中区璀璨的夜景，他在这里开始新的讲学修道生活。南怀瑾的生活起居是很有规律的。每天晚上10点以后从接待来客的讲堂回住处看书；深夜到凌晨打坐；上午七八点钟睡觉，12点起床；下午到办公室处理公私事务，审阅书稿，答复来自四面八方的书信；晚上6点到讲堂接待访客，在饭桌上和大家谈天说地，这也是他一天中唯一的一次进食。数十年如一日都是这么过来的。饭桌成为怀师了解外部世界的一个窗口。

南怀瑾到香港后，坚尼地道饭桌上的客人分两拨，一拨是常来常往的

“常委”，一拨是匆匆来去的“过客”。如果客人到夜深了还不愿散场，南怀瑾就会让跟随他多年的欧阳哲做一锅“欧阳炒饭”。到坚尼地道来的“过客”很多，三教九流，只要有熟人带路，一般就能上南怀瑾的饭桌。其中有中国两岸的高官、企业家、名教授、大学生，也有美国的外交官、法国的汉学家、印度的金融家和韩国的和尚。南怀瑾有教无类，对来客不起任何分别心，只是不愿见记者。港台老一辈的名记者陆铿和卜少夫都是南怀瑾的旧交，曾经托我传话想见他。南怀瑾一口回绝，说他们见面后一定会在报刊上舞文弄墨。南怀瑾在香港只想保持低调，不愿被媒体打破平静的生活。

通常，客人们来了，坐下，吃饭，聊天。饭桌上，南怀瑾对来客提出的各种问题，总是有问必答，不厌其烦。有时候引用一段先哲的话，有时候背诵一段古人的诗词，意思都在其中了。他惊人的记忆力，无一例外地给来人留下深刻印象。有一次，我带文学家刘再复去做客，南怀瑾问他最近在做什么，刘再复说在研究《红楼梦》。南怀瑾说喜欢书里的诗词，随即一首首地背诵起《红楼梦》里的诗词来，他又说更喜欢太平天国时石达开的诗，有豪气，居然一口气背诵了好几首冷僻的石达开诗词。

访客中还有一些是来问神通、问官运、问财路、问婚姻、问长寿的，简直把他当活神仙了。更多的人只是慕名而来，拉上他合张影，就可以拿出去炫耀自己是“南怀瑾弟子”。对于这些来来往往的人，南怀瑾很无奈，常说自己是“陪吃饭，陪聊天，赔笑脸”的“三陪老人”，但他总是以佛家的慈悲语、和善语、柔软语使来客生喜乐之心。不过，南怀瑾对客人也有严厉的时候。有一次，某银行的几个高层去见南怀瑾，送给他一套18K金雕刻的《心经》，说准备在市场上以每套三万元人民币的价格发行。南怀瑾当即严厉地说：“你们既然送来了，我不好拒绝。这里是一张三万元的支票，就算我买下来了。但你们用佛经来赚钱，将来是要背因果的。”来人就这样被不客气地打发走了。事后他严肃地说：“违背教理戒律的行为必须指出来。我们绝不能用佛法做人情！”

南怀瑾的饭桌上，中国内地来的访客也越来越多。有一天，来了一位复旦大学哲学系的教授，表示希望推荐南老师的著作，南老师就派学生到上海，与复旦大学出版社接洽落实。这是首部在大陆印行的南怀瑾著作。此后，南怀瑾的著作一本本地在大陆出版，开始流传开来。

2002年以后，南怀瑾常去上海，“人民公社”也就随他搬到了番愚路长发花园的住所。2006年定居吴江庙港后，南怀瑾的饭桌又成了太湖大学堂的中心。南怀瑾的饭桌是大千世界的一个缩影，是人生百态的一个舞台。南怀瑾曾即席作过一首叫作《聚散》的歌词，描写他的那张饭桌：“桌面团团，人也团圆，也无聚散也无常。若心常相印，何处不周旋。但愿此情长久，哪里分地北天南。”

1991年初，厦门南普陀寺的禅堂在南怀瑾的支持下破土动工。禅堂是佛教寺院里最重要的场所，没有禅堂就不会出高僧，也就没有真正的佛教接班人。寺院住持妙湛老和尚和南怀瑾交情很深，都是虚云大师的弟子。禅堂在1993年冬天建成，妙湛老和尚又请求南怀瑾去主持一次“禅七”。南怀瑾推辞不了就接受下来。1994年的除夕，他到了厦门，这是他离开大陆44年后第一次踏上故土。这次“禅七”规模空前，有700多人参加，还有许多临时赶来旁听的，包括从美国、法国、加拿大及我国台湾、香港地区赶来的。80多岁的老和尚通永法师，是南怀瑾当年在峨眉山闭关时的护关兄弟。他与南怀瑾分手整整半个世纪，此次在这种场合重逢，悲喜交加。禅堂只能容下半数，其余的一半只能在禅堂外看着闭路电视。南怀瑾在南普陀寺讲了七天七夜的佛法，后来“南禅七日”的视频流传开来，对想了解佛教禅宗的人来说，具有十分重要的参考价值。

两岸密会一线牵

南怀瑾到香港6天后，1988年的2月5日，凌晨3点钟，突然接到全国政协常委、民革中央副主席贾亦斌的电话，说是要来拜访老友。南怀瑾与贾亦斌是当年成都中央军官学校的老同事，一起在军校做教官。贾后来成为蒋经国的一员爱将，1949年春率部起义。两人通电话的当晚，贾亦斌与南怀瑾见面，整整谈了一个晚上，话题始终不离海峡两岸关系。南怀瑾干脆一语道破贾亦斌的来意："你说是来看我这个老友的，但谈来谈去都是这些政事么。如果你要我回台湾去为你们做说客，是不行的。一来我不在其位不谋其政，根本不想管这些事。二来现在是李登辉当家，我与你一样是外省人，与他没有关系。"此刻，贾亦斌也不再遮遮掩掩了："我们知道李登辉是很尊重你的。"原来南怀瑾在台湾讲学时，李登辉的儿子曾是他的学生。两人因为这层关系有过来往。贾亦斌在香港停留了近一个月，直到3月5日才回北京，在香港期间与南怀瑾先后有7次晤谈。南怀瑾知道自己已成为大陆方面想要接触台湾李登辉的一个争取目标。

贾亦斌第一次来访后，又过了几个月，此时已是1988年的4月21日。贾亦斌再度到香港拜访南怀瑾，同来的是中央对台工作小组办公室主任杨斯德。他向南怀瑾表示，北京有诚意与台湾通过和平谈判来解决国家统一问题。他还告诉南怀瑾，邓小平有过批示，要和平解决统一问题。杨斯德走后，南怀瑾就亲自打电话给台湾当局领导人办公室主任苏志诚，让他把大陆方面的意见转告给李登辉。苏志诚也是南怀瑾以前在台湾的学生。李登辉听了南怀瑾转告的信息后，整整一年没有动静，直到1989年底，他才一次次命令苏志诚打电话、发传真给南怀瑾，探听北京对台政策的虚实。南怀瑾希望李登辉让苏志诚到香港来一趟，详细了解大陆方面要求谈判的想法。1990年，苏志诚首次秘密赴港，奉李登辉的命令，邀请南怀瑾回台湾一趟，当面了解大陆方面的政策。南怀瑾接受了李登辉的邀请，决定为了民族的统一大业和两岸人民的福祉重返台湾。1990年9月8日下午，南怀瑾从香港启德机场踏上了重返台湾之路。当飞机抵达桃园机场时，他禁不住落下泪来。他后来回忆当时的心情说道："我这个人休道无情还有情。到了台湾是高兴，还是悲哀，自己也搞不清楚了。"当天晚上，南怀瑾与李登辉在李登辉官邸见面。两人在书房里足足谈了两个小时。南怀瑾对他说古道今、纵论天下，晓以和平统一的民族大义，也提出了许多具体的建议。最后，李登辉把南怀瑾送到门口，南怀瑾意味深长地说："我希望你不要做历史罪人。"9月13日下午，南怀瑾离开台湾回到香港。这次交谈，南怀瑾心里明白，恐怕自己对李登辉的一番肺腑之言，都将落得一个对牛弹琴的结果。然而，为了民族统一大业，也只能知其不可而为之了。

南怀瑾回到香港后不久，李登辉在大陆政策上开始采取一系列行动。10月22日，海峡交流基金会（简称"海基会"）成立。这是一个半官方机构，获授权与大陆保持接触，由辜振甫任首届董事长。此时，海峡两岸的交往愈益频繁，紧张气氛明显缓和。1991年的华东大水灾时，南怀瑾打电话给李登辉，提出12个字"同胞爱、民族情、救苦难、心连心"，要求发动台湾同胞救济大陆灾区。后来，这12个字登在台湾报纸上，凝聚了台湾的人心，出现了许多慷慨解囊救助同胞的感人场面。两岸关系的改善也迅速推向一个前所未有的高潮。1991年4月28日，台湾海基会代表团第一次正式访问大陆，受到国务院台湾事务办公室（简称"国台办"）的接待，双方就事务性接触达成初步共识。同年12月16日，大陆成立了一个对口机构——海峡两岸交流协会（简称"海协会"），负责与海基会联络，汪道涵出任会长。两岸在隔离40多年后建立了沟通渠道。

1990年的最后一天，在香港半山的南怀瑾寓所，代表李登辉的苏志诚第一次与中共中央的代表杨斯德会面。会谈一开始，苏志诚就滔滔不绝地为李登辉评功摆好，希望取得大陆对李的信任。杨斯德回应说："中共中央对李登辉先生是寄予很大希望的，希望能在他任内解决国家统一问题。"苏志诚口若悬河，军人出身的杨斯德听得有点不耐烦了，打断他的话说："你们对统一有没有具体设想？不要长篇大论，要有明确信息。对国家统一要有紧迫感，解决问题要从实际出发，中华民族要联合起来。国共两党可以举行谈判，采取何种方式，从低层次事务性，还是从高层次政治性开始，只要能商量的都可以商量，要把40年的对立化解掉。"苏志诚依然言不及义，双方请南怀瑾讲话。南怀瑾建议成立一个全中国人的"国统会"，两岸两党或多党派人士参加，融合东西新旧百家思想制定有中国文化特色的社会主义宪法，这是上策。退一步，两岸合起来搞一个经济特区，吸收台港等地百年来的经济工商经验。有力出力，有钱出钱，做一个新中国的样板。最重要的是为国家建立南洋海军强有力的基地，控制南沙及东沙群岛。两岸密使的第一次会谈就这样结束了。双方约定把会谈录音带回去，各自向两岸最高层报告，到农历新年时再谈一次。南怀瑾送走客人后，想到两岸的接触已经开头，自己应该及时抽身，便坐定下来，给两岸领导人写了一封信，分头送出。

1991年2月17日是中国人传统的春节，苏志诚再次到香港，和杨斯德、贾亦斌等人在南怀瑾寓所见面，也没能谈出什么结果。南怀瑾见双方只是在那里唇枪舌剑，讲了几句话就不想再听下去了，顾自在一旁打坐入定。这样的秘密会谈断断续续地进行了9次。在香港的最后一次密会前，中共中央决定由汪道涵和许鸣真作为对台谈判的主角，仍希望南怀瑾作为中间人。许先生是退休高干、一家香港中资公司的董事长。6月16日，双方在香港举行第九次密谈，这也是南怀瑾最后一次参与。这次会上具体落实了南怀瑾的建议，海基会、海协会领导人正式相见，促成了1993年4月在新加坡举行的第一次"汪辜会谈"。南怀瑾在会上向两岸领导人提交了一份"和平共济协商统一建议书"，从此就退出了两岸的秘密会谈。

金温铁路：为祖国建设尽一份力

南怀瑾在香港期间还干成了另外一件大事——修建金温铁路。早在1921年，孙中山就提出了建造金温铁路的构想。然而在南怀瑾离开家乡的几十年中，金温铁路的建设曾七上七下，议而不决。其中三次上马，三次下马，原因都是铁路沿线山高水急，施工建设困难重重，投资金额巨大。修建金温铁路成为浙江人民企盼几十年的难圆美梦。

南怀瑾到香港不久，就与家乡温州取得了联系。1988年4月，南怀瑾留在老家的儿子小舜来香港看他，温州市政府一名姓李的官员陪同前来。李转达了市政府的想法："我们想修建金温铁路，带动当地经济发展。希望南怀瑾出面号召一下，国内就好办事。这是当地16个县份、1500万父老的期望。"南怀瑾听到这些话就有点激动。他实在很想为家乡父老尽点力，虽然自己是一个学者，并没有亿万家产，但或许可以利用自己在海外的名望和人脉关系推动这项事业。南怀瑾表示愿意出点力，对方兴高采烈地回去了。

这次会面后不久，温州市政府派人拜会南怀瑾，邀请他牵头修建金温铁路。南怀瑾慨然应允："金温铁路事，义为国家与桑梓福利，极望有期于成也。"他夜以继日地伏案疾书，写出《对金温铁路的浅见》，提出全新的建设思想："首先组建一家铁路公司，由港资与地方政府共同牵手。这家公司必须破除中国内地铁路由政府或国营企业独家经营的惯例。鼓励沿路全线人民购买公司股票。那样铁路还没有修好，股票就可以上市筹资了。”南怀瑾修铁路不只是为温州，而是为了中国，他希望把中国铁路一百多年来的格局改变。他在写这份报告时，请几位做生意的朋友共同投资，但几位朋友最后交来的企划报告，都是投资与回报率，根本没办法收回成本。南怀瑾看后笑笑，将企划报告放在一边。早在1987年，他就对国内留美学生说过，“到中国投资，不可用一本万利之心态，不然就是驱耕夫之牛，夺饥人之食”。

1992年1月，浙江省副省长和南怀瑾的香港盈联公司代表签订合资修建金温铁路合约。浙江签这个合同时还没有经中央批准，属于先斩后奏，而且中外合资办铁路是前所未有的事。为了使中央批准，南怀瑾请来许鸣真出任总顾问，通过他，争取最高层支持。经半年多努力，中外合资修建金温铁路的大原则总算通过了。9月18日，中央政府批准了合资建设金温铁路的合同。经过三四年的公文旅行，克服了各种因素的困扰，南怀瑾最终在中国铁路建设的禁区打开了一道口子，也是为改革开放打开了又一扇大门。11月18日，金温铁道公司正式成立，南怀瑾写信祝贺：“我们的家乡温州，以及浙南十多个县区的群众，大家所期望修造的金温铁路，到了今天总算是美梦成真，即将开工建造了。能够有今天的开始，得来不易。我只能用比较轻松的古诗来形容：‘云里烟村雾里山，看之容易作之难’‘洛阳三月花如锦，多少工夫织得成’。”

依照合资公司的规定，签订合同三个月内，第一期资金到位。实际上，在正式合约尚未签订时，南怀瑾为了表示自己的诚意就电汇了1000万美元到温州作为开工费。精诚所至，金石为开，南怀瑾的举动不仅激励了浙江政府和合作方，也感动了铁路沿线的民众，使后来的征地工作进行得非常顺利。1992年12月18日，金温铁路开工典礼在缙云、丽水、金华、温州等地同时举行，十多万民众参加了开工典礼，盛况空前。但是一生谦逊低调的南怀瑾却婉拒了出席开工典礼的邀请。他发去贺词：“在我个人的理想和希望来说，修一条地方干道的铁路，不过只是一件人生义所当为的事而已。我们真要做的事是要为子孙后代开一条人走的道路，那是大家真要做的大事业。什么是人走的路呢？让我借用宋儒张横渠的四句话来说，便是‘为天地立心，为生民立命，为先圣继绝学，为万世开太平’。这样的目标，是我所期望故乡幼老、兄弟姐妹们共同勉励的人生大道。”

金温铁路建设工程全线上马后，远远超过了最初15亿元人民币的投资预算，开工才两年，就调高到22亿元人民币。南怀瑾和他的学生联络了多家国外银行进行融资。1993年初，美国摩根士丹利同意以低于市场的利息，向金温铁道公司贷款，条件是要中国银行担保。这项得来不易的贷款由于中国银行不愿意担保而落空。浙江方面只能接受南怀瑾的建议，两次调整了合资双方的股权比例，香港公司的占股比例从80%减为25%。南怀瑾的公司从大股东变成了小股东。此时出现了种种流言蜚语：一种说法是南怀瑾已没有资金了，金温铁路要像过去一样很快就要下马停工了；另一种谣言是金温铁道公司取得了沿线1500亩土地，目前地价已涨十倍以上，南怀瑾占了大便宜。实际上，合资公司没有开发过一寸土地，工程拨款也一刻都没有中断。南怀瑾听到了这些流言，但并不介意。他一生视功名富贵如过眼云烟，从来不在意他人的诽谤。南怀瑾把当时的心境寄于诗中：“甘苦由来只自知，天心人事动悲思。自怜独木支巨厦，眼底林园是嫩枝。”他做出了一个惊人的决定：工程完毕后，将剩余的25%股权全部转为国有，放弃所有合约中的应得利益，只收回投资，不计利息，功成身退，还路于民。南怀瑾后来笑说，我现在如果去温州坐火车，还要排队买票呢。

1997年8月8日，金温铁路全线贯通。这条铁路全长251公里，有桥梁135座，共长14公里；隧道96座，共长35公里。施工艰难，但工程质量可与国营铁路媲美，造价却只有国营铁路的一半。浙江省政府邀请南怀瑾出席金温铁路通车典礼，但他再一次婉拒了。典礼上宣读了他的一首感言诗：“铁路已铺成，心忧意未平。世间须大道，何只羡车行。”南怀瑾不仅是想为家乡建设一条铁路，还希望通过实践改变国人的观念，实现祖国的现代化。

儿童读经：振兴文化从孩子抓起

南怀瑾在全球华人社会推动儿童读经运动，是得知王财贵在台湾提倡儿童读经后开始的。南老师从这一当时还处在萌芽状态的创举中，看到了其日后波澜壮阔的发展趋势。儿童读经为培养下一代，传递中国文化薪火，找到了一条实实在在的途径。这符合他重整中国文化断层的理念。

“读经”是传统的儿童学习的方法。由于古书是多方面的知识结晶，受到后人的尊敬，并被称为“经典”，不论懂不懂，先把“四书五经”、诗词等经典背下来，将来孩子长大成人，自然会懂，那时就受益无穷了。近代科学已经证明，人在13岁以前，是记忆最佳时期，也是脑力开发的重要时期。幼年诵读经典，可加强脑力开发，同时也学到了道德学问。其实儿童读经的方法是很轻松的，只在每天下课前用10分钟，由老师带领大家诵读，孩子们同声齐唱，只要一两次孩子们就会背了。这不但不是苦事，反而是像唱歌一般的快乐事。

南怀瑾决定将推动儿童读经作为他领导的国际文教基金会的一项长期任务。南怀瑾知道，由于官僚体系的包袱，儿童读经如果要在取得各地政府的支持后再推动，实在是很难的。因此，这一比金温铁路更为艰巨的文化工程，那时也只有依靠民间的力量来先行尝试。

香港是一个华洋杂处的城市，推动中国文化不是一件容易的事情。然而，在南怀瑾的推动下，读经在1997年香港刚回归时就开展起来了。先是在天平儿童基础教育中心搞了一个“经典文学诵读乐园”的试点，招收一到四年级的小学生，每个星期到中心上一个半小时课，诵读《论语》《大学》《三字经》等古代经典和唐诗。由于课程效果显著，获得家长和教师的认同。儿童读经很快就扩展到了香港社会。

儿童读经活动成绩最惊人的是中国内地的儿童。在南怀瑾的家乡温州，他的儿子南小舜和学生刘煜瑞创立了“绍南文化中心”，积极推广儿童读经。2000年9月17日，他们举办了“温州古诗文朗诵音乐会”，300名儿童登台朗诵《大学》等古代经典。

中国青少年发展基金会（简称“青基会”）秘书长徐永光在香港听南怀瑾说要发动儿童读经活动，一拍即合，回到北京后就马上开始筹办。他把儿童读经活动定名为“中华古诗文经典诵读工程”，作为继承和弘扬中国优秀传统文化，提高青少年道德文化修养的新希望工程。青基会组织北京大学、中国人民大学、北京师范大学的专家学者，迅速选编了《中华古诗文读本》。试点成功后，1998年6月，“中华古诗文经典诵读工程”正式在全国范围内启动。

“儿童经典诵读”，正如南怀瑾说的那样，是一个再造中国文化的工程。

太湖大学堂：最后的日子

到了20世纪末，南怀瑾很想在大陆找一个清静之地叶落归根。南怀瑾归心似箭，一次去江苏吴江的庙港镇参观一位台商老学生的工厂。庙港是太湖边上的一个安静小镇。南怀瑾当即打算在这里造屋归隐。2002年起，他就开始往来于香港和上海两地，渐渐地，在上海的日子越来越长，第二年就完全搬到上海住下来，全身心地投入了庙港住所的建设。那块地的建设一波三折，耗费了他不少心血。2006年，建设总算初具规模，他决定从上海移居太湖之滨，创办"太湖大学堂"。南怀瑾不想张扬，由此表明太湖大学堂既不是宗教场所，也不是教育机构或社会团体，只是私人闲居讲学场所。

2006年7月，年届九旬的南怀瑾在大学堂首次开讲，内容是禅修与生命科学，一连讲了七天。他纵论古今的渊博学识和拉家常式的平易风格，吸引了各方人士，有些人甚至专程从美国、东南亚赶来听课。他在谈到《黄帝内经》的时候说："读中国古典的书，千万不要以17世纪以后大家学了一点西洋文化文字逻辑的皮毛来看它，那就牛头不对马嘴，愈读愈远愈糊涂了。"后来这样的讲座，每年都会有两三次。彼得·圣吉曾在2006年带领国际跨领域领导人组团参学，2009年又带着数十位不同学科的学者来参学，和南怀瑾讨论科学与哲学、宗教、人性、社会问题。戴思博也在2008年来听南怀瑾讲道家、观心法门、生死等问题。这样的讲座之外，南怀瑾在太湖大学堂的生活和以前一样很有规律。2008年夏，我来到他身边常住。早晨坐禅，下午读书，晚上听他讲经。生活十分悠闲平静，南怀瑾也很开心，像个老顽童似的常常迸出很多念头。一会儿说，要养几头毛驴，和我一人骑上一头，在湖堤上柳荫下溜达。一会儿又说，在湖边建个亭子，可以和我一起在亭子里赏月，让古道师吹箫，看我喝得一醉方休。甚至还在大学堂开了个咖啡馆，结果开了几天没人光顾，都是他老人家掏钱在那里请我们几个学生喝咖啡。玩够了，咖啡馆也就无疾而终。

大学堂创办不久，南怀瑾问我，那么大一块地方要拿来做什么用？我提出，我们这一代人的国学都是半路出家，成不了气候，应该从小培养。不如仿效民国的“无锡国专”，在这里办一所国学专门学校。每年从贫困地区招收20名天资聪敏的失学儿童，学制10年，专教他们经史子集。10年后这200名毕业生中，或许能有十多个真正的国学大师，使传统文化得以薪火相传。后来，“吴江国际实验学校”创办，作为南怀瑾教育理念的实验基地，在政府规定的教学大纲之外，增加了一些传统文化的内容，比如国学、武术、中草药、书法等课程。南怀瑾命我教孩子们《千字文》《幼学琼林》和《古文观止》，说是帮助孩子们打好国学基础。他还亲自上了几堂示范课。学校教师的古文基础不好，我在放学后给老师和大学堂的员工们讲《古文观止》。大家学得很有兴趣，传到南怀瑾耳朵里。有一天晚饭后，他说：“现在很多人想读佛经，可是连起码的古文基础都没有，怎么读得懂佛经呢？不如我们办个国学经典导读讲习班，让承思去领着他们学点古文。”2008年12月的第一个周末，讲习班在上海虹桥迎宾馆开学。

2010年，国学导读班结束了，南怀瑾决定再讲《资治通鉴》，帮助学员们鉴古而知今。学员们在3个月里读完66卷“秦汉纪”和81卷“唐纪”。南怀瑾不顾年迈，每逢集中讨论时就早早起身，在房间全程观看现场视频转播，及时补充阅读资料和思考题，晚上两个小时则亲自上台讲解。学生们怕他劳累，一遍遍地催他休息，南怀瑾总是嫌讲话时间不够。讲习班秉承南怀瑾“经史合参”的学风，将儒释道的经典与历史记载对照、比较、融会，来参究人生和社会的哲理。

2009年6月，复旦大学“禅学会”的同学说想到大学堂跟着南怀瑾学禅修。我回去向南怀瑾报告，他说：“他们要答应三个条件：一、禅修七日每天坚持坐禅九支香；二、七日内专心禅修，不准使用电脑、手机和外界联系，脑子里还想着生意经；三、吃素七日。我就亲自带大家禅修。”我对复旦禅学会的负责人一说，他们当即表示愿意遵守。9月13—19日，100多人齐聚太湖大学堂学禅修。这也是南怀瑾最后一次领导“打禅七”。他打破日常起居时间，从早到晚在禅堂里。我们打坐时，他来回走动巡视，观察每个人的身体和神态变化，不断纠正大家的姿势。我们行香时，他手持禅棒在一旁注视，突然间一声棒喝站停，让大家体验刹那间的定境。我们休息时，他端坐讲台，给大家开示说法。一连7天，从无间断。他可是90多岁的老人啊！头一天，南怀瑾让大家先看了两段录像：一段是今日中国寺院里僧人禅修的画面，七扭八歪；另一段是现时日本寺院里僧人禅修画面，气宇轩昂。对比之下，怀师说：“禅宗本是中国传统文化的一部分，如今东瀛邻国还保留着，难道在中国到了我们这一代就要失传了吗？”说到痛处，南怀瑾老泪纵横。在场学员无不为之动容。

这次“打禅七”后，南怀瑾发愿重修江西宜丰洞山寺，光大曹洞宗禅风。在南怀瑾的号召下，学生们纷纷慷慨捐款，到2009年底就募集了7000万元洞山复建工程款。2010年1月，宜丰县政府聘请南怀瑾推荐的古道法师担任洞山普利禅寺住持。在古道师入驻洞山前，南怀瑾在大学堂专门开讲了《指月录》和“曹洞宗源流”，为古道师入驻洞山做准备。8月30日，洞山复建工程举行开工奠基典礼，南怀瑾题写“洞山寺”三字。他多次说，洞山要尽快建好，他要到洞山居住。

2014年9月6日，洞山普利禅寺复建落成，最痛惜的是南怀瑾未能实现来此居住的愿望。

2012年9月，南怀瑾在太湖大学堂辞世。南怀瑾不是一个普通的文人学者，而是为人师表的一代宗师。诚如台湾学者薛仁明所说：“南怀瑾读书极多极广，却绝非一般所说的学者。他对生命之谛观与世局之照察，均非普通学者可望其项背。他是修行人，也是个纵横家。他是传奇人物，也是个在世间与出世间从容自在出出入入之人。”在他的书里，我们能读到他的志向、胸襟、胆魄和智慧。只有读懂了南怀瑾这个人，才能真正读通南怀瑾的书。

第二部分

南怀瑾的学问

贯通儒释道，出入百家言

中国传统文化的特点是一个“通”字，不仅涵盖了儒家、佛家、道家在内的诸子百家的学问，而且打通了文学、史学、哲学。当代的专家学者都学有专攻，可以在某一两个领域里研究得很深，但真正要弘扬中国传统文化，必须涉猎四部三教九流百家，打通文史哲。南怀瑾本人是一个通达博雅、知识面极广的大学问家，儒释道都通，文史哲俱精。除精研佛经、儒典和道家学说之外，南怀瑾的学问还涉及谋略学，先后讲过《素书》《反经》等古书。南怀瑾精通医理，不仅能断诊处方，而且深研《黄帝内经》和《周易参同契》，孜孜不倦地探索生命的奥秘，著有《小言黄帝内经与生命科学》《我说参同契》等书。

有一次，我带一位企业家朋友去看他。南怀瑾问他：“你在做什么？”他回答说是在湖南某地开矿。南怀瑾从来没有去过那个地方，但马上就滔滔不绝地讲起当地的地理地势和矿产资源来，当场把我那位朋友惊得目瞪口呆。可想而知，南怀瑾的学问有多么渊博。正如李石增撰写的一副对联上所说：“上下五千年，纵横十万里；经纶三大教，出入百家言。”因为南怀瑾学问博大精深，所以在他的著作中，常常用道、佛来理解儒；用佛、儒来理解道；用儒、道来理解佛。接下去，我就给大家举几个南怀瑾书中的例子。

南怀瑾是怎样用佛、道来理解儒家的？在讲解儒家经典，尤其是儒家的心性之学和内养功夫时，他大量引用佛家和道家的经典。比如，在《论语别裁》里解释“子绝四：毋意，毋必，毋固，毋我”。他讲到“毋我”就用《金刚经》做比较，说：“这部书中也有四个类似上面所说的观念，所谓‘无我相，无人相，无众生相，无寿者相’。”在佛学中所谓“相”，就是形象或现象。我们人与人之间相处，往往感觉到很痛苦、烦恼，总是被现象困住了。人生在世界上一定“有我”，无法做到“无我”。有我就有你，有他。有你、我、他，就有烦恼。结果忘记了你也是人，我也是人，大家都是一样的。“大家一样”就是佛学所说的“平等相”。而孔子的四绝观念，也就是平等相。这是以佛解儒。

在解释“子在川上曰：逝者如斯夫！不舍昼夜”时，他以道释儒：“老子也和孔子一样，经常用水代表人生哲学。老子教我们效法水，中国有一句老话‘人往高处爬，水向低处流’。老子教我们学‘下流’——不是普通所指不高尚的下流，是指水的下流——大海。天下的水都向下流汇归成大海。所谓下流，就是谦下，站在最下面，‘人之所弃，我则取之’。人要有容量，像大海一样包罗万象。老子又教我们‘上善若水’，最高的品德像水一样。道家形容水很妙，水是绝对干净的，脏的东西到水里，都被水冲洗干净了。让我们的心境，以及人品的修养，像水一样，冰清玉洁，不受一点尘埃。虽然容纳了许多废物、污垢，但仍然是水，水的性质没有变，而且永远自强不息。”

在《孟子与尽心篇》里，南怀瑾解释“尽其心者，知其性也”这句话，“尽其心”，把自己心的根源找出来，然后才可以“知其性”。佛法进入中国，就叫作“明心见性”。道家叫作“修心炼性”。“性要锻炼，等于佛家禅宗所说的‘就是这个’，得道是‘这个’，跌倒是‘这个’，爬起来也是‘这个’。所以道家说要‘修心炼性’，先要修炼，在动心忍性或明心见性之间，不经过修炼是不行的。”这是以佛、道解释儒家。

南怀瑾又是怎样用佛、儒来理解道家的？在《庄子·逍遥游》里，南怀瑾以佛解道：“庄子用鲲鱼鹏鸟、蜩与学鸠，朝菌不知晦朔，蟪蛄不知春秋等寓言故事做譬喻，来阐述他心目中的逍遥人生，以及如何逍遥游于人生：

就是人要突破空间、时间以及心智见识的束缚。”南怀瑾借用佛家的“解脱”以及禅宗的“具见”解释什么是真正的“逍遥”：“我们现在常说，人要逍遥逍遥，这个逍遥，常常是指修道人的理想，如何去逍遥，等于学佛的人，要求得解脱一样。借用佛家的观念，人生能够解脱，才能够得游戏三昧，才敢在人生境界里游戏。如果人生不得解脱，这个人生根本就是一件痛苦的事。”真正逍遥游了又是一种怎样的境界？南怀瑾用佛家的悟道、证道来讲解：“在《逍遥游》里，由北海的鲲鱼变成大鹏，向南冥飞这个故事开始，最后指明了真正的解脱，证到本体，证到这个道，归到无何有之乡。这等于后来禅宗所讲的‘了不可得’‘本来无一物，何处惹尘埃’，同一个道理。在到达了真正的无何有，了无一物可得的时候，才能真正得到逍遥。”在《老子他说》里，南怀瑾用儒家经典解释道家的“道可道，非常道”，他说：“‘道’代表抽象的法则、规律，以及实际的规矩，也可以说是学理上或理论上不可变易的原则性的道。如子产在《左传》中所说的：‘天道远，人道迩。’如子思在《中庸》首章中所说：‘天命之谓性，率性之谓道。’孙子所说：‘兵者，诡道也。’”等等。

南怀瑾是怎样以儒释佛的？在《如何修正佛法》里，他解释佛教的“定”这个概念时说：“最初译为‘禅那’，是梵语的译音。以后借用中国文化里的观念，《大学》里‘知止而后有定’，故称‘禅定’。后期翻译的经典，认为‘禅那’不能完全表达它所涵的意义，于是又翻成‘思维修’。后来又发现这个名词易被误解成心理的思想，所以玄奘法师又译成‘静虑’。不论静虑也好，定也好，都出自《大学》。”在讲佛家的练气法门时，南怀瑾用孟子的浩然之气做类比：“在佛法传入中国前，有一位圣人，也早就提出炼气的道理，那就是孟子。他在《公孙丑上》的养气中说：‘吾善养吾浩然之气，其为气也，至大至刚，以直养而无害，则塞于天地之间。’学佛者不要轻视他家，天下真理是共通的。学佛的更要清楚，大乘菩萨是以各种不同的化身、各种不同的教化示现，孟子所提的养气，是大有道理的。修安般法门者，应注意孟子的话：‘志壹则动气，气壹则动志。’如果精神与气不能配合，想不生起妄念，绝对做不到。孟子在《尽心下》中，提到养气做功夫的秩序，说到由一个凡夫，做到圣人，有一个程序：‘可欲之谓善，有诸己之谓信，充实之谓美，充实而有光辉之谓大，大而化之之谓圣，圣而不可知之之谓神。’”

在《瑜伽师地论》里，南怀瑾讲解四大分散过程，就引用《论语》曾子之死：“人到了真正死亡的时候，地大先分散，身体手脚感觉都没有了。我们读古书就可以体会到。《论语》中，曾子快要病死了，对弟子们说‘启予足，启予手’，要学生把他的脚放好，手摆好。又说：‘《诗》云：战战兢兢，如临深渊，如履薄冰，而今而后，吾知免夫！小子。’他说，‘现在我快要死了，今后不会再犯错了。临死还孜孜为善，平时也没有恶念，现在更不会犯错了。’这个情形就是地大分散，身体知觉失去了。”

南怀瑾这样旁征博引时，从来不是预先写好讲稿，无论是引用儒家的“十三经”，佛教的《大藏经》，还是道家经典，他都是脱口而出，顺手拈来。

经史合参，以经解经

有人说过："南怀瑾做学问的气魄极大，视野也极辽阔。他将儒释道、文史哲打通成一片，不受学术规范所缚，也不受学术流派所限。"的确如此，他有一套自己独特的治学方法，总结起来就是两个方面八个字："经史合参，以经解经。"

什么叫作"经史合参"呢？"经"是指阐述原则的书，如儒家的"四书五经"，道家的《道德经》和佛教的《大藏经》，"史"是指记载历史的书。南怀瑾说，对经史融会贯通，这样才能学以致用，否则光读经书，一天到晚抱着"四书五经"，人会变迂，会变成呆头呆脑的。读经书，还必须配合历史，读历史同样必须配合经书。"经史合参"也就是将经书与史书对照、比较、融会，来理解经典作者当时所表达的思想。

在《原本大学微言》里，南怀瑾讲解"齐家、治国、平天下"，讲齐家和治国的关系，"家齐而后国治"，他从"帝王家庭问题多"开始谈起："从东周开始，直自秦汉以下而到清末，每朝每代的帝王家庭，都是有大问题的家庭。甚至可以说，大多数都是一团糟的宫廷，哪里够得上是'家齐而后国治'的标准。所以孔子著《春秋》，第一笔账，《郑伯克段于鄢》，就是记载由于郑庄公的母亲武姜，由偏爱心理所造成的过错。从此以后，所谓春秋时期一两百年间的'五霸'，如齐桓公、晋文公等辈，直到战国时期，各国的诸侯君主，大部分都是出生在大有问题的家庭，有造成心理不正常的因素。当然够不上讲什么‘修身、齐家、治国’的道理了。”南怀瑾还详细地讲述了“刘邦打天下而不能‘齐家’”的历史。刘邦和吕后夫妻俩钩心斗角，形成汉朝三四百年的天下始终是受“女主”和“外戚”所左右的家族政风。南怀瑾说：“由此来看历史与人生，再三反思，便知‘诚意、正心、修身、齐家、治国、平天下’的教育学养的原则，是多么重要啊！”

《论语别裁》则以《论语》与春秋时代的历史相融会。在解说《八佾》篇时，南怀瑾指出，“孔子的思想是以文化为中心”。在孔子看来，“夷狄之有君，不如诸夏之亡也”。那些蛮族落后地区的人，也有头子，有君主、酋长。但光有形态，没有文化，有什么用，不如夏朝、殷商，虽然国家亡了，但历史上的精神，永垂万古，因为它有文化。“国家不怕亡国，亡了国还有办法复国，如果文化亡了，则从此永不翻身。”为什么孔子会有这样的文化觉悟？南怀瑾讲述了鲁国的孟孙、仲孙、季孙三家权臣，尤其是季孙氏专横跋扈的历史。季孙氏在家里开舞会，摆出天子的“八佾”之舞，宴客完了撤席时，还奏起天子所用的国乐来。从这些史实可以看到春秋社会、政治的混乱面貌。南怀瑾说：“那时社会变乱得很厉害，主要反映在文化堕落。”这也就是我们常说的“礼崩乐坏”。在这样的历史背景下，凸显了孔子所开创和确立的文化精神之伟大。

南怀瑾研究《孟子》，他的《孟子旁通》等几本书就是采用“经史合参”的方法。这里的所谓“经”，就是《孟子》七篇的本经。所谓“史”，就是指孟子所处的战国时代的历史。经史合参，是用齐、梁等国当时相关的历史资料，来说明孟子存心济世的精神所在。南怀瑾说：“了解一下孟子当时所处的时代，和当时现实社会的环境，对孟子的人品和风格，也更有一层深刻的认识。那么才会知道后世的人，为什么把孟子奉在孔子之后，称他作‘亚圣’，不是没有道理的。”他的《孟子旁通》一开始就引了与孟子同时代的邹衍等人见梁惠王的历史资料，用邹衍他们受到的礼遇，反衬出孟子见梁惠王，陈述他的理论思想时，是如何地受到冷落。南怀瑾指出：“在那样现实的时代环境中，孟子始终为人伦正义，为传统文化的道德政治，奔走呼号，绝对不因为受时代环境的影响，而有丝毫转变。所以，他所继承的孔子的传统精神，以及中国文化道德政治的哲学观念，和孔子的文化思想一样，也成为由古到今，甚至将来颠扑不破的真理。”

南怀瑾“经史合参”的治学方法，就像有人说的，“使读经不再是记住干巴巴的几个教条，而是切合人类的经验、民族的记忆，这个‘经’在形象生动中读‘活’了，读出了韵味趣味，读出了感悟心得，吸引力、感染力自然强化了许多。如果一个人脑海里装着整个中国历史去读经，这个经自然也就读得深厚丰沛”。

此外，南怀瑾还运用“以经解经”的治学方法。他说：“读古代经典，别人的很多注解先不要看它。因为先看了别人的注解，有些观念就会先入为主。如果你的主观先被人拉住了，以后便很难变化。所以我主张以经解经。有时你读它的本文，前边不懂的地方，等你读了后边。那前边的也就懂了。即使错了，也错得很少，不会离谱。假使看古人的注解，有时候错下去，一错就是几十年，回都回不来，临死后悔也来不及了。再说一家有一家的注解，各家的注解太多了，多得让你没有辨识的能力。所以说以经解经才是读经最好的方法。”什么叫“以经解经”呢？用南怀瑾的话说：“就是将唐宋以后的批注推开，仅读原文，把原文读熟了，它本身的语句思想，在后面的语句中就有清晰的解释。”只要把一部经典前后篇章贯而通之，就自然能理解经典作者原来的思想。有人说，南怀瑾反对搞考据训诂。那是他们自己水平太差，不懂以经解经的方法是古已有之的。以本经自证，在考据学上叫“本证法”。这种考据方法是最高明，也是最难的。没有南怀瑾这样熟读经典的功底，一般考据家是做不了的。

《论语别裁》基本上就是运用了这种以经解经的方法。我随手举一个《述而》篇里的例子：“子曰：自行束脩以上，吾未尝无诲焉！”无论古今，对这句话的译注大致都是“愿意亲自来送十条腊肉（作为薄礼）的人，我从来没有不教诲的”。南怀瑾用《论语》后面篇章里的记载论证这种解释是错的。孔子的学生中如颜回，清贫到每日只能“一箪食，一瓢饮”，哪有腊肉送给老师呢？而孔子不但教他，还以他为最得意的学生。生活寒微的穷学生除颜回外，还有子路、卜商、冉求、仲弓、原宪、伯牛等。孔子并不嫌贫爱富，相反坚持了“有教无类”的原则，将他们培养成君子。此外，他要求弟子“谋道不谋食”“忧道不忧贫”，又怎么会以付学费为条件才教学生呢？

深入浅出，广征博引，贯通古今

南怀瑾讲课很有风格。我跟了南怀瑾20多年，听他讲过的课不计其数。有时是几百人的演讲，有时是几十人的开示。大多数是在晚饭后，几个人围在饭桌旁听他讲一本经典。每晚讲一段，讲上几个月，讲完了再换一本。这种小范围的讲课，有时候，南怀瑾会让一两个同学先讲，或者大家一起讨论，最后他有针对性地讲解书中的重点、疑点。南怀瑾讲课从来没有讲稿，上课时，他自己拿一本要讲的书，我们学生也会准备一本。南怀瑾逐字逐句解释，对有些段落字句，古今学者会有不同的解释，他会把争论点一一点出来，让大家注意。不过，他会有自己的观点，从来都是直言不讳。他经常说："至少我今天是这样看的，也许明天我发现自己错了，再改过来。"南怀瑾的普通话夹带着家乡的浙江口音，但一般还能听懂。讲完一段原文以后，南怀瑾就开始发挥，古今中外，天南地北，人情世故，随手拿来说明书中讲到的道理。有时候，还会拿身边的事情来做例子，经常引起哄堂大笑。尽管是嬉笑怒骂，天马行空，但他绝不是随便乱说，而是有很强的内在逻辑。实际上，他每次上课前都做了充分的准备。头天晚上找好参考资料，第二天上午叫秘书复印出来，上课时发给大家。

南怀瑾讲课时，引证的经典，无论是"十三经"还是《大藏经》，提及的典故、插入的诗词，都是脱口而出。他的惊人记忆是从小背诵锻炼出来的。他聊天时常说自己从五六岁开始，就在私塾老师戒尺的威胁下，整天摇头晃脑，死记硬背古书。老师要求背的书，他都能背下来，但当时并不懂书中的意思，等到长大后，经过人生的历练，书中的道理自然就明白了。当年背的书使他一辈子受用无穷，所以他后来提倡儿童诵读古代经典。南怀瑾经常责备我们："你们算是读书啊？你们读过几本书？我讲过一百遍，你们都记不住。"他知道我们不能背书，就要求我们熟读。他在生前就要求我把《楞严经》读一百遍，而且是用"愚夫愚妇"的方法读，也就是不要急于去弄懂意思，"读书百遍，其义自见"。

南怀瑾的讲学风格和特点，可以用十二个字来概括：深入浅出，广征博引，贯通古今。

首先是深入浅出，南怀瑾讲课喜欢把深奥的道理说得明白易懂，态度平易近人，语言机智幽默。以往，《易经》总是给人一种神秘玄妙、莫测高深的感觉，南怀瑾的两本易学著作则以独特的妙悟胜解，把高深的易理说得人人能懂。通过他的讲解，读者会发现《易经》其实是一门很平易的学问。一些专家学者不认同南怀瑾的学问，南怀瑾根本不理会这些，正像学者余世存说的，"他打通了庙堂和江湖，让普通大众对传统文化有了亲切感，为大众提供了一种入门的可能性"。南怀瑾做了中国传统读书人、学院读书人不愿意做，不屑于做，今天看来也没有能力去做的事情。他把传统文化用一种深入浅出的语言和比较通俗的方法传递给现代的读者，从而改变了长期以来把传统经典学问只放在讲坛上、学院里，没有推向大众的状况，使束之高阁的传统学问以平实的、常人的语言表述出来，完成了儒释道教义和传统文化的趣味化、大众化和世俗化。

另外是广征博引。朱康有说，南怀瑾讲课"不仅熔铸了自己传奇的人生经历，更重要的是，他顺手拈来历史掌故、风情逸闻、诗句文采、哲理名言，加之极具风趣幽默之能事，这些都成了经的注解。看似散漫无归，实则游刃有余、收放自如。在大开大合、荡气回肠、悲天悯人、上下千年的慨叹中，完成了对经典语句的了然与顿悟，又余音袅袅、绕梁三日，令人回味无穷"。学者李伟国说："南怀瑾在讲解中调动其平生读书、实践、阅世、思考、教人所得之深厚学养和独到观点，游乎经史子集之中，博征佛、道乃至西方宗教学术观点，不论出世入世，评比精义，正说反说，更提示出入禅道的旨意，且以通俗话语，深入浅出，为读者开启智慧之门户。”南怀瑾几乎在每一种著作中都以其渊博的知识，包罗诸子百家思想精华，融会中外古今学说于一炉，而且能触类旁通，解答让历来名儒却步的难题。例如，《大学》中提及了“知、止、定、静、安、虑、得”七个修证层次，但《大学》中并未具体说明如何去做。宋明以来的理学家限于门户之见，也没有办法疏解清楚。南怀瑾在《原本大学微言》中借用佛道两家学术来阐明“七证”功夫，因而超越前人的见解。

南怀瑾讲课的第三个特点是贯通古今。“通古今之变，成一家之言”可说是南怀瑾讲课的最大特点。在他看来，“四书五经”都有超越时空的价值，但理解这些经典不能泥古不化，而要结合时代的变迁。他的著作填平了古今文化隔阂的沟壑，成为当代中国人了解传统文化的桥梁。在《论语别裁》中，南怀瑾不但联系今人今事，帮助读者理解经典作者的思想，而且比照现代世界文化潮流，指明自己民族、国家今后应该要走的路线和方向。他说：“全世界人类文化思想，正陷落在瘫痪状态，空虚贫乏。讲好点是物质文明在发达；讲难听点是物质的欲望在扩张，蒙蔽了人类的智慧。因此我们对于自己文化的复兴，要做承先启后融贯中西的工作，这是刻不容缓的重大使命。从事文化工作的人，要晓得自己这神圣而艰巨的责任。是谁给的责任？是自己要自己挑的，挑起继往开来的重任，才能搞思想。如果以现实的环境来看，搞思想的人常穷苦一生，默默无闻。但每次历史的演变，都受这种潦倒一生的人的思想的影响。在他本人死后，他的思想领导了世界人类。以个人的现实生活来讲，搞思想、搞文化，穷苦一生对他有什么用？可他精神生命的价值就是如此伟大和长远！这就看个人的认识，自己选择要走什么路。”

南怀瑾谈为己之学

我们读书学习究竟是为了什么？南怀瑾经常要回答很多人提出的这个问题。他在不同场合讲的都是同一个道理：读书学习的目的不在谋生，而在于做人，在于心性修养。他经常引用孔子在《论语》里的一段话："子曰：古之学者为己，今之学者为人。"后人根据孔子的这段话经常把学习分为"为己之学"和"为人之学"。怎样叫"为己"，怎样叫"为人"？按照一般说法，为己就是自私；为人就是为大家，也可说是为公。"古之学者为己""今之学者为人"，从文字表面上看，可以说后世的人求学问，好像比古人更好，因为是不为自己而为人家。南怀瑾说，这种解释是错误的。

现在我们来看南怀瑾是怎样解释这段话的。他说："我们中国人过去读书，老实说不为别人求学问，而现在一般人求学问，的确是为别人求学问。一个普遍现象，大专学生为了社会读书，如果考不取，作父母的都好像感到失面子，对朋友也无法交代。读书往往为了父母的面子、为了应对社会的压力，不是为自己。曾经有一个学生告诉我，当年他在读大二的时候，有一天真被父母逼得生气，就对父母说：'你们再这样逼我，我不替你读书了！'他说那时候心里真觉得自己努力读书，是为了父母在朋友面前显示荣耀而读的，在自己则并无趣。"这里南怀瑾指出了"为人之学"的第一种现象，为父母家长而读书学习。

南怀瑾说“为人之学”还有一种现象：“小学毕业以后考中学，考进了中学，小学所学的没用了，丢了；中学毕业考高中，考进了高中，初中学的没用了，又丢了；高中毕业考大学，高中所学的又没有用了，当然也丢了；等考取留学又丢了大学的；留学回来，参加公务员考试；当了公务员，还有升级考试。三年一大考，两年一小考。是嘛！我们的教育就成了考试。其实，考过了又不算数。清代有人对考试的评语是‘消磨一代英雄气，官样文章殿体书’。现代科学八股的考试方法更可怕，将来很可能要变成‘销磨一代精神气，计算机规程机械书’。这种‘为人之学’也就是我们大家深恶痛绝的应试教育，读书学习只为了应付学校老师的考试。”

“为人之学”还有第三种现象，南怀瑾说：“今天的人读书，从文字表面上看‘今之学者为人’，为别人读书，至少是为社会读书。社会上需要，自己觉得前途有此必要而已。说是自己对于某一项学问真是有了兴趣，想深入研究追求，在今日的社会中，这种人不太多。照目前的状况，如果缺乏远见，我敢说，二三十年后，我们国家民族，会感觉到问题非常严重。因为文化思想越来越没人理会，越来越低落了。大家只顾到现实，对后一代的教育，只希望他们将来在社会有前途，能赚更多的钱，都朝商业、工程、医药这个方向去挤。如物理、化学等理论科学都走下坡了，学数学的人已经惨得很。放大点说，这不仅是中国的问题，全世界文化都如此没落。二三十年后，文化衰落下去，那时就感到问题严重了。”这是南怀瑾在20年前说这些话的，现在不都一一应验了吗？读书学习是为了谋生，为了将来给自己找份好工作，仍然是“为人之学”，为别人读书。无论当公务员、教授、律师或医生，学来的知识无不是为他人所用。

当然，南怀瑾认为也有一种“为人之学”是值得提倡和发扬的。他说：“我们中国文化里，宋代大儒张载——横渠先生说的：‘为天地立心，为生民立命；为往圣继绝学，为万世开太平。’这四句名言已成为宋代以后，中国知识分子共同的目标。学者为这目的而学，应该如此。张载所标榜的这四句话，非常深远。今天我们要谈中国文化的中心思想，可以以他这四句话为主。我们如果以这四句话来研究，学者又应该是为人；不止为自己求学，同时也为人求学。这个‘人’扩而充之，是为国家、为社会、为整个人类文化。”

南怀瑾是怎样理解“为己之学”的呢？他说：“读书不是为了做官，不是为了发财。《朱子治家格言》有两句话，你们诸位读过没有？我们从小记得，一句是‘读书志在圣贤’，读书的目的是想做圣人，自己的学问修养超凡入圣，不是普通人。”他还引用《论语》里一段孔子的话来说明，真正的学问是为自己而学，不是为求取功名。“牢曰：子云：吾不试，故艺。”牢是孔子的学生琴子开，这是他转述孔子的话。南怀瑾说：“这句话的真正涵义，上面孔子刚刚讲过‘吾少也贱，故多能鄙事’。而下面由他的弟子琴牢说出，孔子说：‘吾不试，故艺。’这样连起来看，这句话的意思是，孔子求学问，是为自己的学问而求，并不是为了要尝试什么，并不是拿学问来作工具求取功名。秦汉以后的儒家多用孔孟思想做敲门砖，求取功名，这不是孔子的精神。孔子因为是为自己做学问，不以学问作功名富贵的尝试工具，所以他的学问，到达最高的艺术境界。”

荀子在《劝学》篇里说：“古之学者为已，今之学者为人。君子之学也，以美其身；小人之学也，以为禽犊。”古时候学习是为了自己，现在学习是为了别人。君子之学是要使自己完美；小人之学是为了取悦于人。“学得文武艺，货于帝王家”，就是小人之学的目的。“禽犊”，家禽和家畜，指古代互赠的礼物或祭祀用的供品。小人学习的目标无非是做别人的工具，得到一些赏赐。荀子把为己之学称为君子之学，把为人之学称为小人之学。南怀瑾对“古之学者为己，今之学者为人”的解释是有根据的。为己之学只有一个目的，用南怀瑾的话说，就是“以变化气质为目的”。曾国藩就讲过，“人之气质，由于天生，本难改变，惟读书者可以变其气质”。林语堂也说过，“读书的主旨在于排脱俗气。爱读书的人，灵魂和容颜都会优雅起来”。尽管南怀瑾说过，读书以变化气质为目的，但他又说“变化气质是非常难的”。南怀瑾指出，读书的基本原则就是要改正人性，使人向善良的方面走。他是这样说的：“曾子受孔子的教导，著有一本书叫《大学》。大学是大人之学、成人之学，就是讲身心修养，这就是中国教育的基本。我常说这一百年来，教育没有方向也没有目的，究竟想把我们的孩子教成什么样子？没有一个方向、没有一个目标，方法也有问题，所以我们要重新思考。像《大学》这一篇，就确定了中国教育的目的和方法。什么是教育的目的？就是教做人；做人从什么开始？从心性修养开始，做一个堂堂正正的人。”一个人的心性改变了，他的气质也自然会起变化，成为一个高贵优雅，脱离了低级趣味的人。

中国文化必读书

很多人问我：南怀瑾有没有开过学习中国文化的必读书单？这个问题不能简单回答。南怀瑾从来是因材施教，不同的人，程度不同，根器不同，他的要求也不同，教学方法也不同。所以他对不同的人，在不同的阶段，会建议读不同的书，而不会一概而论。比如，对吴江国际实验小学的学生，他们对中国文化的认知是一张白纸，所以要打坚实的基础。他和我商定的国学教材包括：一二年级的小学生学“千字文”，从认识中国字开始。三四年级的学生学《幼学琼林》，一本古代的儿童启蒙读物，也叫《成语考》或《故事寻源》。这本书的内容包罗万象，有天文地理、人情世故、生老病死、衣食住行、鸟兽花木、神话传说等，几乎囊括了传统中国社会人们日常生活中较常用的知识与词汇，像一部微型百科辞书。读了《幼学琼林》就能掌握不少成语典故，方便以后读古书。五六年级就要读《古文观止》了，这是清代吴楚材、吴调侯叔侄两人选编的一部文言散文选集。他们在家乡教儿童多年，根据教学的实际需要自编了这套教材。他们教得越久，对古文见解越深，教材也就越编越精。《古文观止》问世以来，流传甚广，雅俗共赏。很多人想学中文写作，最好的办法就是背诵或熟读《古文观止》。吴楚材还编过一部《纲鉴易知录》，也是南怀瑾经常推荐的。这是一部了解中国历史的入门必读书。中国人民大学国学院曾经让南怀瑾给学生开了一张书单，其中就包括了这几本小学生读的书。这是意味深长的，想要研究国学，就得从最基础的知识学起，打好基本功，一上来不要好高骛远。这对其他对中国传统文化有兴趣的朋友也适用。

想深入了解中国文化，应读什么书？南怀瑾在香港时，现代管理学大师、《第五项修炼》作者彼得·圣吉第一次去见南怀瑾，他问："我想了解中国传统文化，应该读些什么书？"南怀瑾推荐了三本书：《论语》《中庸》和《管子》。他说："前两本书不但是个人内在修养及立身处世的宝典，并且包含了最高的管理哲学和政治哲学。至于《管子》则记述了管仲形而上的哲学思想以及形而下的用世及治国理念和实际措施。"

南怀瑾为什么这样说呢？

首先来看《论语》。中国文化博大精深，门类繁多，从哪本书入门呢？头疼了半天，最终还是没找到门路，一辈子徘徊在中国文化的大门之外。南怀瑾说过："我们要了解中国传统文化，首先必须了解儒家的学术思想。要讲儒家的思想，首先便要研究孔孟的学术。要讲孔子的思想学术，必须先要了解《论语》。"南怀瑾讲得很清楚了，《论语》就是进入中国文化的最重要也是最开始的一道门。无论我们有没有读过《论语》，其实作为中国人，每天都在接触《论语》。没读过的人，第一次读《论语》，发现很多话都是平时听过、自己讲过的，但并不知道是出自《论语》。《论语》对我们中华民族性格形成的影响太深了。《论语》读通了，对中国的国民性就了解了。因为它塑造了几千年来中国人的民族性格。所以《论语》绝对是不能不读的，而且要精读。

其次说《中庸》。这本书和《大学》《论语》《孟子》一起被称为"四书"，到两宋以后盛行，被认为是理解"五经"的阶梯，甚至逐渐取代了"五经"的地位。《中庸》和《大学》都是从《礼记》里选出来的篇章。朱熹说过，读"四书""先读《大学》，以定其规模；次读《论语》，以定其根本；次读《孟子》，以观其发越；次读《中庸》，以求古人之微妙处"。也就是说，《大学》是入门课，读了《大学》便大概知道儒家讲了些什么。接下来读《论语》，《论语》是基础课，"定其根本"。南怀瑾为什么推荐读《中庸》呢？

他说：“我们中国最古的哲学是《易经》，这是一部究天人之际、通宇宙之理的要书，但是易理精微广博，不易了解。《中庸》一书所讲的比较简易明白，其中有许多处足以与易理相互发明。”“大学之道讲内圣外王，内讲道德修养境界，外讲如何做人做事。中庸之道侧重于内圣的多，还有更重要的，同佛家、道家讲修养做功夫有密切的关系。所以宋明理学家后来一边是抄袭了道家，一边抄袭了佛家，但是重点都是脱蛹于《中庸》。”

最后是《管子》。就像南怀瑾说的，这部书不但有形而上的部分，也有形而下的部分。所谓形而上，古代也称为“道”“体”或“本”，相当于我们今天讲的哲学思想。所谓形而下，古代称为“器”“用”或“末”，就是有可操作性的、可以马上拿来学以致用的理论和方法。《管子》对中国政治、经济、文化各方面的影响是非常大的。我们中国人经常挂在嘴边的话，比如“以人为本”“依法治国”“十年树木，百年树人”“仓廪实则知礼节，衣食足则知荣辱”，出处都是《管子》。我们现在金字塔形的行政架构，从中央到社区都源于《管子》。现在的经济制度，国家控制货币发行，实行食盐专卖，首创者就是管子。不过，这部书极其难懂。南老师早年讲过《管子》，不知道什么原因还没有出版。

南怀瑾哪些著作最重要

南怀瑾的著作，到现在为止，大约已有50多种。这些著作大致可以分为四大类：儒家、道家、佛家和文史诗词。这不是严格的分类，因为南怀瑾的著作大多数是触类旁通的，有时以佛入孔，以老入禅；有时以禅入老，以孔入佛；有时以孔入佛老，有时以佛老入孔；有时孔老佛俱入而俱不入，有时孔老佛俱不入而俱入。所谓四大类的分法只是为了叙述方便而已。南怀瑾的这么多著作中，哪几本是必须读、首先应该读的？

第一类是儒学著作，主要是南怀瑾对“四书五经”的解读，包括《论语别裁》《原本大学微言》《孟子旁通》《话说中庸》《易经杂说》《易经系传别讲》以及另外5本关于孟子的书，共12种。南怀瑾对“四书五经”的研究深入精髓，每每有独特的见解。在儒学著作中，其实包括他的全部著作中，南怀瑾自己曾多次强调，有两本书不能忽略，《论语别裁》和《原本大学微言》。南怀瑾将《论语》20篇1.2万多字，化为《论语别裁》50万多字，功夫50倍，对《论语》20篇的每一段原文，都作了详细而又生动的阐述。不仅有篇章结构、段落联结上的提示，而且有原文义旨以及所涉人文掌故的阐发。尤为独特的是，南怀瑾把对原文的串讲编为一个个历史故事，寓意深刻，妙趣横生。

《论语别裁》不仅颠覆了千古以来对《论语》的误解曲解，也打破了人们对孔子刻板迂腐的印象。南怀瑾在书中博古论今，侃侃而谈，从朝代更迭、帝王问政、君臣关系与社会变迁，到历史哲学、文学与文化的演变；从做人做事到社会习俗；从古代相法到现代行为心理学，可以说是无一不涉及。他还把他自己一生的经历、各种社会关系的体验，以及一些为人处世的方法等等，都毫无保留地讲出来了。

《大学》本来是《礼记》中的篇章，自宋代朱熹的《大学》章句本流行后，长久以来被作为科举考试的敲门砖，原本反而逐渐不再为人所知。南怀瑾认为，《大学》的思想源自《易经·乾卦》，是古代中原文化的代表作，自有其理路脉络，对朱熹篡改原文大不以为然。因此，他讲述《大学》采用原本。《原本大学微言》对于"格物、致知、正心、诚意"，以至"修身、齐家、治国、平天下"等修养步骤，以及如何学以致用，都讲得很详尽透彻。

第二类是有关道家学术的著作，主要是《老子他说》《中国道教发展史略述》《道家、密宗与东方神秘学》《列子臆说》《我说参同契》和《小言黄帝内经与生命科学》等7种。道家文化是中国传统文化的主流之一。道家学术自老子、列子、庄子以下，"综罗百代，博大精微"。自两汉后，道家一变而成道教，因"综罗百代"而产生"杂乱怪诞，支离破碎"的弊病。因此，到了近代社会，学者往往把道家文化视为迷信，还有人断言道教本身没有思想学术，只是对佛教的抄袭而已。南怀瑾早年曾钻研道家学术，深得其中三昧，因此对道家文化颇为推崇。在道家文化中，老子最能代表道家思想，而《老子》一书则最系统、最具体地叙述了老子的思想。虽然《老子》只有五千多字，但精细到极致，微妙到不可思议的地步。南怀瑾在《老子他说》中，以经史合参、以经解经的方式，靠着老子自证的现身说法，发掘出几千年来学者所不知的道德内涵，同时点破道家隐士思想在历史变迁中对时势的影响。读了《老子他说》，可以学到《老子》一书包含的中国哲学、人生哲学、政治哲学以及军事哲学。在《中国道教发展史略述》中，南怀瑾以道教发展为中心，从学术思想、宗教形式和修炼内涵三个方面，批判地分析道教存在的历史原因，它的贡献和价值，以及道教与道家不一不异的关系。这本书可以帮助初学者准确掌握道家文化的基本知识。

南怀瑾的第三类是佛学著作。这一类著作所占数量最多，可细分成“佛经解读”“禅学”和“佛法修证”三部分，已经在内地出版的约有17种。一般人都感到佛经难读，常常望而生畏。然而，这些佛经一经南怀瑾讲解，就变得明白易懂，为各种文化层次的读者喜闻乐见。在南怀瑾“佛经解读”著作中，影响最大的是《金刚经说什么》。千余年来，无数人研究《金刚经》，念诵《金刚经》。南怀瑾的书，不仅为读者厘清了《金刚经》的脉络，而且点明了重点。

南怀瑾的禅学著作中最重要的无疑是《禅海蠡测》。这本书不仅记录了他毕生习禅的心得，也是一本禅宗正本清源、拨乱反正之作。南怀瑾开宗明义：禅宗以明心见性、洞达法性为宗旨。在书里，南怀瑾着重阐明了禅宗与教理、顿悟与渐悟的道理，广征博引，直斥各种文字禅、知解禅和口头禅，直探禅宗的活水源头。《禅海蠡测》是南怀瑾唯一亲自一字一句写下来的书，内容文字都比较艰深。

佛法修证部分的著作也大多与禅学有关，只为叙述方便而另外列出。这部分著作中，最受欢迎的是《静坐修道与长生不老》。南怀瑾在这本书里着重叙述了佛、道、儒三家的静坐修持法，内容包括：静坐的姿势与要点；静坐中体内气机的反应，由此而引发的心理与生理的变化；佛家的七支坐法；道家的内丹静坐法；打通任督脉、奇经八脉的方法；中医经络学说中的气功等。为纠正各种错误的修持方法提供了有益的指导。

如果你是一个学佛的人，那么读一读南怀瑾的《如何修证佛法》是很有用的。学佛不同于学习其他知识，不仅要研读佛学理论，而且必须亲身实践。见地、修证及行愿是学佛必须依持的纲要，且三者密不可分。南怀瑾这本书对学佛修证的实际步骤有精辟的讲解及具体的指引，对修持路上的迷惑、歧路以及不自觉的错误都一一纠正。

第三部分

南怀瑾儒家著作导读

《论语别裁》，别出心裁

《论语别裁》这个书名起得很妙。南怀瑾研究《论语》既不同于那些西式教育培养出来的学者，也不同于汉唐以来的经学家。之所以叫作“别裁”，不是人云亦云，而是别出心裁，紧贴现实人生，根据自己的理解和体会来解读《论语》。他在《论语别裁》的“自序”中写道：“本书定名别裁，都自别裁于正宗儒者经学之外，只是个人一得所见，不入学术预流，未足以论下学上达之事。”开门见山就讲清楚，不要用一般学者专家的框框来看待这本书。南怀瑾解读《论语》和历来的经学家有什么不同呢？用他在书的“附录”部分所说：“要入乎其内，出乎其外的体验，摆脱两千余年的章句训诂的范围，重新来确定它章句训诂的内义。”接下去，我就来具体地告诉大家，《论语别裁》的别出心裁表现在哪些方面。

首先，《论语别裁》的价值在“讲”，而不是“注”。自汉唐以来，对《论语》的注解不计其数，能找到的有3000多种，但几乎都偏重于章句的考订注释。其中比较著名的，从东汉的《论语注》、三国时期何晏的《论语集解》、唐代韩愈的《论语笔解》和宋代朱熹的《论语集注》，再到近代杨伯峻的《论语译注》，无一不是走的这条路子。他们把注意力放在章句字词上，纠缠枝节末微，而忽视义理。《论语》是借助文字来表达孔子的思想。以往各种《论语》的注解重文字考释，而将孔子思想最根本的东西丢掉了，这叫作舍本逐末。南怀瑾的《论语别裁》完全不一样，他一改千古惯例通则，甩开文字注释，而着重讲述《论语》的义理，让读者看到了《论语》这部书的精髓。

其次，《论语别裁》有很多南怀瑾的独到见解。他讲《论语》并没有脱离本来的文字。只是在解释书中章句字词时，没有照搬前人的说法，而是着重于纠正、别裁前人理解的谬误。比如，《学而》里有一段话："子夏曰：贤贤易色，事父母能竭其力，事君能致其身，与朋友交言而有信，虽曰未学，吾必谓之学矣。"自古以来，大家对"色"字都解作"女色""女人""男女之色"，说"贤贤易色"的意思就是，一个人能够尊重贤者而看轻女色。杨伯峻也觉得这样的解释不妥当，他说"贤贤易色"的意思是"对妻子，看重品德，不看重姿色"。但这里的"对妻子"是杨先生自己加上去的。南怀瑾说，这个"色"字，很简单，就是态度、形色。"贤贤易色"的意思是：我们看到一个人，学问好，修养好，本事很大，看到他就肃然起敬，态度也自然随之而转。这是很明白、很平实的，是人的普通心理。再如，同一章里还有一句话"无友不如己者"，以往的解释都是说："不要交不如自己的朋友"。这是历来各种对《论语》注释中曲解最严重的地方之一。如果照这样注解的话，"至少学问道德要比我们好的朋友"才能够交，"那完了，司马迁、司马光这些大学问家，不知道该交谁了"。照这种逻辑，如果人人都与强过自己的人交友，那么比我强的一定会与更强的人交友，而不会与我为友。结果就是南怀瑾说的"大学校长只能与教育部长交朋友，部长只能跟总理做朋友，总理只能跟总统做朋友，当了总统只能跟上帝做朋友了？""假如孔子是这样讲，那孔子是势利小人，该打屁股。"按照南怀瑾的别裁，"无友不如己"的意思，是说"不要看不起任何一个人，不要认为任何一个人不如自己"。"不要认为你的朋友不如你，其实没有一个朋友不如你。"再比如，《为政》里有一句话："攻乎异端，斯害也已。"在宋儒以后，"异端"两字，被解释为专指佛、道两家。南怀瑾指出：在孔子当时，没有佛家，也没有道家，在当时儒道不分家的。以儒、佛、道三家的文化，作为中国文化中心，是唐代以后的事，所以认为《论语》中"异端"两个字，是专指佛道而言，则是错误的观念。什么叫“异端”呢？这在文字上解释非常简单。“端”就是两头，尖端，两边的头。“异端”是走极端偏向的路线，不走中道。不但不走中道，而且还标新立异，特别从事怪异的思想。一部《论语》只有1.2万多字，而《论语别裁》中竟有100多处这样的解释，与众不同，又能令人信服。我们不能不赞叹南怀瑾的智慧和学问。

第三，《论语别裁》还有一个特别的地方是联系现实，生动活泼。南怀瑾讲解的风格是不离文字，但又不拘泥于就字说字、就文解文。他不像一般学者那样死守文字的直译，而是根据整段文字的语义，插入原文中直接或间接涉及的历史事件和人物，增加相关的历史文化背景和社会风俗解说。《公冶长》里有一段：“子使漆雕开仕。对曰，吾斯之未能信。子说（悦）。”南怀瑾没有一字一句地辨析词句，而是将重点放在准确把握文字的内涵上，并结合现代语汇，把孔子在当时语境下要表达的意思，活生生地展现出来。他是这样解释这段话的：“孔子有一天对漆雕开说，‘你的学养已经可以为社会服务了，出去做官吧’。可是漆雕开说，‘老师，谢了！对这件事，我没有自信’。孔子听到他这样的话，高兴极了。”你们看！他的解释既有趣，又准确，每句都紧扣原文，又不死板地咬文嚼字，把2000多年前的文言变成了活生生的白话。此外，《论语》和其他古籍里的“子曰”“诗云”，其他人翻译都是千篇一律。要么是“孔子说”，要么是“先生说”。只有《论语别裁》能够根据环境、语气，灵活地表述。《公冶长》里有一段“子曰：吾未见刚者。或对曰：申枨。子曰：枨也欲，焉得刚?”南怀瑾这样复述：“孔子有一天在感叹，说我始终没有看见过一个够得上刚强的人。”细读原文，孔子确实是在有感而发。南怀瑾就是这样使《论语》里的人物活起来，人物对话有现场感，读起来活灵活现。

最后，在《论语别裁》里，南怀瑾善于结合当前社会实际、自己的人生经验，引以为用。将孔子的话里话、话外话，以及原文里没有直接谈到，但间接涉及的意思进行引申补充。我继续举《公冶长》那段话的例子：“子曰：枨也欲，焉得刚?”枨是一个人的名字，有人说他很刚正。孔子说，他欲望很多，怎么可能刚正呢？关于刚正与欲望的关系，原文对话中并没有直接讨论。南怀瑾引申补充说："一个人有欲望是刚强不起来的，碰到你爱好的东西，就非投降不可。人要到无欲则刚。譬如说，这个人真好！真了不起！就是有点毛病，爱钱。既然他爱钱，你拿钱给他，他的了不起就变成起不了。"这是谈到钱欲、财欲与刚正的关系，说得既中肯又诙谐。他总结说："所以真正刚强的人是没有欲望的——'有求皆苦，无欲则刚'。人到无求品自高，要到一切无欲才真能刚正，才可以做顶天立地的人。"南怀瑾根据自己的人生经验，把欲望和刚正的关系，说得清楚、通俗又深刻。

南怀瑾讲《论语别裁》，与孔子时代相隔2000多年，它是讲给当代人听的，通俗易懂、深入浅出，紧扣《论语》的思想内涵和孔子说话的本意，并结合现实社会的实际来讲述，这才是真正的传承。

为孔子平反昭雪

南怀瑾在《论语别裁》里说："孔子的思想，几千年以来，始终成为国家民族文化的中心，的确是有它千古不灭的价值的。"从某种意义上来说，他的"别裁"是为孔子平反昭雪。

南怀瑾在《论语别裁》里说："这孔家店本来是孔孟两个老板开的股份有限公司，下面还加上一些伙计曾子、子思、荀子等，老板卖的东西货真价实。可是几千年来，被后人加了水卖，变质了。还有些是后人的解释错了，尤以宋儒的理学家为最。这一解释错，整个光辉的孔孟思想被蒙上一层非常厚重的阴影，因此后人要推倒孔孟思想。"南怀瑾的意思，是说汉唐以来，经学家们把《论语》解释错了，不仅使孔子思想被人曲解，也使得孔子的形象被人扭曲了。一部《论语》，后世注释的多达3000多种，实际上，注释者都加入了自己的思想。南宋的朱熹编《论语集注》，更是加进了自己的思想。明朝以后，朱家皇帝下令以"四书"考科举，而且必须采用朱熹的注解。明清两代几百年，朱熹的《论语集注》成了读书人的必读书。人们为了考科举，都在他的思想中打圈子。孔孟思想完全被朱熹的思想笼罩。长期以来，孔孟思想被很多人言之凿凿地指出有"问题"，甚至指其为"糟粕"。其实，"问题出在过去被一般人解释错误了"。因此，"'五四'以来，人们要推倒的孔子思想，并不是孔子本人的思想，而是'朱熹的孔子思想'"。《论语别裁》将唐宋以后的注解推开，找出了孔子原来的思想，让我们看到了一个真实的孔子。接下去，我们来看看南怀瑾是怎样给孔子平反的。

孔子有没有提倡愚忠愚孝？《颜渊》里有一段话："齐景公问政于孔子。孔子对曰：君君、臣臣、父父、子子。公曰：善哉！信如君不君、臣不臣、父不父、子不子，虽有粟，吾得而食诸？"孔子回答齐景公的八个字"君君、臣臣、父父、子子"，这成了孔子被打倒的一大罪状，理由是孔子是维护封建统治的。明清时期，这八个字甚至被引申为"君要臣死，臣不得不死；父要子亡，子不得不亡"，说这是儒家信条。其实，这是明代演戏剧本里的一句台词。南怀瑾在《论语别裁》里解释这八个字说："古代的文字很简略，但包括的意义很丰富。""'君君'，君是君，就是说领导人做到自己真正是一个领导人，领导人有领导人的道德。'臣臣'，臣是臣，做干部的有干部的立场，规规矩矩是个好干部，好的宰相，好的辅助人。""当时齐国已有社会动乱的迹象了，其原因就是'君不君、臣不臣，父不父、子不子'，所以齐景公一听孔子这个教诲，就说，'好，我懂了。一个领导人自己不站在领导人的本位，越出范围，那么臣也不臣；一个家庭中，父母不像父母，儿女就不像儿女。如果一个国家，政治、社会的风气到了这种程度的话，国家的财富虽充足，我也用不到了，一定要失败的。'"南怀瑾认为，这八个字就是中国的政治哲学，中国古代的政治哲学就建立在这样的伦常文化的基础上。

孔子是不是主张愚民政策？《泰伯》里有一段话："子曰：民可使由之，不可使知之。"在五四运动中，这也是打倒孔家店的一个有力证据，认为孔子有专制思想，看不起老百姓，主张推行愚民政策。南怀瑾认为，孔子的话是绝对的，但并不是一般人所说的愚民政策。事实上当然有些人是天生的领导人才，但有些人的头脑、程度、才具只能够听命于人。他在《论语别裁》里说："事实上，对于一般人，有时候只可以要他去做，无法教他知道所以这么做的原因，这是我根据几十年的经验得来的""有些人如果要他去做事，先把一切计划理由告诉他，他去做起来一定很糟糕。好像带部队，下命令，三百公尺，限五十秒跑到，跑得到有奖，跑不到处罚。结果跑到了，奖赏他就是了，他一定非常高兴。假如先告诉他理由，什么政治学，什么心理学的，结果他跑到半路上研究起心理学、政治学来了，目标达不到了。”

孔子有没有歧视妇女？《阳货》里有一句话：“子曰：唯女子与小人为难养也！近之则不孙（逊），远之则怨。”五四运动之后提倡男女平等、妇女解放，这句话自然成为孔子的又一大罪状，说他歧视妇女、污蔑妇女，几乎没有人敢为他辩护。在20世纪70年代，有一次，台湾的妇女会请南怀瑾作报告，宋美龄是这个妇女会的会长。有人问他对这句话的看法，南怀瑾说：“我就赞成孔子的话，这是没有办法来替妇女们辩护的。孔子说女子与小人最难办了，对她太爱护了、太好了，她就恃宠而骄，搞得你啼笑皆非，动辄得咎；对她不好，她又恨死你，至死方休。这的确是事实，是无可否认的天下难事。”南怀瑾也指出：“当然，我们还要明白孔子说这句话的时代背景，在古代，以男权为中心的社会结构里，女性大多数没有受过教育，对外界事物的陌生、知识的蔽塞，不是现代人所能想象的。”然后，他机智地把话锋一转，说：“世界上的男人，够得上资格免刑于‘小人’罪名的，实在也少之又少。孔子这一句话，虽然表面上骂尽了天下的女人，但是又有几个男人不在被骂之列呢？”这么一来，就很清楚，孔子并没有要歧视妇女，只是对当时的妇女状况实话实说。南怀瑾的这段发言就在《论语别裁》里。不知道有几个人能像他这样讲，敢像他这样讲？

孔子是不是刻板迂腐的老古董？经过历代经学家的整容，千年以来，人们对孔子的印象都是冷漠刻板、不苟言笑、不近人情，甚至是迂腐的。因为他们心目中的圣人是不能随意说笑、玩闹，也不能发脾气的。一句话，圣人是不食人间烟火的。其实，圣人也是人。孔子很开明、很通人情，活泼幽默。此外，孔子甚至偶尔也发发牢骚，也有痛哭流涕的时候。南怀瑾的“别裁”就是要彻底改变人们对孔子的刻板印象，还孔子以本来面目。《阳货》有一段记载：“子之武城，闻弦歌之声，夫子莞尔而笑曰：割鸡焉用牛刀？子游对曰：昔者，偃也闻诸夫子曰：‘君子学道则爱人，小人学道则易使也。’子曰：二三子！偃之言是也，前言戏之耳！”南怀瑾融情融景地讲解：“一次孔子到了那里，听到弦歌之声。孔子嘴巴一咧，这么一笑，说：‘子游真滑稽，在这样一个小地方，用这种高级教育来教育老百姓，过于小题大做了！’子游质询孔子说：‘先生呀，以前您不是常这样教导我们的吗，君子学道则爱人，小人学道则易使也，但人家实践了，你不能笑人家呀。’孔子听了，立刻收回了刚才的话，告诉身边的其他学生，‘你们大家听好，子游的话是对的，我刚才是开玩笑、说笑话的’。”南怀瑾接着说：“我们不必像古人一样，把孔子塑造得那么好，孔子也是人，有时候也会说个笑话。或者不经过大脑说话的时候也是有的。”经南怀瑾这么一讲，再读《论语》，不再只是文字，而是能感受到孔子以及弟子们的喜怒哀乐了。就像南怀瑾说的：“我们越是看到孔子真实的地方，便越觉得孔子可爱。”

还《论语》本来面貌

南怀瑾的《论语别裁》不仅替孔子平反昭雪，也恢复了《论语》的本来面貌。汉唐以来，经过历代经学家的圈点、注释和阐发，《论语》这部光辉的古代经典早已面目全非。《论语别裁》的拨乱反正，是把支离破碎的《论语》重新贯通起来。《论语》是一条一条的教条，那是从宋儒开始进行章句解释的结果，把整本书肢解了，于是经学家们都认为，《论语》的章节是随便编列的，没有内在逻辑。他们看不出《论语》的篇与篇存在首尾连贯的关系，每篇都不可以分割，每节都不可以肢解。他们的错误，都错在断章取义，使整个义理支离破碎了。

中国古代的先哲们跟西方人很不同。他们对宇宙人生的看法，内心是有一个见解在那里的，但不是用形式逻辑的方法进行推理论证，而是把自己的见解散在各处，用各自独立的语言表述出来，只有用比较、分析、体验的方法，才能发现其中的内在关联，并顺此发现一个理论体系。所以用西方的思维习惯去读《论语》，很难读出《论语》的价值。一些学者就跟在西方人屁股后面鹦鹉学舌，说《论语》不像一部书，是语录汇编，没有什么价值。

南怀瑾说，《论语》其实是经过孔子弟子们悉心编排的，每篇都条理井然，脉络一贯，而全书二十篇的编排也是首尾呼应的，等于一篇天衣无缝的好文章。《论语别裁》替我们找出了篇与篇之间的内在逻辑联系。第一篇

《学而》是讲个人做学问的内在修养。第二篇《为政》则是讲学问的外用，如何施政。第三篇《八佾》讲文化精神，是把个人的内圣为学，外用为政，综合起来的文化精神。仁是孔子学问的中心，第四篇《里仁》就专讲仁。第一篇“学而时习之”，学的是什么？学的就是仁。第五篇《公冶长》和第六篇《雍也》，是通过孔子师生的对话和讨论，来说明孔门的学问。孔门学问中“仁”的应用，是推己及人，想自己利益的时候，也替别人的利益着想；扩而充之，想到天下人的利益。仁的路就是这样开始走的。这六篇连起来，是全部《论语》中孔门学问的纲要。接下去，第七篇《述而》是对《学而》篇的注解，引申了学问之道。第八篇《泰伯》是对《为政》篇个人学问修养的引申注解。第九篇《子罕》，可以说是《公冶长》和《雍也》两篇内容的引申，是孔子有关学问、教育以及历史观念的进一步发挥。第十篇《乡党》是孔子日常生活的素描。一般把《论语》20篇分成上下两部分，上面10篇为上论。

下论的9篇，从《先进》到《子张》，主要叙述孔子师生之间的对话、讨论，孔子对学生的评价以及学生门人对孔子学说的阐发。这些都是对上论各篇用实际的例证来作注解和发挥，所以还是连贯的。下论各篇和上论各篇大致上也是有一一对应的关系。比如，第十一篇《先进》和第十五篇《卫灵公》是对《学而》和《为政》的发挥。第十三篇《子路》，子路问从政的道理，是对《为政》篇的发挥。第十二篇《颜渊》和第十四篇《宪问》，都是对《里仁》篇的发挥。第十六篇《季氏》与《雍也》篇有互相呼应的关系。第十七篇《阳货》是《述而》篇的引申，所讲大都是孔子为人处世的重点，后世用来作为借镜。最后一篇《尧曰》比较特别，好像同孔子及其弟子门人都没有关系，是上古历史资料。南怀瑾认为，这一篇放在这里“实际上是表示孔子的思想，是延续了中国上古的传统文化，就是从尧、舜这些地方来的”。篇末一段“子曰：不知命，无以为君子也。不知礼，无以立也。不知言（信），无以知人也”，则是全书20篇的总结。“命”指自然规律；“礼”指社会秩序；“信”指人与人之间的关系，构成了学问的三个领域。从《学而》开始，整部《论语》都是在讲做人的学问，一步一个台阶，攀向做人的臻美境界——君子。到这里结束，照应开篇，总结全文。经南怀瑾这样一个“别裁”，《论语》20篇清晰呈现为一个有机体，有内在的逻辑性和连续性。

《论语别裁》不仅找出了篇与篇之间的内在逻辑联系，还告诉我们：这20篇，每一篇又相对独立，主要阐述一个道理，介绍一种方法。《论语》第一篇《学而》的开头是：“学而时习之，不亦说乎？有朋自远方来，不亦乐乎？人不知而不愠，不亦君子乎？”这一篇的最后一句是：“子曰：不患人之不己知，患不知人也。”恰恰是头尾相顾，一气呵成的。在《为政》里先讲为政的大原则“为政以德”，接下去没有直接讲为政的方法，而是讲自己的人生经验。孔子为什么要把几十年所经历做人、做事、做学问的经验，放在这里呢？南怀瑾解释说：“不管是为政或做事，都是要靠人生经验的累积。而人生经验累积成什么东西呢？简单的四个字‘人情世故’。”再接下去一段是孟懿子问孝、孟武伯问孝、子游问孝、子夏问孝，孔子一一回答。这就是前面“为政以德”的引申发挥，把中国文化里的孝道精神，扩充到待人处世上面。中国自古以来大政治家的出入不苟的胸襟，就是根据这一点培养出来的。然后，谈怎么观察人的道理，为政首先是要会识人用人。用人要用君子，什么样的人是君子，怎么做一个君子。讲完做人处世的部分，下面文章一转，高峰突起，就正式讲到政治问题了。连贯起来看，《论语》文章的编排非常妙，几句在不同时间、不同地点说的话，把它连贯起来，仍能成为一篇曲折有致、讲究结构的文章，它的文学价值也实在不简单。

《颜渊》的第一段，“颜渊问仁。子曰：克己复礼为仁。一日克己复礼，天下归仁焉。为仁由己，而由人乎哉？”南怀瑾认为，仁有体有用。这一段是讲“仁”的体，也就是内在修养，形而上的“克己复礼”。教诲的对象，是得孔门道统真传的颜渊。下一段，颜回又说，这个道理很深、很难，总要拿一个章法，一个引子给我们入手，或许可以进入“克己复礼”的境界。因此孔子才告诉他“非礼勿视，非礼勿听，非礼勿言，非礼勿动”。第三段开始讲到外用，第一个对象是孔子认为有帝王之才的冉雍。孔子告诉他，做领导人的原则：“出门如见大宾，使民如承大祭。己所不欲，勿施于人。”然后，就是分别对司马牛、子张、子贡、樊迟等学生讲“仁”道的外用和一般修养。司马牛问仁，孔子答复说："有仁道的人，说话忍一点，慢慢来。"司马牛可能有放言高论的习惯，所以孔子教他不要随便说话。四位不同的人问"仁"，孔子作了四个不同的答复。这是孔子在教育方面，针对学生的个性、行为，某一个缺点，加以纠正。对鲁哀公、齐景公、季康子这样的统治者，孔子回答他们的都是如何行仁政。

根据《论语别裁》的这些实例，大家应该已经看到，从一般人认为是一条条毫不相干的格言中，南怀瑾是怎样发现《论语》内在逻辑的。

《论语》究竟说什么

南怀瑾的“别裁”，除了揭示《论语》篇与篇、段与段之间的互相关联之外，还把被前人歪曲的思想内容重新纠正过来，发掘出这部古代辉煌经典的精髓。

《论语》开篇三句话：“学而时习之，不亦说乎？有朋自远方来，不亦乐乎？人不知而不愠，不亦君子乎？”几乎每个中国人都耳熟能详，但是大家的理解几乎都错。因为我们一开始接受的就是经学家的解释。第一句“学而时习之，不亦说乎？”时时温习旧功课，不是很开心吗？南怀瑾说：“讲良心话，当年老师、家长逼我们读书时，哪会心里高兴，讨厌都来不及了。这句话的本意是：学做人的学问，不断地学以致用，不是件很开心的事吗？”

第二句，“有朋自远方来，不亦乐乎？”一般理解是讲交友。南怀瑾说，其实，不是指你春风得意时的朋友，而是看你已经失意了，还不嫌弃你的朋友，那才是真正的朋友。这样的朋友只能是学问上的知己，所谓君子之交淡如水。这个“远方来”的朋友，不仅是指空间上的遥远，还指时间上的久远。“孔子的学问，五百年后，到了汉武帝时期才兴起来，才大大地抬头。这个时间隔得有多远！这五百年来他是非常寂寞的。因此，只要有人能真正认识‘我’‘学问的价值’，就是很快乐的了！”

第三句“人不知而不愠，不亦君子乎？”一般理解是说要有胸怀，即使别人不了解自己也不生气。南怀瑾认为，这其实是说一个人为学的态度，“一个做学问的人，即使一辈子没有人了解，也不怨天尤人，不为任何功利，为学问而学问。到了这种境界，才算得上是真正做学问的君子”。开篇三句不仅是《论语》的起点，更是整个《论语》的“眼点”。这三句话，不是讲三件事，而是讲一件事——做学问。

学什么？学的是仁。这个“仁”，是孔子做学问的最高目的，也是整部《论语》的中心。孔子的“仁”究竟是什么？历代以来的解释很多。《论语》提到“仁”的地方一共有109处。有些人抓住其中一点，就认为是仁的全体，等于“众盲摸象，各执一端”。其中影响最大最久的是唐代韩愈的曲解。他解释“博爱之谓仁”。南怀瑾说，“韩愈是拿自己的意见作了注解”，“这是韩愈的思想，不是孔子的思想”，“韩愈是研究墨子的专家。‘兼爱’之说，墨子看得很重要，可以说是墨家的思想”。韩愈自称“直承孔孟”，造成后世以讹传讹。到了宋代理学家，专讲这个“仁”。不过，照南怀瑾的看法，“宋儒理学家们所讲那一套‘仁’的理论，已经不是孔子思想的本来面目了。左边偷了佛家的，右边偷了道家老庄的，尤其偷了老子的更多，然后融会一下据为己有”。

南怀瑾指出：“仁在孔子的思想中代表了很多，从形而上的本体，到形而下万事万物的用，都归到仁。”注意！仁有体有用，不能下一个简单的定义，这是南怀瑾的“别裁”。整部《论语》中，孔子有关“仁”的论述，最重要的是《里仁》篇和《颜渊》篇。《里仁》全篇讲仁，那都是讲仁的用，仁的行为。讲到《里仁》这个题目，用的是第一段的头两个字，“里仁为美，择不处仁，焉得知？”前人的解释是：我们所住的四周邻居都是仁人君子，就够美了。假使不选择和仁人君子住在一起，这个人就不算是聪明人。南怀瑾调侃说：“如果真是这个意思，那么坏人堆里没人住了吗？而且哪一个地方才是好人堆？哪个地方是坏人堆呢？世界上哪来这么多仁人君子？”所以他是这样解释这句话的：“‘里仁为美’意思是我们真正学问安顿的处所，要以仁为标准，达到仁的境界，也就是学问到了真善美的境界。‘择不处仁’的意思是我们学问、修养没有达到处在仁的境界，不算是智慧的成就。”

《颜渊》这一篇，颜回问“仁”，孔子答复他，“克己复礼”就是仁，这是仁的体。按照一两千年来的解释，“克己”就是约束己身、抑制自己的欲望，也就是宋儒说的“存天理，灭人欲”。南怀瑾的“别裁”推翻了这种说法，指出“克己”是克服自己的妄念、情欲、邪恶的思想、偏差的观念，完全走上正思，而不是被动地拼命压制自己的欲望。强压的结果是欲望的反弹，只会产生更大的欲望。以现代话来讲，“克己”就是“心理的净化”。这是从自己的心地心念上下功夫。人不能不想，南怀瑾说，有一点可以随时做得到的，就叫“想而不住”。对于过去的思想不理它，过去的已经过去了。对于未来的，又何必去想它？“现在”也没有，我们说一声“现在”，这“现在”就马上过去了。慢慢从这一面去体会，永远保持心境的安宁。这也就是《金刚经》上的“过去心不可得，现在心不可得，未来心不可得”。心境安宁了，妄念、情欲、邪恶的思想就不会生起了。在这里，南怀瑾毫无痕迹地将禅融入了《论语》的讲述中。

“克己”的问题讲明白了，南怀瑾紧接着讲“克己”与“复礼”的关系：“克己以后，就恢复了‘礼’的境界。”他引用《礼记》第一句话来定义“礼”：“毋不敬，俨若思”，“在内心上对自己慎重，保持克己的自我诚敬的状态，表面上看起来，好像是老僧入定的样子，专心注意内心的修养”，并强调“所谓礼，就是指这个境界而言”。可见“礼”并不是理论概念上的东西，更不是所谓的礼貌、仪式，而是“克己”修养的状态和境界。再下来，南怀瑾解释“一日克己复礼，天下归仁焉”。他认为，孔子说的“天下归仁”就是庄子提出来的“天人合一”，宇宙万象便与身心会合，成为一体了。“有此高度的修养，才能处理大事，才能承担大的任务。”体现在外边的用世是什么状况呢？“修养到了这个时候，对人没有不爱的，看见任何人都是好的。天下太平，太好了，统统都是欢天喜地的，没有冤家，没有烦恼，没有痛苦。”这就是最高修养，也就是仁的境界。南怀瑾强调：“孔子所答复的‘仁’，是有一个实在的境界，而并不是抽象的理论，是一种内心实际功夫的修养。”南怀瑾不仅博学，而且注重实修实证，对儒释道三家学说的核心——“心性”透彻明了。所以他能够对“仁”这个争论了上千年的问题一锤定音！

最后一句，“为仁由己，而由人乎哉？”我们一般人喜欢向外索求和依赖，所以南怀瑾在《论语别裁》里借解释这句话，叮嘱大家：仁的境界在自己这里，不是从外面来的，也不是“靠一个老道传的什么法门，然后得了什么道，那是江湖上骗人的”，“道、佛、仁就在各人自己的身心上，是最高的修养，要自己身体力行，绝不是别人给的，也不是老师传的，更不是菩萨赐的”。

这里重点讲到“仁”的体和“仁”的内在心性的修养。“仁”的外用是指做人做事的规范。《论语》的大部分都是谈如何做人做事。南怀瑾在这本《论语别裁》里点出《论语》本身活泼的生命，使我们这个时代的中国人，能以现代的生活经验来了解《论语》真正的内在思想。

正本清源说《大学》

《原本大学微言》是南怀瑾自认最重要的著作之一。他在台湾时曾经多次讲过《大学》，讲稿也整理出来了，但南怀瑾压在那儿，不让出版，因为他不满意。到了1992年底，南怀瑾告诉友人，他要重新讲《大学》，并整理成书。他说："这是我一生最后一件大事，对国家、对民族有个交代。"这部讲《大学》的书直到1998年才问世。在这一过程中，南怀瑾花费了很多心血。可见《原本大学微言》在南怀瑾心目中的分量有多重！那么，它究竟是一部什么样的书呢？

书名中"大学微言"的"微言"两字有多重解释，一是指精深微妙的话语。南怀瑾认为，尽管《大学》全文只有2152个字，但每一句话都很微妙，含义都很精深。他要把其中的微妙处阐发出来，让现代人看得懂。结果这2152个字就成了上下厚厚两大本的"大学微言"。"微言"还有一种意思是指人们发出的细微声音。因此，南怀瑾在书名中用"微言"这个词，也是表达一种谦虚的态度，说自己人轻言微，没想跟那些自命不凡的教授、学者争辩。书名在"大学"前加"原本"两字，是为了有别于流行800多年的朱熹"章句本"。《大学》原本是西汉戴圣流传下来的《礼记》第四十二篇。自从宋朝朱熹的"章句本"流行以后，其他许多注解《大学》的书，如司马光的《大学广义》等，都已失传，甚至民间连原本《大学》也久不流通。因而到明朝嘉靖年间，王阳明把原本《大学》刻印出来，当时的读书人还很惊讶，不相信还有这一种本子。自明朝以后，朝廷规定科举考试要以朱熹注疏的“四书”为标准，于是读书人就只读朱熹的“章句本”了。朱熹不但曲解了《大学》作者曾子的原意，而且还将《大学》的原文，按照自己的观点，重新改编次序。南怀瑾认为，“原本《大学》本来就有它自己的次序，也可以说它本来就有自己的逻辑系统。例如，原作者曾子特别列出‘诚意’这个主题来讲，无论是他自说‘诚意’的内涵，或是引用经典来做说明，都是很有条理地来阐明‘诚意’内外兼修的作用。不需要朱熹来改正重编。”他还说：“宋代儒学家们加入了孔家店，喧宾夺主，改变了孔家店原来的产品，掺入的冒牌太多。尤其以程、朱之说，更为明显。”南怀瑾讲儒家经典，都是甩开他们的注疏章句，直接走向先秦儒家的源头，再从学问的源头处立言。南怀瑾讲《大学》就是要正本清源，所以不用朱熹篡改过的“章句本”，而用《宋本礼记疏本》中的《大学》原文。这就是他特别标明“原本大学”的原因。

南怀瑾讲《大学》，循着“四纲、七证、八目”这条路线，围绕内养和外用这两个主轴，边解释原文，边引经据典。在内养部分，用佛家学说讲解“七证”功夫，深入浅出，细致入微；在外用方面，用经史合参的方法，通过大量的历史故事，阐述历代帝王将相施政的得与失，通俗易懂，鞭辟入里。“四纲、七证、八目”是南怀瑾为我们归纳的《大学》全文的核心。

《大学》的开头一段“大学之道，在明明德，在亲民，在止于至善”这四句话，一般认为是全书的纲要。朱熹把这“明德”“亲民”“至善”，称为“三纲”。南怀瑾说有“四纲”，大学之道的“道”是统领这“三纲”的总纲。这里说的“大学”，是“大人之学”。古代，一个真正有人格、能够顶天立地于天下之间的人，称为“大人”。大学是教人怎么成为这样一个“大人”。“大学之道”的“道”，是根本，是人之为人的根本。

大学之道涵盖三个要点。第一是“明德”。朱熹解释“明德”，说人性本来是具备理性的，能够适应万事万物，只不过是被私欲遮蔽了。“明明德”是要把这种天生人性发扬出来。南怀瑾说，“错！”“明德”应该是指“道的致用，是从道体出发的心理和身体力行的行为”。讲通俗点，明德是什么？是你本身生命中就有的一种光明的智慧。这种智慧可以对你的心理和行为起作用。但是这种光明的智慧未必会从每个人的身上显现出来。比如，一个农村孩子很聪明，如果他没有得到受教育的机会，再聪明也成不了科学家，只能一辈子在老家做农民。“明德”必须被发现，而且是被自己发现。这个农村孩子只有知道自己有发展潜力，才会去努力改变自己的命运。“明明德”的第一个“明”是“明白”“发觉”“找到”的意思。“明明德”就是找到人性内在的这种根本智慧，因此有时候也叫作“内明”。在佛家看来就是明道悟道。怎么使自己“明明德”呢？不能只依靠书本，而需要一套求证的功夫。这套功夫叫“内明之学”，也叫作“内养”——内在的自我修养。在儒家经典和南怀瑾著作中，这两个概念是经常互用的。所谓“七证”，指“知、止、定、静、安、虑、得”，这是内养的七个步骤。

第二句是“亲民”，朱熹把“亲民”说成“新民”，认为人人要“存天理，去人欲”，革新改过，做一个新人民。南怀瑾说，“又错！”“亲民”是“道”的外用。“把个人学问的道和德的成就，投向人间，亲身走入人群社会，亲近人民而为之服务”。“亲民”的意思，也就是说，一个人有了“明明德”的自我修养，扩而大之，去影响他的家人，影响社会，影响国家，甚至影响全人类。所谓“八目”，指“格物、致知、诚意、正心、修身、齐家、治国、平天下”。这是讲实际的学问和修养。有了这些修养，才能够去“亲民”、去立己立人，自度度他。

大学之道的第三个要点：止于至善。南怀瑾说：“止于至善便是觉行圆满而得道成圣了！”最后他归纳这四句话：“大学的道，首先在明白明德的修养，然后才能深入民间做亲民的工作，达到极其圆满的至善境界。”

南怀瑾怕人们还弄不明白“四纲”的深刻涵义，就进一步“以佛解儒”，用佛家学说来解释《大学》的“四纲”：什么是佛？自觉，觉他，觉行圆满，叫作佛。“自觉”是自悟，自己悟了，所谓“证得菩提”就是悟了，找到生命的根本。“觉他”是度一切众生。在《大学》呢？明德就是自觉；亲民就是觉他；自己悟了，证得菩提，行为、功德做到度一切众生，利益大众，这些都完成了，止于至善，这样叫作觉行圆满，就是佛。由此可见，恰恰如道家的列子所说："东方有圣人，西方有圣人，此心同，此理同。"无论是中国的儒家，还是印度的佛教，说的道理基本上都是相通的。"大学之道"有普世价值。

七证：内养功夫的顺序

《大学》的四句话之后，紧接着是“知止而后有定，定而后能静，静而后能安，安而后能虑，虑而后能得。物有本末，事有终始，知所先后，则近道矣”。南怀瑾把其中的“知、止、定、静、安、虑、得”，叫作“七证”，意思是内在自我修养功夫的七步顺序。儒家和道家都讲究内养，比如儒家讲“慎独”，道家讲“坐忘”，但对于具体怎么做都语焉不详。做法应该是有的，也许只是师徒之间口耳相传，没有见诸文字。先秦的书，先是刻在木板竹片上，后来是写在很贵重的丝绸上，文字越简单越好，不可能把具体修证的方法一步步写下来。《大学》中的“七证”算是比较具体的了，但这“七证”的功夫究竟怎么修，曾子没有详细说明。宋元以来的理学家，也无法讲清楚，更谈不上发扬光大。至今，只有南怀瑾讲清楚了。他是借用佛家学说来阐明这七步功夫的。

为什么要用佛家学说才能讲清楚？佛教是在西汉末年，从印度传到中国的。这种外国文化能够在中国站住脚，是因为中国人有内在需求。中国土产的儒家和道家都讲修身养性，但都缺乏具体做法。佛教的禅学有一整套可操作的修证方法，可以补儒家和道家的缺，所以就逐渐被中国文化吸收了。这就是南怀瑾要用佛解儒的理由。那么，为什么只有南怀瑾才能做得到呢？要知道七证不是理论，是修证方法。无论是古代的理学家，还是现代的学者，恰恰离修行最远；什么是“道”，他们都只有概念的分析，却从来没有生命的实证。南怀瑾则大不同，他不但贯通儒释道的学问，而且是个有成就的修行人。他的修行与学问，从来就是一体的。南怀瑾对修行，不仅知得，更能证得；体道之深，当世无人能比。所以只有他能够用佛家学说来讲清楚这七步功夫。下面请看南怀瑾是如何来讲解的。

第一个是“知”，“知”是“知道”的“知”，但“知”又分为与生俱来的“能知”和后天意识形成以后的“所知”。“知止而后能定”的“知”，是指人们成人以后“所知”的“知”，而不是婴儿生下来就知道冷暖饥饱的那种“能知”的“知”。南怀瑾借用佛家的话讲“知”对修证的作用。唐代神会禅师曾提出“知之一字，众妙之门”。“知”，这一个字就是了解各种奥妙的入门。从“知”开始修行，可以渐渐达到“明明德”的“内明”境界。

第二个“止”，是停止的意思。南怀瑾说，这个“止”有两层涵义，既指内在的“止”，内明之学的“止”；又指外用之学的“止”。外用的“止”容易理解，南怀瑾说：“每个人立身于这个社会，都要给自己定位，也就是自己要确定这一生要干什么。在做一件事的时候，要知道自己怎么做，‘止’于这一理念上，才能处变而宠辱不惊，处事而无悔。如能做到这个样子，在滚滚红尘里，也算得是一等一的人了。”一方面，一个人做事业要有成就，应该专心在一件自己认定能做、也值得做的事业上。如果三心二意跳来跳去，终将一事无成。学功夫也是这样，有些人先报名参加禅修班，过几天听说辟谷好，饿肚子可以养生，于是又去学辟谷。后来又听说有个日本传过来的新花样叫内观，又跟着去学，最后什么都没学会。他们都以为付了几千元、上万元，参加个什么班，花个十天半个月就学会了。那是浪费金钱和时间。修行也好，养生也好，盯住一个法门进去，坚持不懈，总归有成果。另一方面，无论做什么事，想好了就照着自己确定的办法去做，不要犹豫不决，变来变去。经常改变主意的人也往往一事无成。

内明之学的“止”该作如何解释呢？一个人从睡醒起来，再到进入睡眠的时候，在一天中时时刻刻会产生各种思想和情绪。一个念头接一个念头，只是大部分人整天忙忙碌碌，感觉不到而已。“止”就是要使思想停止在一件事情上，不再胡思乱想。当然这不是容易做到的。不信你们试试看，比如，你在想一道数学题，可能过了一分钟还没想出答案来。此时有人从你面前走过，你马上就会想这人是谁啊，我认识他吗？你的思绪里就跳出第二个念头来。尽管不容易，但通过内修功夫，是可以做到不胡思乱想，脑子清清楚楚的，这就是“止”。

南怀瑾说这个“止”等同佛学上的“制心一处”，而佛教的禅学就有各种方法，如用专注呼吸的数息法，来训练你“止心一处”。那么，“知”与“止”是什么关系呢？南怀瑾说：先“知”道了才能够“止”。比如，看到前面有火，知道有危险，便自行停止前进。

第三个“定”。什么叫作定？用前面想数学题的例子，不胡思乱想叫作“止”，自始至终将思想集中在想数学题上，“思想集中”就是“定”。南怀瑾说，“止”是“定”的因，“定”是“止”的果。也可以说，“止”是“定”的前奏，“定”是“止”的成效，“你不停止一个念头接一个念头的胡思乱想，就不可能把思想集中在一处”。当然，“定”的功夫不是那么简单。这里南怀瑾又用了佛教学说来讲解。佛教有“四禅八定”和“九次第定”，这是分成不同进度层次的身心修养境界。人们是可以通过修证功夫逐步进入不同层次的。南怀瑾对此有非常具体详尽的解说。《大学》里的一个“定”字，到佛教里就是一门大学问。除了有禅宗实修功夫的南怀瑾，其他人当然讲不清。

第四个“静”。南怀瑾说：一个人如果把心一定下来时，当然便有一种较为宁静的感受。由“定”到“静”，是指“定境”上量和用的不同。静是到了与外界隔绝，视而不见、听而不闻的境界。“定”和“静”究竟有什么差别，南怀瑾借用水作譬喻：我们把流动中的浊水，装到一个容器玻璃杯子里，先让它不再流动了，便似“止”的状态。然后投进一点明矾，渐渐使水质澄清了，便似“定”的状态。等到水里所有混浊的泥沙完全沉到杯底，水净沙明，玻璃与水，内外通明一色，便似“静”境的模拟了。我们现代人每天活在极度的忙碌紧张当中，只要能够得到片刻的宁静，就会觉得是很大的享受。但真正的宁静，是像诸葛亮说的那样：“淡泊明志，宁静致远。”南怀瑾说，这两句话的要点，首先在于“淡泊明志”的“淡泊”上，既然肯淡泊，而又甘于淡泊，甚至享受淡泊，那当然可以“宁静致远”了。一个人淡泊到了如孔子所说的“不义而富且贵，于我如浮云”，那是人生修养达到一种高度的宁静意境。

第五个“安”。平时说安静，先安再有静，《大学》里却说：“静而后能安”。南怀瑾说，这是从心性修养的实践经验，以及人群社会的历史经验得来的。心乱则身不能安，社会动乱则国不能安，这是很常见的现实。人的心情、思绪宁静下来，精神上就会感觉很轻安，不慌不忙，没有压力。这时候，身体也自然会产生很舒服很轻安的感觉。这个“安”包含了身体的安，也包含了心理的安。南怀瑾认为，由“知止”开始，一直到“定、静、安”的程序，相当于佛教“戒、定、慧”三学中“定”学的功夫层次。所谓“静”和“安”，是“定”学的效果。下面的“虑”和“得”，那便是“慧观”的成果。

第六个“虑”，是指“精思”，它是细致的、宁静的。“虑而后能得”，得个什么呢？经过“知、止、定、静、安”的修养以后，思虑的智慧力开发了，就可得到“明明德”而证道的真正成果。“七证”的下文便是“物有本末，事有终始。知所先后，则近道矣”的结语。任何一样东西，都有一个根本，也有一个末节。任何一件事情，总有起因，才会有最后的结果。一个人只有能知道什么应该先做，才能得到最好的结果。那么，他就已经接近证道的大门了！同样的道理，你必须知道从“知、止”开始，逐步渐修，进入“定、静、安、虑”，才得以明白“明德”，才可以说是真的接近明白“大学之道”了！

自欺、欺人、被人欺

在讲了“七证”之后，《大学》里接着写道：“古之欲明明德于天下者，先治其国；欲治其国者，先齐其家；欲齐其家者，先修其身；欲修其身者，先正其心；欲正其心者，先诚其意；欲诚其意者，先致其知；致知在格物。”自古以来都把这里的“格物、致知、诚意、正心、修身、齐家、治国、平天下”称为“八目”。南怀瑾认为“八目”是内外兼修之道。通过“七证”的内养功夫，得以“明明德”，悟道了。这时候还不能够“亲民”，不能够出来建功立业。悟道以后还必须渐修。从“格物”到“正心”，说的是内在的自我修养，“修身”是内养和外用的契合点，从“齐家”到“平天下”就是外用了。南怀瑾这样解释“八目”之间的关系：“齐家、治国、平天下”是外用，是把自己的学养用到社会人间，想做一份事业就必须使自己的学养真正达到“诚意、正心、修身”的标准，要达到这个标准，就要“致知”“格物”。

“格物”和“致知”是“八目”中，或说是《大学》中最难理解、分歧也最大的两个概念。不要说我们一般人不理解，明代理学大儒王阳明在少年时期也上过朱熹的当。朱熹解释“致知在格物”的意思，说世界万物，一草一木都包含“至理”——最根本的道理。要做圣贤就要格尽天下之物。格，就是探究的意思。于是王阳明就对着院子里的竹子，用心去“格”。可是苦思冥想了七天七夜，也没想通竹子里有什么“至理”，反而积劳成疾得了一场大病。后来，他被外放到偏远的贵州龙场，才悟到“格物”不是对着外物硬格，而是要在自己身心上下功夫。不过，王阳明也没能讲清楚“致知格物”究竟是怎么回事。南怀瑾告诉我们，“格物致知”，并不是说格去心中的物欲就叫作“格物”，就能“致良知”。“致知”是反察自己“能知”之性的根本。根据儒家“心物一元”的学说，万物都与我们每个人有密切相连的关系。因此，这个“能知”之性的根本，不仅能“尽人之性”，透彻地知道人性；也能“尽物之性”，透彻地知道万物的性质。做到“尽物之性”就是“格物”。“致知格物”就是将“能知”的学养，提升到既能尽知人性，也能尽知物理。尽人之性，还只是自我内养的一段功夫，必须进而达到尽物之性，了解客观世界，才是内修外用的学问。如果一个人一年到头只是在那里打坐、念经、修行，对社会经济、世界大事一无所知，那么他做和尚道士可以，但绝对不可能担负起社会领导责任。因而，只有“致知格物”，才能真正做到“诚意、正心、修身”，可以担负以道济天下的重任，而使天下太平了。

南怀瑾说，“致知格物”是“诚意、正心、修身”的前提。“知至而后意诚，意诚而后心正。”我们平时习惯说“心意”，把“心”和“意”连在一起。其实，两者是有区别的。“意”是意识思维，“心”是没有起意识思维，更没有动用知性时的状态。我们会说，让心平静，不会说让“意识”平静。南怀瑾打了个比方：“心”好像一个盘子，“意”好像盘子里一颗圆珠。“知性”好像盘子和珠子放射的光芒，内照自身，外照外物。人生下来后，从小到老，不断积累“所知”的习气，便形成了“意识”。比如，人们一次次看到有钱人挥金如土，又一次次看到没钱人走投无路，就会意识到“钱是个好东西”。意识固定下来，结合人的情绪，就会形成“意气”。人们经常说“意气用事”，平常做人处事，大部分的行为言语，都是“意气”在起作用，很少在清明理智的“明德”知性之中。因为形成了“钱是好东西”的意识，所以遇到赚钱的机会就冲上去了，很少会理智地想一想这个钱该不该赚。自我修养到“尽人之性，尽物之性”的知性后，首先必须在“诚意”上体现出来。

从“所谓诚其意者，毋自欺也”，到“身不修不可以齐其家”，这段《大学》的原文，被朱熹篡改得最厉害。南怀瑾恢复了原来的次序进行讲解。什么叫“诚意”？南怀瑾详细讲解了“诚意”的“八正知”。在你的意识中做到了这八个方面的正确认知，就可以说是“诚意”了。第一就是“毋自欺”。对此，南怀瑾常用一句至理名言来解说：“任何一个人，一生只做了三件事，便自去了。自欺，欺人，被人欺。”人不自欺，几乎是活得没有人味。我们从生到死，今天、明天、后天，随时随地，总觉得前途无量，才有意思。其实，那些无量、无穷的希望，都只是“意识”的自我意境而已，可以自我陶醉，不可以自我满足。人要自爱，才能爱人，最后自然可以被人爱。做人要实事求是，恰如其分地看待自己，不要自我膨胀。说出来的话才会是实话，才能够真诚地对待他人。你对别人真诚，别人才会对你真诚。如果每个人都习惯了说谎，这个社会也就没有了诚信，大家互相骗来骗去。所以，诚意的第一条就是不要自欺。

要做到“诚其意”还有一个重点和难点，即“慎其独也”的“慎独”。什么叫“慎独”？历来的注解都把“慎独”说成是一个人在单独自处的时候，最需要小心谨慎，不可让自己放任散漫，或瞒着别人做不好的事情。南怀瑾认为，这样的理解还不够。这样做还只是停留在行为的层面，如果意识层面做不到“慎独”，这种自我修养仍然靠不住。那么意识上的“慎独”是什么情况呢？以前从来没有人讲得清楚。南怀瑾引用《黄帝内经》的“独悟、独见、独明”的三独境界，结合佛教的唯识法相学来解释。他指出，一个人修行到一定的层次，粗浮的意识活动静止，达到知止而定、而静、而安，便会引发自性的智慧功能，达到若有所悟的特别境界。这种境界并非是不好的现象，只是不可执着认为真实，要知道它只是过程，并不是真正的“内明”境界，所以必须审慎精思。用最简单的话表达，就是说修行到一定层次会有神通，神通本来不是坏事，但执着于神通，就会变“神经”。所以“慎独”就是要审慎对待神通。有些人拼命渲染南怀瑾的神通。但这并不是南怀瑾的本意，而是对他的扭曲。

接下来讲“正心”。“所谓修身在正其心者”，南怀瑾着重讲“修身”和“正心”的关系。我们平常都普遍以为有“身”的存在，就有生命，就有人生。南怀瑾说，这是误解。生命的存在是由身心两部分所组合而成的。这里的“心”不是指心脏器官，而是指心念，指精神的东西，包括思想、意识、情绪等。身体是属于自然的、物质的，是受时间空间限制的。我们对自己的身体只有暂时的使用权，并无永恒占有的所有权。“心”的作用为主体，“身”只是“心”的附庸而已。一个人成为什么样的人，好人还是坏人，君子还是小人，有作为的人还是碌碌无为的人，主要不是取决于他的身体，而是他的心念，是他的精神世界。“欲修其身者先正其心”，所以说，修身的重点在于端正心念，并不是做表面功夫。心不正则身不正。

外用以修身为本

内在的自我修养达到“明明德”的境界，就要外用于“齐家、治国、平天下”。但无论是齐家，还是治国、平天下，一切外用都必须从修身做起。这也就是《大学》所说的“自天子以至于庶人，壹是皆以修身为本”。从天子到普通老百姓，一律都是要以修身为基本要求。修身是内明和外用的契合点，是内明与外用之间的重大关键。无论是《大学》《论语》《老子》，还是佛经，对如何修身都有大量的论述。但《大学》告诉我们一个至关重要的道理：“所谓修身在正其心者。”修身必须从正心入手。

《大学》上有一段话：“身有所忿，则不得其正；有所恐惧，则不得其正；有所好乐，则不得其正；有所忧患，则不得其正。”朱熹要把这里的“身”改成“心”。他认为，愤怒、恐惧、偏好和忧患都属于心理的范围。所以，一般人解释这段话，是说因为心有愤怒就不能够端正；心有恐惧就不能够端正；心有喜好就不能够端正；心有忧虑就不能够端正。南怀瑾认为原本《大学》的“身”字没错，愤怒、恐惧、喜好和忧患都是情绪。情绪是在一个人的身上表现出来的。你笑嘻嘻的，别人怎么知道你愤怒啊，你皱着眉头，别人怎么知道你喜好啊。所以情绪是外在的表现，经常表现出这些情绪的人是自身修养不够。一个有修养的人不会经常发脾气，不会胆小怕事，不会对人对事有主观的偏好，也不会整天愁眉苦脸。造成这些负面情绪的根源，正是“心”，内心的修养“不得其正”。一个人的心念端正，没有坏心思，他的言行举止、所作所为自然就中正和善、合情合理。这样的人才真正能够“亲民”，才能够以天下为己任，治国平天下。这就是“自天子以至于庶人，壹是皆以修身为本”的道理，从内修的“明明德”，到外用的“亲民”，必须要有“修身”这个中间环节的道理。

在《大学》的这一段里，“身修而后家齐，家齐而后国治，国治而后天下平”。从“身修”开始，到“家齐”，再到“国治”，最后到“天下平”，是一环套一环的。一个人要出来做事，要领导一个国家，甚至要给天下带来太平，不是靠吹牛，也不能一蹴而就，先要从治家做起。“齐家”就是把家管好。一个人的自我修养做不好，有道德缺陷或心理缺陷就管不好家。管不好家自然也就管不好国，更谈不上给天下带来太平。南怀瑾用“经史合参”的办法，来阐释“身修而后家齐，家齐而后国治”的道理。他先是举了虞舜、汉文帝的正面例子：汉文帝得力于母教，后来他能成为汉代开创守成的一个好皇帝；虞舜则成长于父母、弟弟都有心理问题的家庭，但他自己的道德修养好，能孝顺父母、友爱弟弟，成为名传千古的圣王。

反过来，南怀瑾又从《春秋》的《郑伯克段于鄢》故事讲起，讲了齐桓公和哥哥公子纠同胞争权夺位、互相残杀的故事。即使齐桓公在管仲的辅佐下成为“春秋五霸”第一霸，但管仲死了，这个只管享现成福的齐桓公，第二年也就完了。齐桓公死后，五个儿子，照样翻版，各自结党争立，彼此攻杀。他的尸体停在宫中的床上六十七天，烂了生虫，也没有人来过问。这样便是身不能修，家不能齐，自己又非治国之才的结果。接着南怀瑾又讲了秦始皇的故事，说明他的残暴性格是成长在一个畸形家庭里形成的。最后还讲到刘邦，刘邦本来就是一个没有文化基础的人，做了皇帝，打下了天下而不能“齐家”，一方面有怕老婆的毛病，始终容忍吕后“颐指气使”；另一方面又对小老婆有偏心，想废掉太子，另立宠妃戚姬的儿子。结果在他死后，汉朝的江山差一点由刘家变成吕家。南怀瑾从这些历史故事中得出一个结论：从东周开始，直自秦汉以下而到清末，每朝每代的帝王家庭，都是有大问题的家庭，甚至可以说，大多数都是一团糟的宫廷，哪里够得上“家齐而后国治”的标准。因此造成历史上的帝王们，大多都是有变态心理或精神病的人物。三代以后，所谓历史上的名王，最了不起的，也只能算作英雄，绝不是圣人。而所谓“英雄”的这些名王们，只是像某诗说的，“江山代有英雄出，扰乱苍生数十年”而已。他们与《大学》的“明德”外王之学，所谓“修身、齐家、治国、平天下”，都是背道而驰的。

正如《大学》中所说：“所谓治国必先齐其家者，其家不可教，而能教人者，无之。”自己的一个家庭都管不好，对家人都教育不好，而能够管好社会上的事，教育好家族以外的人，没有这回事。一个连家都管不好的人，怎么可能管好一个公司、一个地区，更不要说治理好国家了。《大学》再进一步指出：“是故君子有诸己，而后求诸人。无诸己，而后非诸人。所藏乎身不恕，而能喻诸人者，未之有也。故治国在齐其家。”南怀瑾解释说：这是说明治国的要旨，无论是过去的君主体制时代，或是后世的民主体制时代，其政治和法令，都必须先从自己本身和家人开始体会设想。怎样领导人民，怎样制定法令，必须完全适合于人情物理，才能行得通。假定领导的办法和所制定的法令使用在自己本身，或自己的家人都觉得无法忍受、无法宽恕，那么要求别人或下属人民来遵守，那是绝对行不通的。“治国在齐其家”，便是这个道理。

南怀瑾最后讲解“平天下在治其国者”的道理。当时的“国”是指周朝分封制度下的诸侯国，如秦国、楚国、齐国等。“天下”等于后世统一的“中国”，指当时周王朝影响所及的土地和人民，并不是现在所指整个世界的观念。《大学》说：“所谓平天下在治其国者：上老老，而民兴孝；上长长，而民兴弟；上恤孤，而民不倍。是以君子有矩之道也。”领导人能做到尊重老人，先从对自己的父母老人敬重孝养开始，你所统治下的社会人民，自然都会效法你的行为，做到孝顺父母和上辈了。你能做到尊敬兄长，自然大家都会效法你的行为，做到兄弟之间友爱了。你能抚养孤儿，有如己出，那么人民就会视你如父母，不会生起背叛的念头了。这叫作“矩之道”。南怀瑾解释，“矩之道”就是中庸之道。处在高位的领导人，要调和平衡上下、前后、左右的各种矛盾，而使其达到中正和顺的境界，那真是需要有大智慧、大仁德、大勇气的才器了。所以，最后还是归结到“自天子以至于庶人，壹是皆以修身为本”。南怀瑾用“经史合参”的方法讲这番道理，他说：“历史的兴衰成败，几乎都是同一版本的新修花样。”像《大学》这样的国学经典揭示的某些道理是几千年都不会变的。

广征博引讲《孟子》

《孟子》是中国传统文化中重要的儒家典籍，记录了孟子及其弟子的言行。据汉代记载，当时能看到的《孟子》这部书共有11篇，但现在只剩下7篇，另外4篇已失传了。

孟子是战国中期邹国人，据说3岁丧父，母亲很艰辛地把他抚育成人。历史上有“孟母三迁”“孟母断织”的故事。过去传统上讲严父慈母，父亲是板起脸来教育，而母亲则用自己的言传身教，这样相辅相成，才能把小孩抚养成才，母教非常重要。一般的说法，孟子是子思的学生，子思是孔子的孙子、曾参的学生。曾参写《大学》，子思写《中庸》，加上这部《孟子》和《论语》，就是“四书”。孟子继承了孔子的精神，始终为人伦正义、道德政治奔走呼号，将儒家学说发扬光大。

南怀瑾说：“中国道统，是人道与形而上的天道合一，叫作天人合一，是入世与出世的合一，政教的合一，不能分开。出世是内圣之道，入世是外用，能诚意、正心、修身、齐家、治国、平天下，有具体的事功贡献于社会人类，这就是圣人之用。所以上古的圣人伏羲、神农、黄帝，都是我们中华民族的共祖，他们一路下来，都是走的‘内圣外王’之道。”孟子的贡献，一方面是把孔子的“仁学”思想扩大到社会政治领域，提出“仁政”的学说，也就是“外王之学”；另一方面又将孔子有关修身的论述发展成一整套的“内圣之学”。到宋代以后，孟子被提到非常高的地位，有“亚圣”之称。孟子对后世确实有很大影响，尤其对宋明理学的影响更大。孟子提出的内圣之学，后来就成为中国儒家思想的主流，儒家因此被称为孔孟之道。《孟子》一书也因此成为读书人的必读书了。要了解国学，《孟子》没读通读精，“懂国学”就是一句空话。

历来讲《论语》的人很多，但讲《孟子》的不多，因为《孟子》难讲。《孟子》可以说是先秦儒家的百科全书，涉及的领域很广泛，个人道德怎样修养，怎么治理国家，经济制度应该怎样等等，什么都有。而且孟子的语言风格非常犀利，咄咄逼人，所以要讲《孟子》确实是不容易的。1976年，南怀瑾先生在台湾系统讲解《孟子》七篇，讲稿经弟子、友人整理后陆续出版，第一本是讲《梁惠王》的《孟子旁通》。为什么南怀瑾要在书名上用“旁通”两字呢？“旁通”意思是说广泛通晓，涉及的方面广、范围大，这正是他讲《孟子》的特点。《孟子旁通》采取与历代儒学家注疏《孟子》截然不同的方法。从孟子所处时代的社会环境入手，联系上下五千年来的历史人事，探究为什么孟子学说会从古到今颠扑不破。南怀瑾不但大量引用佛家和道家的经典来以佛、道解儒，且经常举一反三，插入各种各样的知识。比如，他在解释“王立于沼上”这五个字的时候，不但说梁惠王是站在王家花园的一个大池沼前接见孟子，还带出了周文王建灵台、秦始皇建阿房宫、隋炀帝造迷楼、宋徽宗造艮岳、慈禧太后造颐和园的历史故事。这种讲法不仅论证了孟子接下来的“民欲与之偕亡，虽有台池鸟兽，岂能独乐哉”，也更浅显易懂、生动有趣，让听讲的人获得更多知识。

《孟子》一书的第一篇，一开始就写孟子见梁惠王受到的冷遇。南怀瑾却没有开门见山地解释孟子受冷遇的原因，而是先交代孟子所处的战国时代的历史背景。当时最盛行的学说是兵家、法家、纵横家、阴阳家等。那时各国诸侯都想扩充实力，大一点的想兼并他国，小一点的至少想要守住祖宗基业。所以最实用的就是兵家、纵横家、法家这些可以富国强兵的学问。孟子在中年以前周游列国，想推销自己的政治思想。他的政治思想概括为两个字，就是“仁政”。《孟子》书中描写他每次浩浩荡荡带几十辆车、几百个学生到各国去，名声很大。最初那些君主们也很礼贤下士地接待他，但听到他讲的仁政这一套，听得都打瞌睡了。孟子这套扯得太远了，君主们听不进去，结果他只能四处碰壁。

其中一度最风光的是在齐国。齐宣王即位后，恢复了都城临淄的稷下学宫。稷下学宫曾是春秋战国时代的学术中心，天下各国的学者纷纷赶到那里去讲学，非常热闹。后来慢慢衰弱，直到齐宣王时代被恢复。根据史料记载，当时那里汇集了上千个名士，还不算旁听的在内。孟子对齐宣王抱有很大希望。因为齐宣王表现出对他的仁政理论有兴趣，所以他希望仁政理想可以在齐宣王手里得到实现。当时齐国是一个大国，有实力可以和楚、秦一争天下。孟子的想法是，如果齐宣王能够按照自己这套仁政理论统一天下，那么自己的政治理想也就得到了实现。但孟子最后还是失望地离开齐国。回到故乡时，孟子已经60多岁，从此不再出门，和学生们一起著书立说，完成了《孟子》这部书。

在那个时代，各国互相杀伐征战，血流成河，结果受苦的都是老百姓，孟子提出“仁政”，是知其不可而为之。所以他不论听到哪个国家，哪怕像滕国这样的小国，只要他们的国君对仁政有兴趣，就会不远千里风尘仆仆地赶去，推销自己的学说，最后再灰溜溜地离开。就像南怀瑾说的：你想做一个怎么样的人？做一个怎么样的知识分子？是让学识给自己带来功名利禄，还是像孟子那样，虽然自己的思想、理念、主张在当世并不能推行，但影响非常深远？值得思考。

“仁政”与义利之辨

南怀瑾解读《孟子》的《梁惠王》篇，强调这一篇里有两个重点：“仁政”与义利之辨。

孟子政治思想的核心是行“仁政”。仁政学说是对孔子“仁”学的继承和发扬。尽管孔子对仁有要求，也主张把仁的精神推行到社会上去，也就是由“内圣”推向“外王”。但到底如何实践，在《论语》中并未太多涉及。孟子就是在孔子仁学的基础上，把它扩充、发展成为包括思想、政治、经济、文化等各方面在内的仁政思想。

在这篇《梁惠王》里，有一段梁惠王和孟子的对话。南怀瑾用自己生动形象的语言复述这段对话：梁惠王说，我的宗主国在晋文公的时候，曾经称霸诸侯，历史上的强盛情形，你老夫子是知道的。但是到了我这一代，说来真惭愧，倒霉得很，在西方割地七百里，求和于强秦，在南方又常受楚国欺凌侮辱，一直受它威胁。像这样的国耻，我实在忍受不了。我愿意为这些为国牺牲的先烈们雪耻。请问你，我应该怎么做才好？孟子回答他，只要有百里地的小小领土，如果做得好的话，也一样可以成为天下的领导者，可以达到以王道统治天下的目的。治国之道，要用王道仁政的精神，不要存统治别人的霸道思想。所以，他要梁惠王第一步实施仁政，其次要注重教化。

那么如何行仁政呢？孟子对梁惠王列举了仁政的要点。南怀瑾把孟子的话归结为三个重点：第一是法治。法治并不是和王道完全相反的，法治也是王道治国的治术之一。不过在王道的精神之下，法治要简明，不可繁重严苛。第二是财政，减轻国家的税赋，减少政府的开支。征敛太多太重，则等于杀鸡取卵。能够减少税收，则藏富于民，国家自然富足，国库自然充裕。第三是经济建设，不夺农时，改良耕种技术，农业上做到了增加生产，便可使社会安定、丰衣足食。

孟子的仁政不是空泛的概念，很多思想很有道理。梁惠王要求孟子进一步教他如何行仁政。孟子回答："无恒产而有恒心者，惟士为能。若民，则无恒产，因无恒心。"南怀瑾认为这是千古名言。南怀瑾解释孟子这句名言的意思是，有恒产的人才有恒心。假使一个人没有稳定的经济基础，而对一件事，一个观念，或一个中心思想，能够专心一致地奉行下去，中途并不因穷困而改变他的节操，不见异思迁，不改行跳槽的，只有那些品德好、有修养、有学问的人才做得到。普通的人，一定要有了稳定的经济基础之后，才可能奉公守法，才可能讲礼义廉耻。一个人已经穷到了讨饭，他还有什么顾虑？这时候名誉根本无所谓了，什么操守、人格，更是顾不得。为了填饱肚子活命，什么都做得出来。一般没有固定产业的人，就没有中心思想，平日的生活行为，或是任意妄为、放肆胡搞，或是稀奇古怪、吊儿郎当，或走邪门，或挥霍无度。因为在没有恒产的心理上，认为反正就是这么点钱，花了再说，享受了再说，所以没有钱的，反而舍得花钱。钱花惯了，虚荣心越来越强，总有一天钱不够用了，于是心存侥幸，动起歪脑筋作奸犯科，无所不为。等他们犯了罪，又用法令把他们抓来，再处罚他们。看见他们犯了罪以后，只晓得去处罚他们，而不改善政策，使他们又可能走上犯罪的路，这就等于设下犯罪的陷阱引他们跳下去，结果又来责罚他们，这就是陷他们于不义。这个问题在现代也很明显。

孟子主张"明君制民之产，必使仰足以事父母，俯足以畜妻子，乐岁终身饱，凶年免于死亡，然后驱而之善，故民之从之也轻"。一个真正行仁政的领导人，应该让老百姓有固定资产，使得每个国民对上能够养得起父母，对下能够娶得起妻子，养得起儿女。更重要的，到丰收的时候，大家都可以吃饱，即使遇到歉收的凶年，大家也不会有饿死、流亡的痛苦。假如社会建设到这个地步，每个国民都可以安居乐业，然后再施以教化，教百姓都向好的一面去努力。政府有事下一道命令，老百姓很自然地都乐于听从了。

可见，说儒家都是空谈的人，自己并没有好好钻研过。尽管孟子的想法有乌托邦的一面，但毕竟看到了当时的社会问题，提出了他的解决思路。在孟子之前，很少有人把好的政治与老百姓的民生问题放在一起来思考。

孟子所说的仁政是要建立在统治者“不忍人之心”的基础上，“先王有不忍人之心，斯有不忍人之政矣”。不忍人之心，讲得通俗一点就是同情心，看到人家受苦受难忍不下去。君主只要把自己的同情心推广开去，“幼吾幼以及人之幼，老吾老以及人之老”，爱护自己孩子的心推广到爱所有的孩子，尊敬自己老人的心推广到尊敬所有的老人，“亲亲而仁民、仁民而爱物”，不但爱护自己亲属，而且对老百姓也讲仁慈，对大自然的一切都爱护，那就叫仁政。由此可见孟子是怎样把内圣和外王联系起来的。

在这本书里，南怀瑾还提到，孟子的思想学说中，义利之辨是最重要的点之一。孟子与梁惠王见面时“各言其利”，各说各自对利益的理解。梁惠王一见到孟子时，不谈仁义，开口就问：“亦将有以利吾国乎？”问孟子有何对他的国家有利的建议，南怀瑾认为，站在梁惠王的立场上，这句话没有可以指责的地方，这实在是人之常情。孟子答复说，你梁惠王何必谈利呢？你只要行仁义就好了。这是中国文化千百年以来，尤其是儒家思想中，义利之辨的最大关键。后世读《孟子》的人大多误解了孟子的话，大多看到“利”字就往往联想到钱财之利这一方面去了。至于“义”，则多半认为是和现实利益相对立的教条，因而以为孟子只讲仁义而不讲利益，把“利”与“义”绝对地对立起来了。后世的“义利之辨”，又与“自私或无私之别”，混为一谈，以为“义”与“无私”同义；“利”与“自私”一样。这种误解造成我们中国人嘴上都不敢讲利，而内心都计较利，怕吃亏。

按照南怀瑾的看法，孟子并不是不讲利，而是告诉梁惠王，纵使富国强兵，还都是小利而已，而从仁义着手去做，才是根本上的大利。在战国时代，国与国之间，都在互相征伐的动乱之中，如果有一个国家，真的以仁义作为治国的最高原则，运用在内政外交上，那么最后的胜利，就必定是属于这个行仁义的国家。其实，试看几千年来中国文化的整个体系，甚至古今中外的整个文化体系，没有不讲利的。仁义也是利，道德也是利，这些是广义的、长远的利，是大利。了解了孟子这句话的真正含义所在，我们就可以认识孟子，他并没有否定利的价值，只是扩大了利的内涵，扩大了利的效用。

浩然之气是我们的民族精神

《孟子与公孙丑》是南怀瑾讲孟子的第二本书。《公孙丑》是《孟子》的第二篇，分为上下两部分，记载了孟子与弟子公孙丑之间的谈话，大部分内容发生在齐愍王当政时期。《公孙丑》篇记录了孟子的政治观点以及政治活动，孟子对孔子、管仲、告子、周公、商汤等众多历史人物的评价。南怀瑾说，《孟子》全书最重要的就是《公孙丑》。这篇的重点，是讲“内圣外王”的修养方法。人格的完成，是由内在学问、思想的修养，发挥到外在济世救人的大业。南怀瑾在讲授这篇《公孙丑》的时候，采用一贯的“经史合参”、融会百家的方式，旁征博引，还将《公孙丑》与《礼记・礼运篇》《论语》等儒家经典相互发挥，阐扬儒家学说精髓。他讲内圣外王的脉络，重在理解“不动心”和“善养浩然之气”。

师生对话的一开始，公孙丑问孟子，假使齐王请你去当官，在功成名遂的时候动不动心。孟子回答说，他在40岁的时候就已经不动心了。“不动心”这三个字，后世道家、佛家以及宋明理学家都把它引到内心修养功夫上去，作为身心达到“道”的最高境界。南怀瑾直言不讳地说，这是对孟子本意的严重误解。孟子在这里说的“不动心”，只是对一切名利、荣誉、权势、物质不动心而已。公孙丑认为，孟子能够对名扬天下、功在万古的人生境界都不动心，那需要具有大智大勇，否则是很难做到的。谈到勇，公孙丑就拿秦国大勇士孟贲来比拟老师。孟子则说，武夫之勇，并不是真正的大勇。像孔子教诲曾子的那样，自己有理时，虽然只是一个最普通的老百姓，纵然面对王侯将相，也丝毫不感到害怕，不会退却。如果自己理亏，虽在千万人面前，也要认错。这才是真正的大勇。

南怀瑾说："从不动心到大勇，也就是一个人的真学问、真正的修养功夫了。"在名利面前做到"不动心"还是其次。孟子所说的不动心，更在于内在修养的不动心，也就是所谓的"守约"。我们平常的思想、情绪都是散漫的，像灰尘一样乱飞乱飘。一天到晚，连睡觉时思想都在乱动，做不到精神意志的集中，所以必须要"守约"，心中自有所守，有个定境，守住一个观念、一点灵明。所谓不动心，就是思想、情志不动。不动心不是无情，假如一旦父母死了，我们还在那里学圣人不动心，这样子的"不动心"还能学吗？南怀瑾说：自古以来，很多学佛、修道的都误以为"莫妄想"是不动念头，因而导致一种非常自私的心理，认为凡是妨碍打坐、用功的，都是讨厌的，都是不应该的。其实他又要成仙，又想成佛，欲望比一般人大得多，你说这颗心动得有多厉害！孟子说的"不动心"是内外兼通、相合的。

什么方法做到"守约"呢？孟子告诉公孙丑七个字："持其志，无暴其气。""志"是指心志、志向、意志。"持其志"是说保持心志的专一，用现在的话就是意志坚定。一个人在年轻的时候，谁都会有志向，但结了婚，生了小孩子，生存压力越来越大，志向就慢慢被消磨掉了。孟子这里所讲的气，包括情绪在内。大家对于事情可以做或不可以做，平日都知道，认识非常清楚，都能坚持原则。但当心浮气躁的时候，就会受影响。譬如发怒的时候，理智告诉我们不要出口骂人，可是气一上来，嘴巴不受控制，骂人的话就出来了。所以，"志"与"气"是两回事，孟子说不仅要"持其志"，同时更要"无暴其气"，不使"气"粗暴浮躁。孟子提出七个字的修养原理，"持其志，无暴其气"，被后期儒家简化为"持志养气"。南怀瑾说，这几个字看来简单，却不容易做到。不仅是儒家养心的要领，同时也包括了佛家、道家做功夫的原则。

要做到不动心，就必须养气。孟子提出"心"和"气"是一体的两面。

“不动心”最后落实到“善养浩然之气”，孟子的真功夫来了。公孙丑对孟子说：“既然志和气同等重要，那么请问你的修养功夫在哪方面比较高明呢?”孟子回答：“我知言，我善养吾浩然之气。”——我对“持其志”能说出不少道理，但更善于培养我的浩然之气。公孙丑问，什么是浩然之气？孟子说，很难讲，可以意会，不可以言传。实在要我讲的话，只能说“浩然之气”浩大无比，是一种正气，一种阳明之气，强而有力，是不可动摇变更的，是光明而且生机活泼的。养气的方法，首先是“以直养而无害”，顺其自然，不要拔苗助长。其次，“配义与道”，“义”是义理，“道”是方法，两者互相配合。只讲做功夫，对一切义理没有彻底的了解和体认，是不能养气的。同时，尽管借用正确的义理，可是自己没有亲身实践，也是不行的。最后，气是“集义所生”，把一切义理都透彻地弄明白了，并彻底地实行，才能养成这股浩然之气。如果行为有愧于心，这股气就会泄掉了。

孟子的性善论

南怀瑾讲《孟子》的第三本书《孟子与滕文公、告子》分为两部分，一部分是根据他的《孟子与滕文公》讲稿整理的，但大部分讲稿已经遗失了，所以整理出来的只是一小部分，很难看到原稿的全貌了。另一部分是根据《孟子与告子》的全部讲稿整理的。遗憾的是出版时南怀瑾已经逝世，没来得及审定书稿。

在这本书里，南怀瑾对孟子的性善论发表了看法。根据孟子的《告子》篇，南怀瑾概括当时存在着三种对人性的看法。第一种是告子的人性论："性无善无不善也。"人生来的时候，无所谓善，也无所谓不善。第二种，"性可以为善，可以为不善。是故，文武兴，则民好善；幽厉兴，则民好暴"。以现代的话语来说，就是环境在影响人，人性本来无善恶，但受时代、环境、物质的影响而变。当时代太平的时候，如周文王、周武王的时代，有最好的领导，有最良好的政治，是安定的时代，所有的老百姓跟着善良；而同是周朝，在周幽王、周厉王主政时，由于暴虐，政治最坏，社会最不安宁，国计民生都艰困的时候，全国人民受影响，也都残暴不仁了。文章里没有点名谁是这一派的代表人物，其实类似墨子的"染丝论"，先天的人性如白丝一样，没有颜色，并无所谓的善恶是非，问题是在后天的教育。染灰色就成灰色，染红色就成红色，染绿色就成绿色。第三种，"有性善，有性不善。是故，以尧为君，而有象；以瞽叟为父，而有舜；以纣为兄之子，且以为君，而有微子启、王子比干”。人性是善是恶不能一概而论，有些人一生下来就是性善，有些人天生就是不善的。例如，尧是一个圣人，尧的时代有良好的环境，可仍然有像这样的坏人，像是舜的弟弟。瞽叟是舜的父亲，瞽叟非常顽劣，他的太太也是非常泼辣的女人，而他们的儿子舜却是一个大善人。纣这样暴虐的领导人，他的叔父微子启、王子比干等，却都是贤良忠烈的人士。

孟子之后还有与他针锋相对的一派，是荀子的“性恶论”。他说，人与生俱来就是想要满足自己的欲望，如果欲望得不到满足就要争。从这个意义上说，人性生来是恶的。为什么会有善人呢？“其善者，伪也”。现在很多人解释这个“伪”字，是假的意思。你们不要上当，这个“伪”字根本不是说人性善的一面是假的，是假惺惺装出来的。这个“伪”字是说人的善不是先天的，是经过改造以后变成的，是人为造出来的。所以这个善也是善，不是假善，不过是后来教化的结果。荀子的“性恶论”很重要，但南怀瑾在这本书里只提了一下。

南怀瑾用“经史合参”的方法，把当时这种围绕人性论的争论，放到战国时代的历史背景下去考察。他说，孟子所处的战国时代，已经由春秋到战国战乱了300多年。像秦国的白起，打一个胜仗，被他活埋的俘虏就是40万。这些人都是母亲十月怀胎，三年哺乳，费了许多心血劳苦抚育长大的。像这样三五年打一次仗，几百年下来，打得民不聊生。在极苦难的时代，大学问家、大哲学家就会研究人性的问题。因此，在孟子、告子的时代，远比孔子时代更为严肃地来辩论这个问题，这也是历史文化的时代趋势。

在《滕文公》篇里有“孟子道性善，言必称尧舜”的记载。南怀瑾说，滕世子晓得孟子是个大儒，很恭敬，很诚恳，请孟子告诉他，中国传统的治国之道。孟子没跟他讲别的，就告诉他，人性是本来善的，要效法中国传统，行尧舜之道，天下为公，不是家天下。孟子对他的开导，特别强调“性善”的道理。

在《告子》篇里，主要是孟子和告子的辩论。告子以柳木、流水比喻人性，证明自己“人性不善也不恶”的观点，孟子一一进行了辩驳。南怀瑾觉得孟子的辩论逻辑，听起来是蛮锋利的，可是把主题避开了。正如本来讨论“品茶”的问题，可一路越辩越远，去讨论“品酒”，最后变成“品醋”去了。他们的讨论，本来是研究问题，结果因为性急，又引喻失义，最后变成争论了。当时有人批评孟老夫子，说他好辩。他自己就说过：“予岂好辩哉？予不得已也。”可见他确有这个毛病，自己的供词已经摆在这里了。

南怀瑾说，中国几千年来的文化是讲“性相近，习相远”，这是引用《论语》上所记载孔子的话。至于“人之初，性本善”，并非孔子所说，是宋儒加上去的。后世儒家的心性之学，更偏重于孟子。孟子说，人性本来是善的，因后天人为的习惯而变坏，所以他提出了“良心”的问题。我们中国人常说人有良心或没良心。这“良心”一词，是孟子首先提出来的。所谓良心，就是善良之心。孟子是怎么说的呢？“乃若其情，则可以为善矣，乃所谓善也。若夫为不善，非才之罪也。”人有真情，就有善意，而表现出善的行为，这就是善。

可是有时候人会有不善的行为，并不是因为他的才能好否，或头脑好坏问题。

孟子接着说：“恻隐之心，人皆有之；羞恶之心，人皆有之；恭敬之心，人皆有之；是非之心，人皆有之。”南怀瑾解释孟子这里提到的四种心理：“恻隐之心”，看见一点可悲之事就掉眼泪的，所谓妇人之仁；“羞恶之心”，对一些事感到脸红，而厌恶不为；“恭敬之心”，对某人某事非常恭敬，如小孩到了教堂、庙宇，如孔庙、关帝庙、妈祖庙等，都会下拜；“是非之心”就是辨别是非的心理。其实，恻隐之心就是同情之心；羞恶之心就是一个人的羞耻感，对坏事会感到羞耻；恭敬之心，也就是敬畏之心。现在社会最缺乏的就是敬畏之心，对父母不敬畏，对老师不敬畏，对知识不敬畏，对道德不敬畏，对大自然不敬畏。最终分辨对错、善恶的是非之心。这“四心”是“仁、义、礼、智”四德的发端，又称“四端”。孟子说：“恻隐之心，仁也；羞恶之心，义也；恭敬之心，礼也；是非之心，智也。仁义礼智，非由外铄我也，我固有之也，弗思耳矣。”南怀瑾解释，这段话的意思是说：扩充了人类的“恻隐之心”，就是“仁”；扩充了“羞恶之心”，就是“义”；扩充了“恭敬之心”，就是“礼”；扩充了“是非之心”，就是“智”。仁义礼智，并不是受外界事物的影响而来的，而是人性本来就有的。欲求仁心仁道，向内求就得到了，如果不求，就失去了。

南怀瑾对孟子提出的“四端”是高度评价的：“这是中国文化的仁义礼智四端，人性应该是具备了善良的、光明的、庄严的一面。”然而，他又认为，讨论人性，需要了解形而上人性的“本体”问题与形而下人性的作用与现象问题。孟子在这里所谓的人性，不是讲形而上人性的本体问题，而是人性的作用与现象。孟子说的恻隐之心、羞恶之心、辞让之心、是非之心，都是人皆有之，但这些也都是生下来以后才有的。

深入浅出讲《离娄》《万章》

南怀瑾还有两本讲《孟子》的书，一本是《孟子与离娄》，另一本是《孟子与万章》。按照南怀瑾的观点：从《离娄》篇开始，属于《孟子》的下半部分。孟子在《离娄》和《万章》篇，重点论述了君臣之道，也即领导人和下属官员应有的行为规范。

先看《孟子与离娄》。离娄是一个特别聪明的人。孟子从离娄的聪明说起，再讲到做人做事的规范。首先说的是君道，也就是做领袖应有的修养和行为规范。一上来，南怀瑾就解释孟子说的“今有仁心仁闻，而民不被其泽”。这是对战国时的那些君王们讲的。有些人不是没有一点仁爱之心，他也有爱人之心。有些人嘴上也提倡人道，结果做出来不是那么一回事，老百姓没有沾到他的光。如果没有人得到好处，这个仁心仁闻有什么用呢？所以，孟子讲的“仁政”是要看结果是否造福于老百姓。

接着，孟子指出了当时战国时代的种种怪现象：“城郭不完，兵甲不多。”国防实力不强，还不算国家的灾难。“田野不辟，货财不聚。”经济财政不富，也还不算国家的灾难。真正的灾难是“上无礼，下无学，贼民兴，丧无日矣”。政府不重视“礼”，也就是不重视文化教育，民间没有做人做事的道德。社会上正人君子越来越少，投机取巧、作奸犯科的越来越多，这是教育的失败、文化精神的丧失。任何一个国家，到了这个情形，很快就要完了。那么，做领导的和做下级的应如何做呢？孟子说："欲为君，尽君道；欲为臣，尽臣道，二者皆法尧舜而已矣。"君要守君道，臣要守臣道，但说到底，两者都应该效法尧舜。就像孔子说的，治国只有两种选择：仁与不仁而已。仁政的反面就是暴政。孟子说："暴其民甚，则身弑国亡，不甚，则身危国削，名之曰'幽''厉'。虽孝子慈孙，百世不能改也。"南怀瑾解释道：什么叫暴呢？意思就是把老百姓整得活不下去。在历史的法则上，最后必然"身弑国亡"，自己丢了性命，国家也灭亡了。假使没有那么过分，也会"身危国削"，自己处于危险之中，国家也衰弱了。在历史上的例子，是周朝两个坏皇帝，周幽王和周厉王。这样的领袖帝王，在历史上永远留下恶名，后世的子孙想帮他洗刷都没有办法，因为历史的是非无法改变。南怀瑾认为，这就是对人民不好的果报。

为什么会有这样的果报呢？孟子说："桀纣之失天下也，失其民也。失其民者，失其心也。得天下有道，得其民，斯得天下矣。得其民有道，得其心，斯得民矣。"这也就是人们常说的"失人心者失天下，得人心者得天下"。如何才能得人心？南怀瑾说，很简单！下面人所需要的，你能够给他；下面人不要的，你不要给他。换句话说，当一个领导人，天下的苦头自己来吃，好的东西都归大家，这是仁政的道理，也是中国文化做人的道理。对自己的下属也是这样。孟子告诉齐宣王说："君之视臣如手足，则臣视君如腹心；君之视臣如犬马，则臣视君如国人；君之视臣如土芥，则臣视君如寇仇。"在上位的人，如果对下面的人看得像自己手脚一样重要，那么下面的人也就会把他们看成是与自己休戚相关的人。反之，上位的人把部下看成犬马，只是可利用的对象，那么部下对他们也会和对普通一般人一样，没有真的感情道义存在，只是利害关系而已。

至于臣道，孟子说："责难于君谓之恭，陈善闭邪谓之敬。"南怀瑾说，作为臣，对于皇帝责难，你不对就是不对，充其量是死，但我不能对历史没有交代，不能对不起国家和老百姓。这是中国读书人的精神，所以名臣立朝非常正直，皇帝做得不对的就批评，这样才是真正的"恭"。古代的大臣对皇帝尽忠服从，但要暗中对皇帝教化，把好的报告上去，劝阻他不走上错路。如当年范仲淹当了宰相，那时皇帝年纪比较轻，有一人犯罪，皇帝批示要杀掉，范仲淹把公文退回去说，这个事情还不至于杀头。有人说，皇帝的决定也没有错啊。他说年轻当皇帝，不要让他杀人成习惯，杀顺手了，天下人就遭殃了。这就是对皇帝“闭邪”。

孟子举反面的例子，说冉求做鲁国执政季氏的总管，“无能改于其德，而赋粟倍他日。孔子曰：‘求，非吾徒也，小子鸣鼓而攻之可也’”，南怀瑾说，“无能改于其德”这句话，已经点出来有关“臣道”的精神。在古代帝王制度下，大臣对于帝王是应该有所匡正的，不该为了谋生只听话而已。冉求不但不能帮助季氏改恶从善，且“赋粟倍他日”，在税捐制度方面，帮季氏加倍搜刮民间钱财，把老百姓搞得很苦。孔子知道冉求这种做法后，非常生气，告诉其他学生：冉求这个人不算是我的学生，你们可以鸣鼓而攻之，“修理”他一顿！孟子最后点题：“君不行仁政而富之，皆弃于孔子者也！”任何一个时代，如果不行仁政，而想要富国强兵，在孔子看来都是不值得一提的。南怀瑾认为，这就是孟子学说的中心，也是《离娄》篇的重心。

南怀瑾的另一本书是讲《万章》篇，这是7篇中最短也最引人入胜的一篇。书里孟子与万章师生两人，针对以往的圣贤事迹，展开一连串针锋相对的妙问妙答，问答犀利又充满禅机，把君道和臣道更具体化。南怀瑾把他们师生对答中的深意一一挑明。其中，最有启发性的是他从孟子的话中概括了4种圣贤的典型人格。

第一种是孟子所谓“目不视恶色”的伯夷，眼睛里容不得一粒沙子。南怀瑾称他是真正的“清流派”，看起来古怪，几乎不近人情，只顾自己一味清高。但伯夷这种清高的风范，对社会发生的影响，可以使冥顽不灵的人廉洁起来。第二种是孟子所谓“治亦进，乱亦进”的伊尹，太平盛世要做事，乱世更要努力去做。南怀瑾说，这就是佛家大乘的精神。伊尹是一个理性知识分子，自认天生有社会责任，在任何环境下都不放弃努力。第三种是孟子所谓“尔为尔，我为我”的柳下惠，你是你，我是我，自己的人格不受污染。南怀瑾说，能学到柳下惠这种人格，就算原来很小器的人都会把器量放宽，尖刻的人也会变得敦厚起来。第四种是孔子，孟子说他“可以速而速，可以久而久，可以处而处，可以仕而仕”。孟子说，孔子是“圣之时者也”，他做任何事都有分寸，该多一分的加一分，该少一分的减一分，绝对不会马虎。南怀瑾最后问：你要做一个什么样的人呢？

修身立命在“尽心”

《孟子与尽心篇》是南怀瑾讲述《尽心》篇的讲稿。《尽心》是《孟子》全书的最后一篇。南怀瑾认为，这一篇是孟子学术思想的中心，是孟子“讲完外用之道以后，讲传心的心法”。全篇以“尽心”点题，以“修身立命”总领全篇。南怀瑾结合儒释道思想，深入浅出地解说了《尽心》的要义。

《尽心》一开始就说：“尽其心者，知其性也。知其性，则知天矣。存其心，养其性，所以事天也。”什么叫尽心？南怀瑾解释说，我们把自己心的作用反省观察到底，把自心的根源找出来，就可以发现人性是什么了。知道了人性也就可以“知天”。这里的“天”，不是求“上天保佑”的天，也不是太空科学研究的那个天象的天，而是代表了“道”。尽心知性也可以说是静定的境界，是整个修行要达到的目标。而“存其心，养其性”是修养功夫的作用。儒家的“存心养性”，道家叫作“修心炼性”，佛法进入中国，叫作“明心见性”。儒、释、道三家，谈修养的学问，观念几乎完全相同，都是由“心”的修养，进入到“性”的境界，把心性分作两层来处理。

要存什么心？存一颗仁心、善良之心，一颗纯净无瑕，犹如万里青天无片云的天理之心。存心就随时要存善念，人在做了一件好事以后，心里会很快乐，比做坏事害别人痛快得多，这是“善则养心”的道理。“养性”是把人性原来善良的一面，加以培养、扩大、成长，把坏的习气，慢慢变过来，变好了，变清洁了。存心养性的具体修养功夫，是《告子》篇提到的“动心忍性”。“动心”是指在动心起念之间所具有的智慧，所到达的程度；“忍性”则是绝对的大定，借用一个佛学名词来说，就是“如来大定”。孟子在《告子》篇说：“故天将降大任于斯人也，必先苦其心志，劳其筋骨，饿其体肤，空乏其身，行拂乱其所为，所以动心忍性，曾益其所不能。”你心里所想的达不到目的，如果在这个时候“动心忍性”，能够忍得下来，定得下来，这是修养的真功夫了。“增益其所不能”，由忍性的修养开始，经历痛苦磨炼，才能成就大事。一个人要想修养到动心忍性，没有经过种种苦难的磨炼是做不到的。

“心性”是两层东西，还有一样是“命”。孟子说：“夭寿不贰，修身以俟之，所以立命也。”“夭”是短命而死，“寿”是活得长命。一个人生下来，要想成为一个真正完整的人，在人生的学问修养上，随时都要存心养性，而对寿命的长或短，应无所喜恶。纵然今日修这个道，进行这种修养，明天就会死亡，也照样继续修下去，对生死问题，毫不考虑。南怀瑾总结孟子的这段话：“尽心”“知性”“知天”是见地；“存心”“养性”“事天”是功夫；最后的“夭寿不贰，修身以俟之，所以立命也”则是行愿。功夫达到了，生死已了，对于活得长短都无所谓了。至于命，南怀瑾说：道家讲“性命双修”，“只修命，不修性，此是修行第一病；但修祖性不修丹，万劫阴灵难入圣”，只修命不修性是不能成功的，但是只修性不修命的话，即使修亿万年，也不能得正果。佛家不大管“命”的问题，只管“正命”而活，不准自杀；自杀是非正命而亡，为戒律所不许。而孟子说：“莫非命也，顺受其正。”一切都是命定，但我们要不怨天不尤人，正命地活着。“知命者，不立乎岩墙之下。”真知道正命而活的人，不会站在快倒塌的岩墙下面。过分危险的地方，尽可能不去；过分危险的事情，尽可能不做；绝不故意逞强，去冒可能会意外丧命的风险。但孟子又说：“尽其道而死者，正命也。”人生的责任尽到了，为正义而亡，这是“正命”。南怀瑾指出：孟子的性命之说，和佛家性命之说非常接近，几乎是一样的。

孟子进一步说：“求则得之，舍则失之，是求有益于得也，求在我者也。

求之有道，得之有命，是求无益于得也，求在外者也。”南怀瑾点明这是真学问、真修养。最初自己发心求道，道就在自己本身，诚心去求，就可以成道。如果不发心去求，就无道可得。因为道是向自己内求的，只要活着就有命，有命当然就有灵性的存在，会思考，有感觉，就有心。有心、有性，又有命在，那么一切性命之理的大道就在自己这里，不必外求。求道是有方法的，但是想要得到这个道，则要有“正命”。因为“是求无益于得也，求在外者也”，像这样的“向外驰求”，是没有益处的，不是穷理尽性的“内明”，只是把生理反应的境界、功夫，当作是道，没有找到真我，所以不能成道。孟子告诉我们“万物皆备于我矣”，一切都在我自己这里，所以要向内自求，只要“反身而诚”就到了。此时“乐莫大焉”，身心内外，充满了快乐。

南怀瑾还提醒，想要存心养性，不是整天在那里打坐、练气功，而必须要修身。就像孟子说的“穷不失义，达不离道”。一个真正有学养的人，即使一辈子不得意，也不离开自己的人生本位，所当为则为。讲到“达不离道”，南怀瑾举了范仲淹的例子。他当了大官以后，赚了钱，买了许多田地，收入所得自己完全不要，用来兴办义学，帮助清寒子弟读书，兴办义仓，积存余粮，遇到荒年，开仓放赈。这就是孟子所讲的“穷则独善其身，达则兼济天下”。凡是中华民族的一分子，都应该牢牢记住，这是人生的价值观。如果对于自己人生的目的都搞不清楚，那是糊里糊涂地过一生。

接下来，孟子提出了“性善论”的中心问题：“良知”与“良能”。他说：“人之所不学而能者，其良能也；所不虑而知者，其良知也。”人生下来不学就会做的，就是良能；不经过考虑就能知道的就是良知。孟子的“良知”“良能”学说，影响了中国文化思想一两千年之久。到了明朝的王阳明就采用这两个名词，提出所谓的四句教：“无善无恶心之体，有善有恶意之动，知善知恶是良知，为善去恶是格物”。南怀瑾指出：阳明学说“特别注重于良知，认为良知是人的天性之知，等于佛法所说的觉性”，而阳明学说的重点，在“起用”——知行合一。宋明理学家非常反对佛，反对禅，也反对老庄，反对道。在王阳明看来，佛与道两家，知而不能起行，是落空的，光在那里关门打坐，得了道有什么用？这个道不能“起用”，不能行，不能救天下、国家、众生，所以没有用。

南怀瑾是不赞成阳明学说的。他认为，王阳明是把形而上本性的体，与形而下行为的用，混为一谈，体用不分。孟子提出来的良知、良能，重点在“良”字上，善良的知，善良的能，也就是《大学》里“止于至善”的那个至善的境界。后世的理学家，如王阳明先生，囫囵吞枣，没头没尾地引用，把孟子学说搞乱了。孟子在《尽心》篇是由个人修养、人性的善良面，再说到做人处事。

《话说中庸》：解开儒家心法的奥秘

《中庸》3455个字，要一字也不绕过地读出其微妙处，是极难的。但若真能这样去读，虽然比起读小说来难点苦点，但是其乐无穷，一辈子受用。像《中庸》这样的经典历经2000多年仍有它的生命力，不同时代的人，处在不同的人生阶段，读起来都会有不同的体会。南怀瑾用独到的见解，以儒、释、道三家思想来解读《中庸》，结合生活实际，引人深思反省，帮助我们解开儒家心法的奥秘。

一上来，南怀瑾就对千百年来理学家对《中庸》书名的解释提出挑战。朱熹引用他老师程子的话："不偏之谓中，不易之谓庸。中者天下之正道，庸者天下之定理。"南怀瑾说，这种解释不合逻辑。天下没有一个"中"，"中"是假定的。"不易之谓庸"，能变动叫作"庸"。天下没有不变动的东西啊！应该说"万变之谓庸"，才能用啊！不变怎么用？

第一章是《中庸》全文的总纲领，也就是中心思想。这章的核心是一个"道"字。在中国传统思想里，无论是儒家、道家，还是墨家、法家或佛家都讲"道"，都讲如何修道，怎样才算得道。三教九流各有各的道，所谓"道不同不相为谋"。那么儒家的道是什么呢？南怀瑾说：儒家讲的道是"体"跟"用"不分的。"体"是不可见的，只有在"用"上见，在万物的"相"上见。万物的相，也就是万物的现象。换句话，万物的相，就是道的相，万有的用，就是道的用。

《中庸》开头的三句话“天命之谓性，率性之谓道，修道之谓教”，影响了几千年来的中国文化，尤其是宋元以后的理学家。人性从哪里来？“天命之谓性”，“天”不是“老天爷”的“天”，而是指抽象的、代表形而上的道，指宇宙间一股不可知的力量。天命，也不是天下命令，而是这股力量自然赋予生命的禀赋，这就是“性”。《中庸》认为，人性是本来干净的、纯洁的、善良的、无私的，总而言之，至真、至善、至美。“率性之谓道”，所以要见道，不用加上后天的心思，直道而行，就合于与生俱来的道了。但是人们往往不可能这样。人生下来以后，社会、家庭的教育加上各种环境影响，心思龌龊了，必须要把它纠正过来，所以要修行，修正自己的行为，“修道之谓教”。南怀瑾说，修就有、不修就没有，那不叫作道，没有用。“道也者，不可须臾离也，可离非道也。”这个道是“天命之谓性”，人人生命当中本来就有的。如果认为道可以离开，身上丢了道还能找回来，那不是真道。打坐、练气功不是修道，只是在做某一种练习而已。真正的道，就像佛家说的那样，一悟千悟、一得永得，不生不灭、不垢不净、不增不减，从来没有变动过，道是永远跟着我们的。事实上，只是我们生下来以后，自己被情、识、观念蒙蔽住了，不能见道。

怎样才能见道呢？《中庸》说：“戒慎乎其所不睹，恐惧乎其所不闻。”即使没有一个人看得见的时候，所作所为都和有人在时一样，符合道德标准；即使没有一个人听见，一样要恭敬而严肃，遵守君子的行为规范。道在哪里呢？不睹，不闻，看不见，听不见，那个地方就是道的体。“天命之谓性”，这个“性”不是肉眼可见的，在不可见处体会到性命的本来，也就是悟道了。被声色所扰的不是道，有形可见的也不是道。

接下来，南怀瑾指出《中庸》修养的基本路线，也就是儒家存心养性的方法，就是“喜怒哀乐之未发谓之中，发而皆中节谓之和”这两句话。喜、怒、哀、乐是四种情绪。这四种情绪将动未动的时候，平平淡淡，此心不动，这种境界叫作“中”，道的中性状态，佛家叫作“不动地”。修道照样有情绪，但喜怒哀乐要“发而皆中节”，恰到好处，这个叫作“和”。“中也者，天下之大本也；和也者，天下之达道也。”南怀瑾说，所谓“中也者”的境界，我们学佛的讲“万缘放下”，万缘当然包括了喜怒哀乐，都放下了，这是“中”，根本的道体。但得了道不能不起用啊！不起用何必修这个道呢？起用要“发而皆中节”，所以“和也者，天下之达道也”。“中”和“和”，一个“体”，一个“用”，体用不能分。

南怀瑾总结说，《中庸》是把人的“性”与“情”分开的，情绪分7种，即喜、怒、哀、惧、爱、恶、欲，所以叫七情六欲。“情”大部分是与生理相关的，比如身体不舒服就容易发火。做功夫，先要把喜怒哀乐这些情绪培养到平和，也就是改变气质。一个是喜怒不见于色的人，一个是开心了就忘乎所以、生气了就破口大骂的人，比较一下哪个气质好呢？南怀瑾说，到“戒慎乎其所不睹，恐惧乎其所不闻”才是见性。只要把“情”培养到“中和”的境界就自然会见性。

《中庸》作者还引用孔子的话，来说明“中庸”这个境界，就是体用俱全的“道”。“君子中庸，小人反中庸。君子之中庸也，君子而时中；小人反中庸也，小人而无忌惮也。”一个明道、见道、悟道、修道的人，随时随地都在行道。相反，凡夫俗子的行为都与道相违背，肆无忌惮，过分地放逸。为何大多数人不能行道？孔子说，原因是“知者过之，愚者不及也”“贤者过之；不肖者不及也”。聪明人太聪明，过头了。得道很平常，但聪明人总想找一个得道的秘诀；而笨的人又太笨，理解不了道就在自己身上。

什么样的人是强者？

《中庸》讲了存心养性的修道功夫，修道最后还是要落实到做人上。所以第二章一开始，就引出了子路问孔子的一个问题：什么样的人是强者？孔子先反问他：说强有多种，有南方之强，北方之强，如今你问的是哪一种强呢？或者你自己心目中还有一种强吧？我们这个时代的人也都口口声声说要做强者，没有人愿意做弱者。但是不是有权有钱的就是强者呢？是不是胳膊粗、拳头硬的就是强者呢？孔子说：对人宽厚温柔，注重教化，对于别人不讲道理的行为，尽量宽容，不立刻报复。这是南方人认为的强者，君子都有这种个性。喜欢争斗，披上武士的盔甲，死了都无所谓，这是北方人认为的强者，勇士都有这种个性。

南北地方的个性不同，强者的标准也不一样。然而，跳出地方界限，真正的强者是有共同标准的。他们能够适应一切环境，适应一切人。适应是适应，可是有自己的人格坚持，有他的气节，有他的立场，绝不随波逐流，变来变去。"和而不流强哉矫"，能够做到"和而不流"，才够得上真正的强。南怀瑾说，做到"和而不流"很难，追求和的人往往会变成圆滑，不得罪人，也不着边际。真正做到和而不流，就是个顶天立地的强者。

另一种强者的典型，是做人做事有原则，非常理性，不会偏向任何一方，不随便跟着人家的意见跑，这就是孔子说的"中立而不倚强哉矫"。孔子说，“国有道，不变塞焉，强哉矫。国无道，至死不变，强哉矫”。真正的强者，国家有道，社会安定，天下太平，他们仍然“不变塞”，不变英雄本色。南怀瑾解释说，在太平盛世，享福惯了，人的惰性就出来了。孟子说：“无敌国外患者，国恒亡。”真正的强者有自己的人格中心，站得非常端正，至死不变。其实，说来说去都是一个道理，一个修道有成的人才是真正的强者。

强者是有恒心、有毅力、坚定不移的人。然而，这样的人少之又少。社会上的普遍现象是“素隐，行怪，后世有述焉”。南怀瑾解释说，孔子的这句话，意思是指那些读书钻牛角尖，行为特别古怪的人，反而在后世的历史上有名。如晋朝的桓温所说，不流芳百世，就遗臭万年。人总要在历史上留名，哪怕给人家骂几千年也是出了名。但这不是正道，一个真有学问的修行人是非常平实、平和的。因此孔子说“吾弗为之矣”，我绝不干。还有一种现象，许多人年轻时立志修行，遵道而行，处处学规矩。可是学到四五十岁了也修不成什么果来，他就半途而废了。这样的人有始无终。孔子说，我绝不这样做。真正的读书人应该沿着中庸的修行路线，念念不离修道，念念不离道德。“遁世不见知而不悔”，世界上谁都不了解你，一辈子没有人知道你有道德、有学问，你就像在人世间消失了一样，都不会后悔。孔子加了一个结论：唯圣者能之。这样的人不仅是强者，而且已经是圣者了。

真正有修养的人平凡而平实，因为道本来就是平实的，不应该“素隐”“行怪”。《中庸》接下去讲道的境界。南怀瑾解读“君子之道费而隐”，道无所不在，只是你找不到，找到了当下就是道。道在哪里？“夫妇之愚，可以与之焉；及其至也，虽圣人亦有所不知焉”。对于道，普通男女就可了解，但到了道的高深微妙处，即使是圣人也未必都知道。“夫妇之不肖，可以能行焉，及其至也，虽圣人亦有所不能焉”，同样，普通夫妇都可以行道，但道到了极致处，即使是圣人也未必都能做得到。南怀瑾说：一个是“知”，一个是“行”。王阳明后来讲“知行”，行就是菩萨修道，悟了道的人才能修道。但是修道的人，儒家来讲就是圣人，圣人是非常平凡的，所谓行菩萨道，其实没有什么菩萨，做每个人应该做的事，爱人救人也都是每个人应该做的事。人做到了极致就是佛。

本来人在道中，可是我们找不到，为何？《中庸》说，“天地之大也，人犹有所憾。故君子语大，天下莫能载焉；语小，天下莫能破焉”。庄子称其为“大而无外”，大到没有外，没有边。但又是小得没有最小，可以一直小下去。因为大小只是人为的假定，“君子语大语小”而已，真正的大小是没有大小。道的体是无法捉摸的，道只有在起用的时候才显现出来。“君子之道，造端乎夫妇。及其至也，察乎天地”。君子之道就是从人生本位开始的，就在男女夫妇之间极平常的生活之中。道德基本在这里，如果把修道和人生打成两边，那就不是道。修道非要入山住庙子不可，那不是道。人生本位体悟够了，也就是佛家说的明心见性了，就能“察乎天地”，最后通法界，对整个世界就了解了。从你自己心念之间先了解起，真到了得道的境界，那胸襟气魄就能包含宇宙，气象万千。所以孔子说“道不远人，人之为道而远人，不可以为道”。道就在你心里，就在你身边。如果你说要学道，就离开了人生日常的生活，拼命去找一个“道”，在那里低眉闭眼的，咬起牙硬在那里熬腿，那只会离道越来越远。

日常生活中修道，“忠恕违道不远，施诸己而不愿，亦勿施于人”，这是孔子提倡的。“忠恕”就是推己及人。自己不愿意做的事，不要叫人家做；自己不愿意听的话，不要讲给人家听；怕人家骂你，就不要骂别人。只要能做到忠恕，那么距离道也就不远了。其次，“君子素其位而行，不愿乎其外”。南怀瑾解释说，“素”是平常，“位”是本位，“素位而行”就是守住自己的本位、本分，该怎么做就怎么做，不受外界环境影响。具体来说，就是“素富贵，行乎富贵”，本来是富贵人，就在富贵的本位上修道，可以用自己的权力财富去造福人类，并不是说在富贵中不可以修道，非要跑到山中庙里去，或把自己搞得可怜兮兮的像个叫花子，才叫作修道。“素贫贱，行乎贫贱”，出身贫穷低微的人也照样可以行道。同样，生在文化落后的边远地区，或处在艰难困苦之中，都可以行道。“君子无入而不自得焉！”一个真正悟道的人，无论在什么环境下都不会不自在的。一个真正修道的人就要安其位，但这又不等于不要进步了，还是要“苟日新，日日新，又日新”。

“素位而行”还要求“在上位不凌下，在下位不援上”，地位高的不欺凌下属，地位低的不拍马屁，不去钻营。“正己而不求人，则无怨；上不怨天，下不尤人”，处处要求自己，而不要求别人，也就是严以责己、宽以待人，这样就不会招来怨恨。自己对自己负责，遇到什么麻烦，既不埋怨命运，也不把过错推到人家身上。能不能做到“素位而行”是区分君子和小人的分界线，“君子居易以俟命，小人行险以侥幸”，君子对什么事都不强求，做到平常心；小人就靠侥幸，想投机取巧走捷径。这是人生最容易犯的错误。

五达道和三达德

南怀瑾讲《中庸》的下一个重点是五达道和三达德。《中庸》称："天下之达道五，所以行之者三。曰君臣也，父子也，夫妇也，昆弟也，朋友也，五者天下之达道也。知、仁、勇三者，天下之达德也。所以行之者一也。"什么叫"达道"？南怀瑾解释说，达道就是通道，这里是指原则。人类世界的达道有5个，谁都不能违反，并不是谁规定的，是自然的道理。君臣、父子、夫妇、兄弟、朋友这五种达道，就是中国传统文化讲的"五伦"。人伦，就是人的范围。

在中国人的传统意识里，没有国就没有家，也没有个人。父子关系，就是没有父母就没有我。血缘要延续，那么男女就会结成夫妇关系，就一定会成家。有家就会有兄弟关系。第五伦是朋友关系，和血统没有关系，是一种社会关系，也放在伦理范围内，这是中国文化特殊的地方。我们几乎每个人都需要处理这五种关系。不管是皇帝，还是普通老百姓，要讲自身修养，就必须落实在处理好这五种关系上。在儒家看来，处理好这些关系的道理是天下通行，无一例外的，所以叫作"达道"。

怎样处理好这五种关系？必须具备三种品德：智、仁、勇，也就是孔子在《论语》里说的"知者不惑，仁者不忧，勇者不惧"。这三种品德也是天下通行，凡君子必须具备的，所以叫"达德"。没有智慧，就不能明理，不明理的人当然也处理不好这五种关系。没有仁爱之心，就不可能把事情处理得妥妥帖帖。没有勇气，没有决断力，就很难见之于行动，不能坚持到底，遇到困难就会退缩。三达德，缺一不可。南怀瑾说，做人做事就要具备智、仁、勇这三样。人不仅要有智慧，能够有爱人之心，还要有大勇、有决断。他借用佛家的《金刚经》作比拟：般若，就是大智；仁，就是慈悲；勇就是忍辱、毅力、定力。学佛的人要修定，那个在“定”中的人要多勇敢啊！妄念和欲望，说不要，就马上能丢掉！放下！

《中庸》接下去说：“或生而知之，或学而知之，或困而知之，及其知之，一也。”这里的“之”是指“五达道”和“三达德”。尽管每个人都被赋予这些内在的道德性，都有可能知道“五达道”和“三达德”。各人知道的程度、途径是不一样的，不是在同一个起跑线上。有些人是天生就知道，先知先觉；有些人是学习之后才知道；有些人是遇到挫折，从自己的人生经验中知道的。《论语》里也有类似的话：“生而知之者，上也；学而知之者，次也；困而学之，又其次也；困而不学，民斯为下矣。”对知道的先后划分了等次。南怀瑾说：“生而知之，一般人是做不到的。”有些人天生是圣人，他就能做到，就是这块料。什么料？圣人料。别人都做不到。常人应学而知之，慢慢去学习。你说我再学也做不到，那就要困而知之，自己勉强自己，非做到不可。别人1年做到，我拿10年总可以做到吧！人家100天做得好，我拿3年总学得好吧！要有这个决心。最后成功是一样的。你不要看自己笨，只看你肯不肯学，“及其知之，一也”。

对这些天下通行的大道理，只是知还不够，还要身体力行。“或安而行之，或利而行之，或勉强而行之。及其成功，一也。”南怀瑾解释说：有些人生来就合于道，他的大智大仁大勇就是道，所以我们认为修行好苦，他却认为这是第一等享受。人生追求不一样。“安而行之”，他愿意这样。有些人是出于利益考虑而去做。《论语》里提到“知者利仁”，就是这个意思。聪明人也可以因为知道仁对自己有利才去行仁。利益不只是物质利益，也包括名声、荣誉。还有一种人是勉强去做的，也许他们是畏惧罪恶，不得不这样做来赎罪，求得心理的平衡。尽管如此，但总是能够通过自身努力来改善自已。无论出于什么动机，最后得到了成功是一样的，是没有差别和等次的。

《中庸》引孔子的话来解释“智仁勇”三达德：“好学近乎知，力行近乎仁，知耻近乎勇。”一个人真正好学不倦，不管自己智力怎么样，肯学就是智慧，永远不断地求知上进，就是智慧。学问之道并不只是思想上知道，还要求证，不然那个学问是没有用的。求证必须要力行，尽力去行善。人的能力有强弱，只要尽到你的能力去做了，就是“近乎仁”。你自己只有一个烧饼，看到有人在那里挨饿，就分半个给他。这种行为和巴菲特、比尔·盖茨捐出巨资做慈善的“仁”没有区别，因为你已经尽心尽力了。一个人最怕的就是不知廉耻。南怀瑾说，一个人真觉得自己羞耻，羞耻什么呢，不能好学，无知，不能力行，无仁，反省起来自己一无是处！能够这样知耻的人，才算是天下一个有大勇气的人。要承认自己犯的错，不仅在私底下承认，而且公开地承认，那是需要很大勇气的。如果犯下错还知道羞耻，那就是“近乎勇”了。南怀瑾说，这是学问修养的标准。为什么这样说呢？搞清楚了三达德，就知道怎么修行了，知道了真正的修行，然后才可以说治人，出来做人做事。治人不一定是搞政治去管人，是正己而后正人，就像佛家的自度而后度他，是同一个道理。知道怎么正己正人、教化人，就可以建功立业，对社会、国家、人类有所贡献。于是《中庸》接下去转到政治的道理，提出治国“九经”，九大原则。这些和我们关系不大，就不展开解读了。

无论是修身，还是治国，都要遵循三达德。前面说过，智仁勇“所以行之者，一也”。三者都体现一种精神，那就是“诚”。《中庸》的下半部分集中讲“诚”：“诚者，天之道也。诚之者，人之道也。诚者不勉而中，不思而得，从容中道，圣人也。诚之者，择善而固执之者也。”南怀瑾解释说，这个“诚”字也就是佛家所讲的修定，就是定的境界。定是什么境界？专一、专诚、没有杂念、没有分别、没有妄想的境界。诚的境界是天道的境界。天地永远是诚的，所以天地生生不已，几千万年没有怨恨人，没有要求人报答，永远给人类生命，给万物生机。人的诚恳的心就应该像天地一样开阔。诚，“不勉而中”，一点不需要勉强，清净很自然就到了。“不思而得”是智慧的境界。“从容中道”，自然而然地符合大道，这是圣人境界。怎么做到诚呢？第一步，选择行善，坚持不懈。

围绕“诚”这个目标的修养，《中庸》的论述很多。大概其中最重要、对中国文化影响最大的是这段话：“君子尊德性而道问学，致广大而尽精微，极高明而道中庸。”对这几句话的理解，千百年来争论不断，一直延续至今。南怀瑾说，尊德性是内明之学，中庸讲的就是内明。只是修道，即使开悟了，学问不够也不行，所以还要“道问学”。没有德性不行，没有学问也不行。像佛家的菩萨五明之学，才是真正的大彻大悟了。先是内明，明心见性，然后世间一切的学问乃至魔道、外道，没有不清楚的，才是菩萨境界。

“致广大而尽精微”，一个人要想担负起传播中国文化的使命，要胸襟广阔，但还不够，修养还要达到精而微、不可思议的境界。这个境界是“极高明而道中庸”。大彻大悟到了佛的境界，但不摆出佛的样子，非常平凡。世界上最伟大的就是最平凡的，真正的平凡是最崇高、最伟大的。

《易经杂说》：学易入门

《易经》为“五经”之首，是儒、道乃至诸子百家学术思想共同的来源，也是中国文化的根本思想。要真正认识中国文化，不可不了解《易经》。真正对《易经》有兴趣的人，如果既想获得正确的知识，又要通俗易懂，推荐去看南怀瑾的《易经杂说》。这本书不只是敲开易学世界的大门，更可以帮助读者深入了解到易经的精髓。这都是南怀瑾积累领悟所得，非常珍贵。

南怀瑾从少年时代开始就对《易经》产生兴趣。他曾告诉我，当年学易是用麻将牌，画上八卦排来排去，把六十四卦玩熟的。尽管如此，却并没有搞懂。青年时代到处问学，碰到高人就向人家请教，但没有人给过他满意的答案，还是靠自己不断摸索。只有一个人，在易学方面深受南怀瑾的推崇，那就是胡玉书老先生。胡先生是湖北黄陂人，比南怀瑾大31岁。他们是到了台湾后结识的，成了亦师亦友的关系。南怀瑾尊他为“夫子”，说他潜心研究易学50多年，经常向他请教，受到很多启发，自认没有把他的学问全学到。

南怀瑾对《易经》的研究应该说是很深入了，但对讲解《易经》又非常慎重。他出有关《易经》的书还有一段故事。1971年，台湾商务印书馆计划把古代经典译成白话，其中《易经》部分就想请南怀瑾出马。南怀瑾满口答应下来，觉得这件事并不难，如果没有别的事情打扰，每天翻译一卦，最多半年就可以完成。但在开始翻译之后，他就发现事情并不简单，光翻译

“乾”“坤”两卦就用了一个半月的工夫，勉强译到“观”卦就停住了，希望对方另请高明。后来南怀瑾的一位专门研究《易经》的学生主动请缨，并很快译完全书。南怀瑾看后觉得还算差强人意，交给商务印书馆，作为两人合作书出版，书名为《周易今注今译》。书出版后，发现许多漏译误译的地方，南怀瑾觉得自己所托非人，草率从事，对此十分懊恼。他说“希望将来能够好好地完成一部《易经》的研究，贡献给大家以作补偿”。这就有了后来关于《易经》的2本书，一本是《易经杂说》，另一本是《易经系传别讲》。

《易经杂说》是他的讲课记录，开始并没有想到要出书，学生把记录稿整理出来后，就催着他出版。有人对这本书的评价很到位：“这是一部引人入胜的书。初学者能像读武侠小说一样，实在是难得的一部易学著述。它的引人入胜处，即在透过作者渊博的学识，把握历史发展的趋势，将人事与自然法则、历史规则结合为一。这是一部人人读得懂的书。南怀瑾透过时代思潮和他丰富的人生经验，用极其平易的语言，帮我们解开了幽晦艰涩的苦结，使人人易知易晓，为青年学子、社会大众开辟了一条崭新的学《易》门径。这是一部与人人有关的书。古人说，‘百姓日用而不知’，可见《易经》是与社会大众人人有关的了。南怀瑾运用《易经》的原理，来剖析人生的历程，给人以启迪。”

《易经杂说》这部书只十几万字，但内容非常丰富，提纲挈领，涉及《易经》的方方面面的问题都讲到了。重要的是，南怀瑾强调研究《易经》的态度。古人说：“洁净精微，《易》所教也。”学易时思想一定要中正、简单，不要太复杂。有些人钻研《易经》，希望自己能够具有“未卜先知”的本领，南怀瑾不鼓励这种想法，更不用说那些拿《易经》来干招摇撞骗勾当的人了。南怀瑾常说，世上有两门学问不要钻进去，钻进去就出不来了。哪两门学问？一是《易经》，一是佛学。记得我一度提出跟他学《易》，他说，你玩玩可以，但不要钻得太深。学《易经》搞八卦的人，古今中外都陷在八卦阵里头，永远爬不出来。他劝我不要一心两用，还是把主要精力花在学佛上。南怀瑾知道我喜欢钻牛角尖，钻进去了就出不来。不过，既然他说《易经》是“经典中之经典，哲学中之哲学，智慧中之智慧”，掌握易学的一些基本知识和基本法则，就要读《易经杂说》了。

首先，要弄清《易经》有三种版本：我们现在所讲的《易经》，其实是指《周易》，相传是周文王在羑里坐牢的时候，研究《易经》所作。儒家文化、道家文化，一切中国的文化都渊源于这本书，都渊源于《易经》所画的这几个卦。除此之外，还有一种叫《连山易》，一种叫《归藏易》，总称为“三易”。南怀瑾认为，现在我们所讲的“江湖”中那一套，如医药、堪舆，还有部分道家的东西，都是《连山》《归藏》两种易学的结合。

其次，南怀瑾说，必须搞清楚《易经》的三个原则：变易、简易和不易。所谓变易，指世界上的事、人，乃至宇宙万物，没有一样东西是不变的。学易先要知道“变”，高等智慧的人，不但知变而且能适应这个变。第二，简易，宇宙间无论如何奥妙的事物，当我们的智慧够了，了解它以后，它就会变得非常平凡而且简单。《易经》就是把复杂的道理变得非常简单。第三，不易，万事万物随时随地都在变，却有一样永远不变的东西存在，就是能变出万象来的那个东西。宗教家叫它“上帝”“神”“主宰”“佛”“菩萨”，哲学家叫它“本体”，科学家叫它“功能”。这三条重要的原则，意思都很简单，但真正运用到生活中，用来处理事情看清本质，并不容易。

再次，南怀瑾要我们分清《易经》的三个法则：理、象、数。宇宙间万事万物都有它的道理，也必有它的现象；任何一种现象，既有它的理，同时又一定有它的数。譬如我们举起桌上的茶杯，左右摇摆，这就是一个象；而左右摇摆了多少度，多少秒钟摇摆一次，就有它的数；为什么要摇摆，就有它的理。《易经》每一卦、每一爻、每一点，都包含有理、象、数三种含义在内。人处在世界上，与这个世界的关系，不停地在变，只要发生了变，便包含了它的理、象、数。人的智慧如果懂了事物的理、象、数，就会知道这事物的变。每种现象到了一定的数，一定会变；为什么会变，有它的道理。完全明白了这些就万事通达了。

《易经杂说》讲到八卦代表着什么，先天八卦和后天八卦有什么区别，然后扩展到弄懂五行生克、天干地支、黄道十二宫、六十甲子、生肖、纳甲等，书中都有详尽论述。

《易经系传别讲》：学易经，看人生

南怀瑾另一本关于《易经》的著作是《易经系传别讲》，这是他诠释《易经系传》的讲稿。《易经系传》分上、下篇，相传是孔子研究《易经》的心得报告。孔子所讲的主要是《易经》“理”的部分，也可以说是哲学的部分。

南怀瑾综合古今历史知识、社会和自然现象，逐段逐句地加以阐述，内容涉及自然哲理、人文精神、政治艺术以及身心修养之道。其中，对我们最有价值的是他讲述《系传》中很多不可不知的人生哲理。

南怀瑾一开始就讲到，学《易经》是为了解自己，了解人生。《易经》告诉的是一个“变”的原则，宇宙间没有不变的事，没有不变的人，没有不变的东西。而且天天在变，随时在变，随地在变，无一而不变。然而，依照《易经》的法则，宇宙万物万事随时在变，但不是乱变，是循一定的次序在变。《系传上》第一章说，“在天成象，在地成形，变化见矣”。《易经》的道理，是古人观察天文、地理、生物、人类生命变化以及社会活动而得出来的。《易经》八八六十四卦的排列，揭示了一切变化的次序。因此，《系传上》第二章说，“君子所居而安者，易之序也”。如果真懂了《易经》六十四卦变化的次序，人们在平常生活中就能安心。人生中的一切变故来了，都可以安贫乐道度光阴。南怀瑾说：我们普通人是随变化而走的，一点都做不了主。圣人呢？懂了这个法则，能领导变化，对天地间的变化了如指掌，下一步要怎么变，他都知道。所以说，第一等人领导变化；第二等人把握变化；末等人只能跟着变化走。

孔子说，研究《易经》第一步先要研究乾、坤两卦。乾、坤两卦懂了，《易经》的门就打开了。乾卦的第一爻辞是："初九，潜龙勿用。"孔子在《系传》里说："龙德而隐者也。不易乎世，不成乎名。遁世无闷，不见是而无闷，乐则行之，忧则违之，确乎其不可拔，潜龙也。"南怀瑾解释说，龙的精神是看不见的。一个人如果能像老子说的"功成、名遂、身退"，帮助了人家，却不让人家知道，就是"龙德而隐"的道理。一个人要做到无论外部环境怎么变，自己不受这种变化影响，不求在社会上出名。当世道不好的时候，自己隐退，默默无闻而不觉得烦闷，依然快活、乐观，更重要的是坚定不移、毫不动摇，这就是潜龙精神。"潜龙勿用"的"勿"字，表示有本事，但自己不去用，而不是不能用、不可用。

孔子又说："知至至之，可与几也；知终终之，可与存义也。是故，居上位而不骄，居下位而不忧，故乾乾其时而惕。虽危而无咎。"南怀瑾解释说，人最高的智慧，是知道时机到了，就把握时机，应该做的立刻就去做。这个时机往往在一刹那间，看准了，做对了，便可改变历史。他以春秋时的商鞅变法和宋代王安石变法为例，说明时机未到，虽有好的理想和办法也没用。"知终终之"，也就是见好就收，该下台时立即下台，永远留一个好印象。"乾乾其时而惕"，人生随时随地要认识自己。有机会时就玩一把，跌个筋斗掉下来也舒服。这样纵使有危险，也不致出大毛病。

九四爻辞"或跃在渊，无咎"，孔子说："上下无常，非为邪也。进退无恒，非离群也，君子进德修业，于及时也，故无咎。"南怀瑾解释说，这句爻辞的"或"字，意思是一个人站在门中间，一脚在里，一脚在外，进出都可以，所以孔子说，上去或下来都可以，但并不是滑头。一个人处世，或进或退，是等待时机，这样做就不会有麻烦。南怀瑾说，人生能做到这样是最舒服的，可进可退。历史上就有这样的人物，南北朝的陶弘景是著名的"山中宰相"，几朝皇帝遇到大事都要请教他，但他永远不出来做官，自由自在。

这一类人就是所谓“上下无常，进退无恒”的人。

《系传上》第二章写道：“是故吉凶者，失得之象也；悔吝者，忧虞之象也；变化者，进退之象也。”南怀瑾说这三个道理是最高的人生哲学。宇宙间只有两个现象：一个吉，一个凶。吉凶又是怎么来的？是人为假定的。譬如我想赚钱，钱到手了，就是大吉大利；钱输掉了，就是凶。所以吉凶是人类心理上相对的一种反应。天地间没有绝对的吉凶，也没有绝对的好坏。八八六十四卦没有一卦是大吉大利的，也没有一卦是大凶的，充其量只是告诉我们“吉、凶、悔、吝”四个现象，人生处世也就只有这四种现象。“悔”是“烦恼”的意思，“吝”就是困惑。“悔吝者，忧虞之象也”，你觉得令人烦恼和困惑的事，其实也不过是你忧心和思虑的表现。一切人的心理都离不开“吉、凶、悔、吝”四个字。“变化者，进退之象也。”有进有退，这就是变化。吉凶是一个观念的问题，而不是绝对的存在。在用《易经》卜卦的时候，卦的下面，往往会有一个“忧”“悔”或“吝”的释语。假设我们做生意，卜卦碰到了“忧”，一定会很痛苦；碰到了“悔吝”，一定会有烦恼或困惑。其实，研究《易经》久了便会知道，遇到忧、悔、吝的时候，是可以化解的。方法就是要行得正、行得直，心里没有歪念头、坏主意。

《系传下》第五章有一段话：“介如石焉，宁用终日？断可识矣！君子知微知彰，知柔知刚，万夫之望。”孔子的这段议论是研究豫卦六二爻辞的心得。爻辞是：“介于石，不终日，贞吉。”“介”字是人字下面两竖，就像一个人站在那里，像块大石头卓然独立一样的安稳，天压下来也不怕。孔子说，一个人顶天立地站在那里，像玉石一样卓然独立。不只一天两天，而要永远如此。其结果就是，“断可知矣”！南怀瑾说，人要有超然独立的认识，像孙悟空一样能够眼观四路、耳听八方，你的智慧就能达到这样一种程度：可以知道事物的最精微处，别人看不见，你却有先见之明；大家看到了，你看得更清楚。该柔的时候柔，该刚的时候刚，该退的时候退，该进的时候进。这样的人足以让天下人都仰望。

第四部分

南怀瑾道家著作导读

《中国道教发展史略》

南怀瑾年轻时曾专门研究过道家学问。他在这方面的造诣是很深的。在这本书里，他对道教的学术渊源，道教的建立、成长、扩张和演变，道教的流派、人物、经典、帝王与道教的关系等娓娓道来，如数家珍。

首先，先秦时期的道家和后来的道教不是一回事。后世的道教推尊老子、列子、庄子为教主。道教称老子为太上老君，把《老子》这部书奉为《道德经》，《庄子》奉为《南华经》，《列子》奉为《冲虚经》。实际上，道教思想是个大杂家，它综罗了上古与三代文化思想，统摄周、秦以来的道家、墨家、阴阳家、兵家、杂家、医药、方伎等诸子百家之学。可以说，道教不是起源于春秋战国时期的道家，而是起源于当时的神仙方士。

其次，南怀瑾说，道教是根据中国本土文化创设的宗教，不像佛教是从印度输入的外来宗教。《中国道教发展史略》一开始就替读者理出一条清晰的发展脉络，将道教演变划分为10个时期。

一、约公元前四五千年，中国上古史所称的三皇五帝时期。中国上古文化一统于“道”，这是原始观察自然的基本科学与信仰天人一贯的宗教哲学混合时期。

二、约公元前二千二三百年开始，即尧、舜、禹三代，形成了民族文化具体的规模，而与政治教化互为体用，是君道、师道合一不分的时期。这是道教思想的胚胎阶段。

三、约公元前一千七八百年开始，自商至西周间，天人、鬼神等宗教哲学思想萌芽。此时，儒、道本不分家，讲的统统是一个“道”字。这是道教思想的充实阶段。

四、春秋战国时期，约公元前700余年开始，学术分家，儒家与道家各立门户，神仙方伎与老庄等道家思想混合，这是后世道教与道家思想开始分野的阶段。

五、约公元前200余年开始，自秦汉至三国期间，神仙方士思想兴起，配合顺天应人的天人信仰，是道教思想的孕育阶段。

六、汉末、魏晋时期，约公元100余年开始，是道教的建立时期。道教的初创在东汉明帝时代。魏伯阳融合《周易》、老庄、神仙丹道三种学问，写成《周易参同契》一书，而使丹道修炼方法，成为有体系、有科学基础的哲学理论。神仙丹道之学成为道教正统。后来，正统丹道派又分南宗、北宗、东派、西派四派。除此之外，又有所谓“旁门八百”“左道三千”。我们接触道士时应该留意，不要被旁门左道迷惑。

七、南北朝时期，佛教的输入激发中华民族文化的自觉，欲建立自己的宗教，借以抗拒外来的文化思想。约公元200年开始，是道教的成长时期。北魏道士寇谦之综合秦汉以来的神仙方士之术，及役使鬼神、符箓、法术等流派，创立天师道，形成正式道教的规模，奠定道教仪式的规矩。这一时期，道教和佛教思想既有冲突，也有调和。南梁陶弘景的道家思想渗入佛家思想，南怀瑾称他是“趋向融会道、佛两家思想与方法的前驱”。

八、唐朝开国，正式宣布道教为李唐王朝的国教，约公元600年间开始，是道教的扩张时期。晚唐的吕纯阳崛起，卓然特立，影响道教上千年。吕纯阳也就是神话故事“八仙过海”里的吕洞宾，几乎是家喻户晓。南怀瑾称他是“新兴道教的革命神仙”。

九、宋代以后，历元、明、清三朝，约公元900年间开始，是道教的演变时期。道教自北宋之末南宗丹道的崛起，禅、道合一的途径已极其明朗。到南宋时期，有王重阳、丘长春师徒建立全真道，一变历来神仙方士、符箓法术的道术，提倡敦品励行，修心养性的渐修教化，成为黄河南北声势显赫的新兴道教宗派，成为明、清道教的主流。在南方，江西龙虎山张道陵的天师世家道统，到宋元时期，成为道教一大派系，称为“正一派”。此外，道教在明代又出现张三丰的武当派，主张身心内炼金丹，达成性命双修。

十、20世纪到现在，道教已经衰落之极。

再次，从南怀瑾讲述的道教发展历史，我们可以看到：中国的传统文化并不一直是儒家思想占统治地位的。西汉初期，统治集团集汉高祖刘邦的豁达、萧何等人的深通世故，借鉴往日从政的经验，便将政治风气一变而成以宽柔为怀，这在基本观念上，已经吻合于道家思想的黄老无为而治的学说。再到汉文帝执政阶段，内有宫廷变乱，外有强臣宿将，而社会人心厌战已极。当时当世，内外任何因素，都不适于施用刚猛的政策，因此汉文帝便从其母后与曹参的主张，采用黄老的阴柔措施。影响所及，造成一般社会也崇尚道家学说的风气。这实为后来汉代三四百年间道家思想的成长最有力的促成因素。东汉时期，阴阳术数之学与谶纬预言之说大肆流行。东汉的儒学也有浓厚的道家色彩。而汉末、魏晋以来数百年间，占据朝野社会的更不是儒家，而是玄学。南怀瑾认为，魏晋“玄谈”兴起的原因，是汉末以来神仙道士的思想，久已占据人心，且具有莫大的潜力了。

最后，关于道教学神仙长生不老的修法，南怀瑾的认为是非常重要的。他在《易经杂说》里说过，中国文化关于修炼生命的方法有两派，一派反对性命双修，譬如道家、密宗偏向修命，偏重生理的一面，只晓得练功夫、练精气神、练气脉，把身体搞好，就是只修命；而禅宗偏向修性，讲明心见性，偏向于所谓见性成佛这一面。他们光念佛、参禅打坐，身体方面不管。另一派注重性命双修，如果说人们修长生不老之道是个圆，明心见性是属于一个圆的一半，身体方面是长生不老的另一半。两半合起来才能成为一个圆、才完整。后来正统的道教就注重性命双修，要身体与心灵同时并重。

《道家、密宗与东方神秘学》

南怀瑾的《道家、密宗与东方神秘学》从文化和医学的角度，论述被西方视为东方神秘学的道家和密宗。他认为，西方的文化思想，基本上是偏向于唯物的，所以把精神领域的奥秘自然地都归向于物理的作用，不能彻底明白和求证到超越心物的究竟。南怀瑾写这本书，是希望发扬中国传统文化自古相承的人生与宇宙奥秘之学。

这本书分为三个部分。

第一部分，主要论述密宗的历史、理论和修持，尤其是身密、口密、意密“三密”的修法。他说，无论东密与藏密，原始起源的传统说法，实在过于神秘，令人无法置信。时代到了今天，应该打开这扇神秘的大门。密宗其实便是印度各宗派神秘学术的总集成，而它的中心见地与思想，皆归于佛教。但这只限于原始的东密而言。后来的西藏密教，贯通显宗和密宗的学术，使“般若”的“毕竟空”，与“唯识”的“胜义有”融为一体两用，为密宗的修法建立了一套完整精详的理论。要了解这套理论，阿底峡的《菩提道炬论》和宗喀巴的《菩提道次第论》是必读的。在藏密系统中，要成为有传教资格的上师，必须经严格的考试。其实，现在要鉴别真假仁波切也不难，让他们讲讲这两部著作就露出原形来了。由初唐到元明之间，如红教的“大圆满”，花教的“大圆胜慧”，白教的“大手印”等修法，并不神秘。说到底，就是禅宗心法的同源异派。

第二部分，主要讲解道家与中医理论的关系。南怀瑾说，到了汉代以后，中医的哲学思想经过演变，外加道家的影响，开始建立在《易经》的基础上。但是易学与医理之间，只是形而上的哲理的关系。道家方术思想对医理的影响远远超过易学。道家认为人的生命可以经过修炼，使肉体长生不死，而达到神仙的境界。而且道家不只是想想而已，他们真正致力于方法的寻求，真要征服人类的躯体，真要控制人类的生命。在他们努力的过程中，所取得的成就，与中国医理关系非常密切。他特别提到三部必读医书：讲医理的《内经》、讲调理气脉的《难经》和实用医学的《伤寒论》，但又指出，《伤寒论》应该算是南方医学的书，如应用于西北地区，有些医法就会有问题。医治北方人的病，应该注重《温病条辩》才比较合宜。无论是医理也好，实用医学也好，处处要兼顾到人与宇宙的关系，以及气象与人的关系。到了唐朝孙思邈的医学，是纯粹属于道家派的医学，他写的《千金方》及《千金翼方》，涉及了庭园的设计、药草的种植，都与健康、医学有关，将医学融化在日常生活之中。

道家的修法，就是依照宇宙间自然法则的道理，配合了药物。在《内经》和《黄庭内景经》中，提到有上药三品“精、气、神”，就是用自己的力量，改变自己的身体，一阳来复，生气就有了。许多健身方法，如太极拳、易筋经、气功等都出自道家。南怀瑾劝人多运动，以强身来保健。此外，道家养身有一句“取坎填离”，有些一知半解的人，以坎为阴，离为阳，就把“取坎填离”解释为采阴补阳，南怀瑾提醒大家切勿上当。

在本书中，南怀瑾特别提到中医诊断病人的四个字“望、闻、问、切”。他说，所谓“望”，是用看相的方法，察究病人的病情，其中还包含了看舌苔等，用一切眼睛可以观察到的因素，来判断病情。所谓“闻”，是根据五行生克及五脏六腑的配合，用声音判断病人的情况。比如，肝病出怒声，容易发脾气；如果经常自说自话地笑起来，那么他的病一定是偏重于心脏方面；肺病常爱哭泣。“问”，给病人看了相，注意到了病人声音的变化，就要问一问病人自身的情况与亲身感受。“切”就是把脉、诊脉，这是最深奥的一门学问，需要长久及多方面的实践，才能有所成就。所以说，脉理真是一门玄而又玄的学问。现在许多中医，不会把脉诊脉，靠化验报告诊病，然后开药方。我曾经遇到一个名医，不要说把脉，连望、闻、问的程序都跳过了，靠助手问病历，他边看记录，边开药方，一口气开了20来味中药。我拿方子给南怀瑾看，他随手扔进废纸篓，说这张方子是“既吃不死也医不好”的。

最重要的，是南怀瑾在书里谈到的气脉问题。许多人都认为气脉是一种筋，或者血管之类的东西。中医所谓的“十二经脉”，确实是包括了有形的血管等，从解剖学上来说，是肉眼可见的、人身上具体的组织。但是道家所谓的“奇经八脉”与密宗的“三脉七轮”，只是具有作用，而在人体解剖时，却不见一物。气是无形而有质的，就像原子的排列。如果拿眼前东西作比方，就像生火时所冒的烟，这些烟也走一条路线，但并非在一定的管子中行进。多少年来，西方生理学以及很多中国人都认为气脉是玄而又玄的玩意儿，原因就在于气脉是看不见的。究竟这个看不见的气脉是什么？它既不是呼吸的息，也不是空中的空气，但在活生生的生命中，却证实了它的无上功能。

接下去，南怀瑾具体讲解了道家的“奇经八脉”和密宗的“三脉七轮”。气脉不仅和针灸关系非常直接和密切，练气功及瑜伽也离不开气脉。对普通人来说，弄懂了气脉问题，对了解我们自己的身体状况很有帮助。例如，南怀瑾在书中告诉我们：因为气脉是交叉的，它的路线与神经有关，道家对生命的看法是，男性一切生命的原动力，都在身体的下面，所以男性善立，如果两膝有力而灵活，则是健康与长寿的象征。男性年老时两腿发软，就不是好现象了。老年人要注意腿部的活动和锻炼，多走路，防跌跤。南怀瑾还特别提醒，如果醒着的时候，发现只有右鼻通，就是稍有疾病的前奏。正常的人，白天左鼻通阳，夜里右鼻通阴，时间的计算是夜11时起，到中午11时算白天，过后则算夜间。白天左鼻不通就不正常了。最后，南怀瑾说，从道家的经验上来说，如果奇经八脉都畅通了，精神状况便会达到一种超越的境界，就是“精满不思淫，气满不思食，神满不思睡”。南怀瑾在书中讲了各种打通奇经八脉的方法，这些方法并不复杂也不神秘。

书的第三部分，收录了南怀瑾的有关专论和序跋。

《老子他说》：他说老子

南怀瑾的《老子他说》是讲课的记录稿。1987年在台北出版了上半部，下半部直到20年后才问世，其间南怀瑾一改再改，坚持不愿轻易付印。可见他对读者负责的态度。

老子是道家的代表人物。清代乾隆年间，纪晓岚对道家的学术下了八个字的评语："综罗百代，广博精微。"南怀瑾解释这八个字的评语说，道家的文化思想，包括了中国上下五千年的整个文化。"广博"是包罗众多，"精微"是精细到极点，微妙到不可思议的境界。很多人一直认为道家不是中国文化的正统，这其实是一个很大的误解。中国文化好就好在全面，它其实是由两个面组成的，源头都是《易》。《易经》中就包含阳刚和阴柔两方面。其中阳刚的一面由儒家继承和发扬。如《论语》《孟子》讲的"朝闻道，夕死可矣""知其不可为而为之"，这都是阳刚的一面。但中国文化还有阴柔的一面，比如"藏愚守拙""无为而治""无可无不可"等。这阴柔的一面是被道家继承和发展起来的。道家和儒家共同构建了中国传统文化。

南怀瑾说，在儒、佛、道三家中，佛家是偏重于出世的，虽然佛家的大乘道也主张入世，普救众生，但出家修道的人本身还是偏重于出世。而且佛家的学问从心理入手，然后进入形而上道。儒家的学问，又以孔孟之学为归趋，则是偏重于入世的，虽然像《大学》《中庸》亦有一部分出世思想，但到底是偏重入世，从伦理入手，然后进入形而上道。道家的学问，老庄之学就更妙了，可以入世，亦可以出世，或出或入，都任其所欲。在个人的养生之道上也有如此之妙。

到了唐宋以后的中国，道家的影响就慢慢小了，这是科举考试制度造成的。唐太宗开始把天下知识分子都放进他的“牢笼”之中。科举取士考的都是儒家的东西，其他的都不要。于是士大夫只读儒家的书，道家成了业余爱好。懂点老庄，好像是一种情趣，是一种气质修养，而不是从中发掘我们的文化传统。甚至以为老庄就是不干事，喝喝酒。所谓“无为而治”，以为“无为”就是不做事。那是大错特错。慢慢地，中国文化的阴柔一面就靠边站了。其实，这阴柔的一面包含了大量的学理和思想。在民间社会和日常生活中，在中国人的思想中，道家的影响力仍然是很大的。

老子的思想，基本上都保存在《老子》这本书中。南怀瑾说：“《老子》一书，原著不过五千言。可以说，几乎是一个字就涵盖一个观念的好文章，一句就涵盖有三玄三要的妙义。老子往往把道的体相和作用，混合在一起讨论。而且在作用方面，都是出世的修道和入世的行道相互掺杂，应用无方，妙用无穷，妙不可言，真是‘应用之妙，存乎一心’。老子在世界范围的影响力，他的名声，其实并不亚于孔子。在西方著作里称古代三大圣人，其中就有老子，但没有孔子，另两位是释迦牟尼和苏格拉底。”

古今名家研究《老子》的著作不计其数，按照南怀瑾的归纳，大致可分为三条路线。第一条路线，纯粹走哲学思想的研究路线。做这方向研究的人，各有各的心得，各有各的见解。乃至有人以西方哲学来批评《老子》，或者以西方文化来与《老子》比较。这是学术性的一类。第二条路线，就是把《老子》单纯地归到个人修养、做功夫，所谓修神仙丹道上去。这一类自几千年前，直到现在，自成一个系统。第三条路线，是把《老子》归到谋略学的主流，习惯上认为老子的谋略学是阴谋之术。于是，一说到老庄就联想到谋略；一说到谋略，就联想到老子学说是搞阴谋的学问。这种观念，错误得很严重。

南怀瑾的《老子他说》和这三条路线都不同，所以书名叫“他说”，是一种另类的解说。他讲课写书的目的是要普及中国传统文化，使深奥的古籍通俗化、专门的学术大众化。南怀瑾说《老子》的特点是以深厚的文史功底，敏锐的社会洞察力，对其内涵做了充分的阐解、辩正和引述，深入浅出，明白通畅。他在书里一共引用了历史上几十个富有道家色彩人物的故事来给老子的理论做注解。对历史上的这些人物，南怀瑾在书里都做了详细的叙述，然后得出结论：在中国历史文化上，有一个不易的法则，每当时代变乱到极点，无可救药时，出来“拨乱反正”的人物，都是有道家色彩的人物。他们有一贯作风——“功遂身退，天之道”，帮助人家成功了，自己飘然而去。如商汤时的伊尹、傅说，周朝开国时的姜太公，春秋战国时期的范蠡，汉朝开国时的张良、陈平，三国时的诸葛亮，都有道家的作风。南怀瑾推崇这些人物，实际上，他自己的一生行谊，许多方面都有道家的影子。

老子说“道”

《老子》开篇第一句就是“道可道，非常道”。什么是“道”？南怀瑾没有像其他人那样，直接给“道”下一个定义，而是用后面紧接着的三段话解释“道”的内涵。第一段，在提出“道”的同时，提示我们不可执着“道”是一般的常道，只是在不得不用语言文字表达时，用了一个“道”字。“名可名，非常名”，不可执着名相而去寻道。第二段，“无，名天地之始。有，名万物之母。”形而上的道体与形而下的名器，是有无相生的关系。“故常无，欲以观其妙。常有，欲以观其徼。”要认识形而上的道，必须从常无的境界中去认识它的体；又要在常有之中领悟它的无边无际。第三段，“此两者，同出而异名，同谓之玄。玄之又玄，众妙之门”，是说“道”的有无是一体同源，因为作用与现象不同，所以从无名之始而到有名之际，必须以不同的命名加以分别。道的体用，有无相生，互为因果，真是妙中有妙，妙到极点更有妙处。

南怀瑾说，《老子》全文是围绕着“道常无为”“道常无名”，以及“道法自然”等观念展开的。先说道常无为，《老子》第三十七章提出：“道常无为而无不为。”南怀瑾说，有一个讲中国哲学的著名专家解释道家的“无为”时，说这是中国的政治思想，做领袖的人要学道，就是学老子的“无为”。“无为”的意思就是万事不管。其实老子的“无为”并不是万事不管，“道常无为而无不为”这句话，正是样样都要管。“无为”是讲“道”的体，道体永远是无为。“无不为”是讲“道”的用，意思是无所不起作用，处处起作用。道家真正的“无为之治”与“无为之道”，是无所不为的。如果能守住道的体，清静无为，那么“万物将自化”，万物万事都会进入你的境界了，许多没想要的偏偏会来。天地间的事情怪得很，你不要的，它偏要来；你要的却跑掉了。当然，彻底的清静无为很难做到。比如有些人修道打坐，坐在那里天天想求神通、求智慧，或者求身体健康，说是修无为，实际上是“无所不为”，样样都要。“化而欲作”，如果在清静无为之中想起作用，就要懂“用”的道理：“镇之以无名之朴”“无名之朴，夫亦将无欲”，就是没有欲望，无欲无依。“不欲以静，天下将自定”。要想做到“不欲”，就必须做到静。“道”如果要想取之不尽，用之不竭，那么用过之后，就要归于静，归于空，永远保持“无为”的原始状态。

在第三十八章里，老子提到“上德无为而无以为，下德为之而有以为”。南怀瑾解释说，上品的道德行为，做善事是很自然的，不会让人看出来他是在做善事。相反，下品的道德行为是“有以为”，孜孜为善是有目的，让人人都知道他在做好事，他是好人。现在国内很多所谓的“慈善家”捐了点钱就唯恐人家不知道。所以“无为”和“为之”是区分“上德”与“下德”的标准。当然完全没有善行，那就更是“缺德”或“无德”了。在第六十三章里，老子又有“为无为，事无事，味无味”的说法。南怀瑾解释说，“为无为，事无事”，一个人看起来没有在做什么事，可是一切事情都在无形中做好了。这才是第一流的人才，第一等的能力。后面加一句“味无味”，世界上真正好的味道，就是没有味道的味道，也就是食物本来的真味。淡味，是包含一切味道的。许多顶天立地的事业是在平淡无味的人生中完成的。

第二，“道常无名”，有时叫“大道无名”或“道隐无名”。《老子》第四十一章说：“大方无隅，大器晚成，大音希声，大象无形，道隐无名。夫唯道，善贷且成。”按照南怀瑾的解释，“大方无隅”，这个地球，东南西北四方，你看大不大？这个不算大，比不上虚空那么大。虚空根本就没有东南西北，没有边际。“大器晚成”，就像一句西方谚语说的“罗马不是一天造成的”，人类的历史更不是一天构成的。“大音希声”，最大的声音反而不能听见。比如宇宙有自然的音声，非常大，大得人类都听不见，所以觉得宇宙很宁静。“大象无形”，最大的现象是无法形容的。“道隐无名，夫唯道，善贷且成”，道的体是隐而不显的，是“无名”，没有名相可见的。如何去体认这个“道”的功能？只有善于假借一个东西，透过“道”的作用，透过现象去见道。

第三，道法自然。《老子》在第二十五章里写道：“人法地，地法天，天法道，道法自然。”南怀瑾认为，这是老子告诉我们做人做事的法则，是老子思想的精华所在。“法”字是效法、学习的意思。人要效法大地，大地承载万物，生命的成长全赖大地来维持，但大地不求回报。“地法天”，地球又像所有天体一样，永远在转动，如果一天不转动，甚至只要停止一分一秒，人类和其他万有的生命都要完结。《易经》卦辞所说“天行健，君子以自强不息”，天地的运行，永远是勇往直前的，所以人要效法天地，一分一秒绝不偷懒，时时刻刻向前开创，永远生机蓬勃、灵敏活泼，这才是合乎天地的德行。宇宙间日月星辰与地球的运行，由谁来做主？不是上帝，不是神，也不是佛，老子说是“道”。“道”是个说不清楚的东西，它的存在就是“自然”，本来如是，当然如此，既无来处，也无去处。人们学道，学些什么呢？如果只知守窍练气，吐故纳新，那是小道。大道无为，什么都不需守，没有那些啰唆的名堂。“道法自然”，自自然然就是道，若不如此，便不合道。普通人，照神仙家的看法，都是凡夫俗子。然而，只要能在日常生活中，做到一切任其自然，便不离于道了。

《老子》第四十二章里说：“道生一，一生二，二生三，三生万物。万物负阴而抱阳，冲气以为和。”“道”本身就是“一”，“一”就是“道”。一提到“一”，本身就是两个，也就是正反两方面。正反的代号就是阴阳；阴阳本身在变，阴中有阳，阳中有阴，所以变成三个。这不是说到了“三”就停止了，“三生万物”，天地万物都是从三个三个来的，生生不息，无穷无尽。南怀瑾说，万物的生命，“负阴而抱阳，冲气以为和”，“负”是背上背着，“抱”是怀中抱着。一个东西分为阴阳两股力量，人也好，动物也好，植物也好，天地间任何东西都由阴阳两股力量构成，“负阴而抱阳”。但只有阴阳两股力量，没有一股中间力量去调和是不行的，这个调和的力量叫作“冲气”，也就是儒家所谓的“中和”。“冲气以为和”，“冲气”就起了调和阴阳的作用。修行的人要想把握住，既不散乱，又不昏沉；既不痛苦，也无欢乐，就要知道如何“冲气以为和”，不仅修持的方法、心理的调整，宇宙的法则、生命的奥妙，也都在这个地方。“道生一，一生二，二生三，三生万物”，生生不已，但达不到阴阳二气之和，则不能生生不已。万物本身就有阴阳，不需要向外求，只要把握到“冲气以为和”，就可以把生命掌握在自己的手里。

老子的法宝

《老子》第六十七章有一段话，“我有三宝，持而保之。一曰慈，二曰俭，三曰不敢为天下先。慈故能勇；俭故能广；不敢为天下先，故能成器长”。南怀瑾认为，不管做人做事，创业立功，上至帝王领导天下，下至做一家之主，都离不开这三宝。他在《老子他说》的前言里，就举了汉文帝刘恒的例子。刘恒原是一个被冷落在边塞的代王，战战兢兢地回到京城，被人扶上帝位。后来却拨乱反正，开创了“文景之治”的局面。南怀瑾说，汉文帝的一生，就是实践了老子这三件法宝。

这第一件宝是“慈”，处处爱人，处处仁慈。第二件宝是“俭”，不仅是生活节俭，而且言语、行为、时间都要节省，都要简化。第三件宝是“不敢为天下先”，也就是谦让，不抢风头，并非自甘堕落。老子解释“三宝”的道理。第一，“慈故能勇”，一个人真具备了仁慈、具有爱天下人的心，才有牺牲自我的勇气。第二，“俭故能广”，行事简单，才能广博。什么事情都过分复杂，而人的精力有限，能用的就不广博了。第三，“不敢为天下先，故能成器长”，具有谦让精神，才能众望所归，成就大事。汉文帝就是一个最好的例子。

在《老子》全文里，很多地方都具体论述了这三宝。说到“俭”，《老子》在第三章里主张：“不尚贤，使民不争；不贵难得之货，使民不为盗；

不见可欲，使民心不乱。”南怀瑾说：“不尚贤”，不推崇名人，可以避免为名而争斗；“不贵难得之货”，不看重那些奢侈品，可以避免不择手段地去争利。然后归结为“不见可欲”，见不到足以引起欲望的东西，人心就不会乱。南怀瑾说，名与利，本来就是权势的必要工具，名利是因，权势是果。权与势，是人性中占有欲与支配欲的扩展。虽是贤者，也在所难免。俗话说，“名利本为浮世重，古今能有几人抛”。司马迁也说过，“天下熙熙，皆为利来；天下攘攘，皆为利往”。人类是一个很矛盾的生物。在道理上，都是要求别人做到无欲无私，以符合圣人的标准。在行为上，自己却难免在私欲的缠缚中打转。

《老子》第十九章提出“见素抱朴，少私寡欲”八个字。南怀瑾解释，“见素”就是思想观念随时保持纯净无杂，清明透彻。“抱朴”就是心地胸襟随时怀抱天然朴实，以此态度来待人接物。思想纯洁无瑕，不落主观的偏见。平常做事，老老实实，当笑即笑，当哭即哭，不掩饰，不伪装。而提到“少私寡欲”，老子并没有叫人做到绝对的“无欲”。彻底无欲，简直不可能。佛家修行先要无欲，因此被儒家批评陈义太高，难以企及。“少私寡欲”已经是了不起的事了。“少私寡欲”可以近乎道，但尚未完全合于道。南怀瑾认为，“见素抱朴，少私寡欲”，一个人拥有这种修养，一辈子便会拥有最大的幸福。

《老子》第十二章里说得很具体：“五色令人目盲，五音令人耳聋，五味令人口爽。驰骋畋猎，令人心发狂。难得之货，令人行妨。是以圣人为腹不为目，故去彼取此。”南怀瑾说，老子在这里是提出严重的警告，要人们对于声、色、货、利以及口腹之欲，加以节制，不要任性自欺而上当。

至于谦让、不争，《老子》第八章提出：“上善若水，水善利万物而不争，处众人之所恶，故几于道。居善地，心善渊，与善仁，言善信，正善治，事善能，动善时。夫唯不争，故无尤。”南怀瑾说，水，具有滋养万物生命的德性。水能使万物得它的利益，而不与万物争利。俗话说：“人往高处走，水向低处流。”水宁愿自居下流，藏垢纳污而包容一切。这种德性几乎接近于道。

一个人要像水一样，甘居下位，不争先；心境修养到像水一样，有容纳百川的深沉渊默；行为修养到像水一样乐于帮助万物成长；说话像水的潮汛一样准确有信；立身处世能像水一样持正平衡；处理问题像水一样能协调融和；把握机会，及时而动，能像水一样动静有时，该激荡时就激荡，该平静时就平静。与世无争，便永无过患而安然顺畅。古人有一副对联："水唯能下方成海，山不矜高自及天。"一个人效法自然之道，便要如水一样，至柔之中而有至刚、至净、能容、能大的胸襟和气度。

在第九章里，老子把不争先的谦让精神，具体化为"功遂身退"，并强调这是"天之道"。后世将"功遂身退"变成"功成，名遂，身退"，称为千古六字真言。南怀瑾说，只要观察自然界的现象，便可体会这是"天之道"了。日月经天，昼出夜沉，夜出昼没，寒来暑往，秋去冬来，都是很自然的"功遂、身退"的现象。植物世界的草木花果，都是默默无言地完成了它生命的任务，静悄悄地消逝，了无痕迹。动物世界也是生生不已，一代一代交替，谁又能退出生命循环的进程呢？南怀瑾特别推崇南朝梁武帝的名臣韦睿。他有雄才大略，为梁武帝打江山，建功立业，但功成不居，所以能够苟全于乱世。

一个人要能够像韦睿那样功遂身退，就必须宠辱不惊，但老子认为，一般人都是"宠辱若惊"。什么叫宠辱若惊?《老子》第十三章写道："宠为下，得之若惊，失之若惊，是谓宠辱若惊。"宠一般是对处于下位的人而言，宠是得意，辱是失意。一旦得意，便会惊喜，欣喜若狂，得意忘形；一旦失意，则惊慌不安。南怀瑾认为，这是因为人们平素不具有淡泊名利的真修养。

道家养生的原则和方法

在《老子》一书中，讲得最多的还是养生。南怀瑾本身有深厚的内养功夫，《老子他说》在这方面的解说可能是古往今来其他学者无法企及的。

道家十分重视养生之学。《老子》在第五十章里有一段话："出生入死。生之徒十有三，死之徒亦十有三。人之生，动之死地亦十有三。夫何故，以其生生之厚。盖闻善摄生者，陆行不遇兕虎，入军不被甲兵；兕无所投其角，虎无所措其爪，兵无所容其刃。夫何故，以其无死地。"南怀瑾这样解释这段话：在中国文化中，几千年流传下来的观念，不把生死看成问题。尧、舜、禹都认为"生者寄也，死者归也"。人生在这个世界上，像住旅馆的客人一样，生下来是寄住在这世间，死掉就是回去了。老子说"出生入死"，生死就在一进一出之间，没有什么严重的。"以其生生之厚"，天地宇宙给予人生命，生的力量比死的力量大。生死两头的力量各占十分之三，另有十分之三则在动，中间还有一分。这一分最重要，是自己可以做主的。"摄生"是老子提出来的一个概念，西方叫作"卫生"——保卫这个生命，只是消极防御而已。道家讲"养生"，比"卫生"更积极。老子不仅要养生，更要摄生，也就是把握住自己的生命。

剩下的那个需摄护的一分是什么？南怀瑾指出就是生命的本有，也就是《老子》第十章里提的"营魄抱一"。老子说："载营魄抱一，能无离乎？专气致柔，能婴儿乎？涤除玄览，能无疵乎？”南怀瑾解释：从内养之道来讲，有三个要点。第一，“载营魄抱一，能无离乎？”是第一步修身成就的要点。“营”，是指人体中血液和养分等的作用；“魄”，指一个人的精神。普通人长年累月，随时随地都在使用这两样东西。两者各自为政，又随时合作。思想的纷繁，体能的消耗，如果动用不休，不能持盈保泰，就加速死亡。假如能将生命秉受中的营和魄合抱为一，永不分离，便可得长生的希望。老子的这一理论和实际经验，后来逐渐演变为神仙丹道的修炼方法，用“神”和“气”这两个名词取代了“营”和“魄”。他们指出长生不老的方术，只需将生命中的“神”和“气”两样东西凝结为一，便可成功。神是思虑的主体，气是活力的泉源。后世的丹道家用种种方法来练气、养神，终究不出老子的“营魄抱一”。

第二步修身成就的要点是“专气致柔，能婴儿乎？”如果修气能专一，使心气化刚为柔，便能达到返老还童、状如婴儿的境界，这也就差不多可以是“营魄抱一”了。

第三步修心智成就的要点是“涤除玄览，能无疵乎？”南怀瑾说，身心性命的中心，并非在神、气两者之间，那还只是道的用。能使身心神气相互发挥作用的，是无名无相的道妙，或者叫作睿智、慧智。老子给它取名叫“玄览”。修道到了睿智成就的时候，还须洗练，达到纯粹无瑕疵的状态，才能返还本初，合于自然之道。

《老子》第六章里说：“谷神不死，是谓玄牝，玄牝之门，是谓天地根。绵绵若存，用之不勤。”谷神是生养之神，它虚无空冥，又有无限妙用。因为虚空，所以永恒不死。看得见的东西有生死，看不见的空是没有生死的。因而老子叫它“玄牝”，说它是天地万物生命源泉的根本。南怀瑾说，这一段里最重要的是“用之不勤”。相反，用得太勤，便是多用、常用、久用。这就违反“绵绵若存”的妙用了。南怀瑾经常用义玄禅师的诗句“吹毛用了急须磨”来说明“用之不勤”，好比有一把极其锋利的宝剑，拿一根毫毛，挨着它的锋刃吹一口气，这根毫毛立刻就可截断。虽说它的刀刃锋利，无以复加，但只要用了，必然会有轻微的磨损，何况久用、勤用、常用、多用，利剑当然会变成钝铁。所以，即便是吹毛可断的利剑，也要一用便加修整，随时保养。人体是生命的所属，是生命的工具，并非生命永恒的所有。身体用得太勤，多用、常用、久用，而不懂得“吹毛用了急须磨”的道理，不及时修整保养，那就会出问题，就是平时说的操劳过度、心力交瘁。想要健康长寿，无论是用脑，还是用力，都要绵绵若存，用之不勤。

同样的道理，在第十五章中还有一句话：“孰能浊以静之徐清，孰能安以动之徐生。保此道者不欲盈。”南怀瑾解释说，人的学问修养、身心状况，如何才能达到微妙玄通的境界呢？只有一个办法，在混浊动乱的状态下慢慢平静、稳定下来，达到纯粹清明的地步。生长在时局纷乱、动荡不安的时代里，怎样才能做到静的修养呢？道家有一套经过确实验证的方法。譬如，一杯混浊的水，放着不动，这样长久平静下来，混浊的泥渣自然沉淀，终至转浊为清，成为一杯清水。由浊到静，由静到清，这只是修道的前三个阶段，更要进一步，要“孰能安以动之徐生”。“徐生”在这个时代更为需要。几乎每个人都是天天分秒必争、忙忙碌碌，好像疯狂大赛车一样在拼命玩命。什么是“动之徐生”的修道功夫？便是“从容”二字。任何事情能慢一步就好，不能过“盈”过“满”。“保此道者不欲盈”，凡事做到九分半就差不多了，该适可而止，非要百分之百，或者过了头，那么肯定适得其反。

《老子》第十六章提出“致虚极，守静笃”。南怀瑾称，这是道家修道的原则和方法。有些人想修道、学静坐，那便应该读懂这六字真言，彻底了解真正的方法。其实，只要有个“方法”在，已不叫求静，而是求动。既然要放心打坐，那么再加个什么方法，那岂不更忙乱吗？“致虚极”，是要空到极点，没有任何染污。至于空到极点是个什么样子呢？若还有个“样子”就不叫空了，空是没有相貌可寻的。“守静笃”讲的是功夫、作用，要专一坚持地守住。禅宗大师们有个比喻：“如鸡之孵蛋。”闭着眼睛，迷迷糊糊，天塌下来都不管，你踢它一脚，它也不叫，也不理，只是死心眼直守着那个心肝宝贝的鸡蛋。这是一种修定的功夫，也是形容虚到极点、静到极点。道家讲修道的过程，“炼精化气，炼气化神，炼神还虚”，简单来说，就是要做到：不但没有“身形人我”的感觉，连这个物质世界、意识影像，甚至虚空的感受都没有了，才算合乎“致虚极，守静笃”的境界。

做人处世学道家

道家和儒家的人生哲学是很不一样的。儒家进取，道家保守；儒家入世，道家出世；儒家阳刚，道家阴柔。《老子》第四十四章有这样一段话“名与身孰亲，身与货孰多，得与亡孰病，是故甚爱必大费，多藏必厚亡，知足不辱，知止不殆，可以长久”。南怀瑾说，这段话是老子要我们看通人生的道理。世界上的人，不是为名，就是为利。《老子》说“名与身孰亲”，是要我们了解名就是假的，比起身体来，当然应该爱自己的身体。“身与货孰多”，你手里拿了500万元钞票，遇到强盗用刀逼着你说“把你的钱给我，不然我就杀了你”，这时候，你一定放下那500万元，因为身体重要。身体与财物比较，人对生命当然看得更重要。“得与亡孰病”，得与失哪一样是毛病？我们一定会说，得比较好。但一个人又要名，又要利，那就忙得非生病不可。穷了再生病，那连看病都没有医药费了。这就涉及空与有的问题了。《老子》对这些问题并没有讲哪个对哪个不对，两头都对也都不对。名固然是虚名，与身体没有关系，但是虚名有时候可以养身，没有虚名这个人还活不下去呢！虚名本身不能养身，是间接养身。身与货、身与名，两个互相为用，得与失两个也是互相为用。但是任何一边都不能过头。“甚爱必大费”，比如“爱别离苦”是佛说的“八苦”之一。你爱一个人爱得发疯，早晚要失去，或是分手，或是丧偶，那时候受到的精神折磨更大。“多藏必厚亡”，你藏的东西越多，最后都是为别人藏。因此老子教我们要了解一个人生的道理：“知足不辱。”人生最难得的是自我满足，知足就不会烦恼。“知止不殆”，人要懂得见好就收的道理，人生在恰到好处时就停下来享受清闲，就不会有麻烦。“功成、名遂、身退”，意味无穷。

《老子》第二十二章里说：“曲则全，枉则直，洼则盈，敝则新，少则得，多则惑，是以圣人抱一为天下式。不自见故明，不自是故彰，不自伐故有功，不自矜故长。夫唯不争，故天下莫能与之争。”南怀瑾说，老子是抓住了我们老祖宗做人处世的原则“曲则全”。他用春秋时期齐国宰相晏子的故事说明什么叫作“曲则全”。有人得罪了齐景公，齐景公大发脾气，抓来绑在殿下，要把这个人肢解，同时下令，谁要谏阻便同样要被肢解。晏子听了以后，拿起刀来，做出一副要亲自动手杀掉此人，为景公泄怒的样子。然后慢慢仰起头来，问景公：“我看了半天，很难下手，历史记载尧、舜、禹他们肢解杀人时，没有说明应该先砍哪一部分才对？请问对此人应该先从哪里砍起，才能做到像尧舜一样？”齐景公听了晏子的话，立刻明白自己不可以用如此残酷的方法杀人，对晏子说：“算了！放掉他，我错了！”如果当时晏子出来求情，或向齐景公直谏，直话直说，使景公下不了台阶，后果肯定会更糟。所以他便用上“曲则全”的劝谏艺术。南怀瑾说，世间有很多事情要巧妙地顺其势，转个弯，便万事大吉了。“枉则直、洼则盈、敝则新”，弯曲才需要拉直，低洼反能够充盈，破得不能再破反会换新，少取反能多得，贪多反而迷惑。这些都是“曲则全”的延伸，做人处世要变通，好事能变坏事，坏事也能变好事。但“圣人抱一为天下式”。做人必须固守一个原则，确然而不可拔。做人要认定一个人生的目标，比如想做一个学者，就准备穷一辈子，如果又怕穷，又想当学者，几乎是无法两全的事。

做人的道理，“不自见故明”，不可固执自己主观的成见，多听别人的意见，才会有智慧。“不自是故彰”，不可自以为是，真相才会彰显，也就是不会脱离实际。“不自伐故有功”，不夸耀自己，所以才有功劳。“不自矜故长”，没有傲慢的态度，才会被大家拥护，才能领导别人。正因为不与人争，所以天下没有人能够与他相争。说来说去，还是归结到“曲则全”，做人不要锋芒毕露。在第二十四章里，老子再次强调了“自见者不明，自是者不彰，自伐者无功，自矜者不长”。南怀瑾说，这“四不”和佛说的离“四相”——我相、人相、众生相、寿者相，差不多，和儒家的“四毋”——毋意、毋必、毋固、毋我，也一样。他说：自见、自是、自伐、自矜是人类的通病。一般人的心里大多具有这些病态。老子的“四不”可作为每个人的座右铭。

《老子》第三十三章里说：“知人者智，自知者明。胜人者有力，自胜者强。知足者富，强行者有志。不失其所者久，死而不亡者寿。”南怀瑾解释说，一个能够看清楚别人的人，就是很有智慧的人。古代成大功、立大业的人，都有知人的智慧。“知人者智”还是第一步，第二步是“自知者明”，彻底了解自己的人，才是一个明白人。成语“自知之明”就是出自这里。能战胜别人固然很有力，但能战胜自己的人，才是真正的强人。战胜自己的欲望，战胜自己的烦恼，战胜自己的妄念，战胜自己的习惯，是很难很难的。“知足者富”，不知足就是永远跟着欲望跑，而欲望是永无止境的，所以人永远生活在痛苦之中。只有知足才是真正的财富。“强行者有志”，迎着艰难险阻而上才是真有志气的人，也就是佛家说的“行人所不能行，忍人所不能忍”。“不失其所者久”，也就是《中庸》里说的“素其位而行，不愿乎其外”。守住自己的本分，不见异思迁，才可以长久保持成功和顺利。“死而不亡者寿”，肉体的生命死了，但精神永远不死，功业永留人间，这才是真正的万寿无疆。

道家还有一个重要的思想就是“以柔克刚”。《老子》第四十三章：“天下之至柔，驰骋天下之至坚。无有入无闲，吾是以知无为之有益。”天下最柔软的东西，可以像战马一样冲锋陷阵，冲破最坚固的东西。无有就是空，空可以进入任何地方，间隔不住。虚空是无坚不摧的。由此可知“无为之有益”，做人与做事没有一套固定不变的方法，一切有为法如梦幻泡影，靠不住。只有把思想放空，有事发生了，逢山开路，遇水架桥，因时因地应付，才能无往而不利。老子经常用水做比喻，如第七十一章：“天下莫柔弱于水，而攻坚强者莫之能胜，以其无以易之。弱之胜强，柔之胜刚，天下莫不知，莫能行。”水是天下最柔弱的东西，水是没有骨头的。筑一道堤坝，水一声不响慢慢等，等到水涨满了，又从堤坝上漫出去了，水滴在岩石上，一滴一滴不断地滴下去，最后，无论多么坚硬的岩石都会被水滴穿。“弱之胜强，柔之胜刚”的道理人人都懂，但很少有人能做到。所以《老子》第四章和五十六章里都劝导世人“和其光，同其尘”，把自己外露的锋芒收起来，不要显露自己与众不同，要和普通人一样与世无争，平和处世。

《庄子諵譁》：探究生命的意义

南怀瑾的《庄子諵譁》是根据他的讲稿整理成书的。1981年秋季，南怀瑾在台北十方书院给学生讲《庄子》，听课学生将录音整理成文字稿后，一直没有出版。21世纪初，经南怀瑾同意，学生们才一起努力整理旧时录音文字稿，在2010年前后正式出版。这本书取名《庄子諵譁》，一则固然契合道教尊奉《庄子》为《南华真经》之意；二则更合意于南怀瑾认为真学问应让大家听懂看懂的一贯主张：即用通俗明白的话语将深奥的道理深入浅出地讲解出来。按照南怀瑾的解释，这本书的书名意思是自己所讲不过是哗啦哗啦，喃喃自语罢了！这是南怀瑾的自嘲。南怀瑾讲学不拘小节，不重训诂，所专注者只是经典的宗旨大义。他从来不以学者自居，就像讲《论语》叫"别裁"，讲《孟子》叫"旁通"，讲《老子》叫"他说"，都表示不入学术正统，只是边缘的外行话而已，所以钻牛角尖者也大可不必吹毛求疵。

庄子，名周，战国时期宋国人，和老子一样，是道家的代表人物。庄子是老子思想的真正继承者和发扬者，所以人称"老庄"。先秦道家的代表人物及其思想很多，但真正成为道家思想核心的就是老庄之学。南怀瑾说过：阐扬、诠解老子最清楚正确的，发扬道家思想最透彻的，是庄子。

庄周及其后学写的《庄子》一书，在战国诸子百家中占有重要地位，内容博大精深，是中华文化最伟大不朽的经典之一。南怀瑾说："书中所论辩的道理，在政治、军事、教育、经济等各方面都可致用，它对历史人物的建功立业乃至对个人修养——修道、养气，以及立身、处世等，都有大用处。”《庄子》流传至今的有33篇。自古以来，《内篇》《外篇》《杂篇》三个部分，分得很清楚。一般认为，“内篇”7篇真正是庄子自己写的；“外篇”11篇是庄子的弟子们所写，或者是庄子与弟子们合作写成的，反映的也是庄子真实的思想。“杂篇”11篇就要复杂些，并不全部能反映庄子的思想，应该是庄子学派后来的学者们写的，还掺入了一些其他学派的思想。南怀瑾认为，《内篇》固然非常有名，但是对中国文化影响最大的却是《外篇》与《杂篇》。中国当代所有做皇帝的帝王之学、军事学、谋略学，包括作战的谋略和做人的谋略，都受《外篇》《杂篇》的影响，这是所有谋略学的鼻祖。《内篇》最集中表现庄子思想的是《逍遥游》《齐物论》《养生主》《大宗师》四篇，其中首推《逍遥游》。

庄子在书里阐述道家的基本原则。什么叫逍遥呢？现代人以为，逍遥就是什么事情都不做，整天吃吃喝喝，享受人生。这是胡说八道，牛头不对马嘴。庄子对“逍遥”是有一个定义的：“天地与我并生，万物与我为一。”老子的“道”落实到人生，就是要恢复自然本性，回归到原始生命状态的境界，这就是逍遥的境界。对于如何达到逍遥境界，庄子提出了“齐物”的概念。齐物就是不要有分别心，不要生起第六意识。齐物是要超越事物的差别，了解万物一体的道理。如果你能做到不起分别心，就可以达到逍遥境界。在庄子看来，人生其实很痛苦，因为有太多的“自是而非彼”，总是自以为是，而否定别人。因为有这个“以己为是，以人为非”的分别心在，所以不能摆脱是非的对立。其实，你认为对的未必对，你认为错的也未必错。在这个时空条件下，你认为是好的，换了一个时空未必是好的。如果你一辈子的思想精力都在判断具体的事物，不去找出生命的本体、生命真正的价值和意义，那你一辈子都会活得昏昏庸庸。庄子认为，之所以会如此，是因为“成心”在作怪。成心，即从初生婴儿起，你受的家庭教育、学校教育、社会教育、环境影响等形成的观念。这些既定的观念束缚了人的思想和行为。庄子主张用“虚心”去破除“成心”。道家讲“虚”，佛家说“空”。其实意思都一样，就是要把你的心放空，放下这些成见。你一旦了解到世间万物的差别都只是相对而言，你就可以消掉“生死”“有无”“你我”这种种观念的对立，达到“天地与我并生，万物与我为一”的境界。

庄子提出来的人格理想滋养了一代又一代遁世求真、一心一意追求生命意义的士大夫。很多人一辈子不做官，回归自然，在山水间独善其身，把自己人生的意义和价值建立在内在精神的超越上，不求俗世的功名。如果没有老庄思想这中国文化阴柔的一面，你很难想象他们在儒家思想之外还有生存空间，古代士大夫到最后可能不是发疯就是自杀。正是老庄思想为士大夫开辟了一片自由广阔的天地。

《庄子》的文章气势磅礴，优美高雅。古往今来，大部分人用儒家读“四书”的方法去读老庄，经常读得云里雾里，不知所云。南怀瑾指出，《老子》《庄子》与“四书”的文章及文学境界是两回事。孔孟的文章敦厚严谨，代表了中原文化。《老子》《庄子》代表南方思想，是楚国的文化，它的文学境界是空灵洒脱的。老庄的文章气势与北方系统不同。表面上看来东一句西一句，像《庄子·齐物论》所讲的“吹”，这个字眼是庄子先开始用的。虽说是“吹”，但千百年来，中国的大文学家、大思想家，实际上，很多人的文章都偷偷在学他们。到了清朝，文学家金圣叹才公开推崇，把《庄子》列入“六才子书”，即《庄子》《史记》《离骚》《水浒传》“杜甫律诗”《西厢记》。他认为，如果懂了“六才子书”，所有文章的技巧就都学完了，这种说法很有道理。南怀瑾就是从不同于儒家的角度去解读《庄子》的。南怀瑾讲《庄子》，游乎经史子集之间，博征佛道乃至西方宗教学术观点，阐扬《庄子》的宗旨大义。清晰明白，通俗生动，幽默风趣。《庄子諵譁》可以说是现代读者理解《庄子》的最好读本。

庄子说逍遥人生

在《庄子諵譁》中，南怀瑾详细分析了《内篇》中的《逍遥游》《齐物论》《养生主》《人间世》《德充符》《大宗师》和《应帝王》这7篇文章。

《庄子》第一篇提出“逍遥游”。庄子用鲲鱼鹏鸟、蜩与学鸠，朝菌不知晦朔，蟪蛄不知春秋等寓言故事做譬喻，来阐述他心目中的逍遥人生以及如何逍遥游于人生的方法，即人要突破空间、时间以及心智见识的束缚。南怀瑾借用佛家的观念，解释什么是真正的“逍遥”：人生能够解脱，才能够得游戏三昧，才敢在人生境界里游戏。如果人生不得解脱，这样的人生根本就是一件痛苦的事。南怀瑾说：庄子的《逍遥游》里有两大重点和八九处譬喻，告诉我们人生修养的方法。第一个重点是“具见”，第二个重点是“物化”。

《逍遥游》全篇的内涵，首先就是“具见”，人生要具有高见，即平时讲的见地、见解、眼光、思想。一个人没有见解和远见，想做事业成功，或者有美好人生，是不可能的事。后来中国的禅宗也首先讲求“具见”，先见道才能修道。

《逍遥游》提出，要具有解脱的见解。人生不要被物质的世界、现实的环境所困扰，如果被物质世界限制，被现实环境困扰，这样的人生的见解已经不够了。若说人生是痛苦的累积，那是指普通人。如果能够具备高远的见地，并不被物质世界所限制，不被环境所困惑，那么人就可以超越，能够升华。要突破空间、时间以及心智见识的束缚并不容易，也许在普通人眼里，鲲鹏“水击三千里，抟扶摇而上九万里”很逍遥；能像列子那样“御风而行，泠然善也，旬有五日而后反”也够逍遥了。但在庄子看来，“此虽免乎行，犹有所待者也”，这都算不上真正的逍遥。南怀瑾借用佛家的小乘、大乘境界来解释庄子的这句话：“这就是道家、佛家所讲的小乘境界。虽然看起来好像得道了，修到了神通具足会飞了，仍是小乘境界，不是大乘，没有什么了不起。”《庄子》有一段话：“且夫水之积也不厚，则负大舟也无力。覆杯水于坳堂之上，则芥为之舟；置杯焉则胶，水浅而舟大也。”南怀瑾解释说：如果把一杯水倒进水杯一样大的坑里，然后把这个圆杯放在上面，把它当船，当然浮不起来。动不了，胶住了，因为水浅杯子大。这么一件事有好几个层次。第一，他明白告诉你，水要深，像大海一样，才可以容下大船行走。如果没有深海一样的容量，那个小坑洼装一杯水，浮一个小菜籽，那是小孩子眼里的伟大，但把那个杯子再放上去，就走不动了。一切都是容量大小的问题。这就是在讲人生的见解、眼光、思想、见地。每个人的气度、知识、范围、胸襟都不同。你要修道，自己要够得上是修道材料，先要变成一片汪洋。

“物化”是另一个大题目，庄子认为宇宙中所有的生命，都是物与物之间互相的变化。譬如，苍蝇、蚊子分别是蛆和孑孓变来，蚕蛾是蚕蛹变来。人也是物化，是精子卵子变来的。我们生命活着是靠牛肉、白饭、青菜，排泄物又变成肥料，肥料又变成各种食物。万物在互相变化，而且又非变不可，没有任何东西是不变的。在道家观念中，整个天地宇宙是时空变化的一个大锅炉，人类在这个锅炉里，不过是一个被化、受化的小分子而已。然而，人可以自化，在没有得道以前是被化，如果有了具见，见道了，就可以把这个有限的生命变成无限的生命。大到宇宙，小至微生物，只要把握那个能化万物的东西，也就是造化之主，就得道了。可以超然物外，超越万物变化的范围，也就是可以逍遥了。

真正的逍遥游又是一种什么样的境界？庄子用“无用之大树，树之于无何有之乡”来总结。南怀瑾则用佛家的悟道、证道、法身的境界做比喻：在《逍遥游》里，由北海的鲲鱼变成大鹏向南极飞这个故事开始，最后指明真正的解脱，是证到本体，证到这个道，归到无何有之乡。这和禅宗所讲的“了不可得”“本来无一物，何处惹尘埃”是同一个道理。到达了真正的“无何有”“了无一物可得”时，也就是佛学叫作“法身”的境界，才能真正得到逍遥。

《庄子》提到有个名叫宋荣子的高人。南怀瑾说，这是一类出世的高人，也就是影响历史上道家思想的隐士。这类人真是厉害，“举世而誉之而不加劝”“举世而非之而不加沮”，他们有很好的修养、学问、智慧，早已确定了自己的人生观。“定乎内外之分”，什么是自己的本分，什么是外在世界的影响，他们看得清清楚楚。“辩乎荣辱之境”，能明确分辨人世间真正的荣誉和耻辱。“彼其于世未数数然也”，这样的人在世上是很少见的。这大概就是儒家所标榜的圣贤吧！但是庄子还是不认为这就是真正逍遥的人。

真正逍遥的人是“神化”的人。按庄子的说法，神化的境界必须符合三个原则：“至人无己，神人无功，圣人无名。”达到至人境界就应该是无我。神人境界应该是无功，也就是老子讲的“无为”。真正的圣人非常平凡，自己不会承认是圣人，如果觉得自己有道，是个圣人，这已经不是圣人了。于是老子说：“圣人不死，大盗不止。”最伟大的人是最平凡的人，真正的平凡就是做到无己、无功和无名。

讲《庄子》内六篇

第一篇《逍遥游》是讲人生的逍遥境界。第二篇《齐物论》讲怎样才能够逍遥。这一篇文字最长，南怀瑾说，中心思想就一个：要真把握了物化之主才能够逍遥。这物化之主是什么呢？道！形而上的道。庄子在《齐物论》里指出“道体是一”，宇宙万有的本体本来是绝对的、同一的。当它起作用的时候，呈现出来世界万有就不齐了。所谓不齐，只是现象的不同，道体是一样的。庄子用物理世界的气和风作说明，风是气的一个现象，气一吹就是风。在同一个风的作用之下，接触到各种空穴，发出来的风声有百千万亿不同的变化。可见万物不齐、有差别，是相对的。在万物不齐之上有一个境界，那是了无一物的“无何有之乡”。因什么都没有，当然就是绝对齐一的。我们普通人被这些现象的不齐所蒙蔽，试图分出世界万物的高下、是非、善恶、成败来，并由此产生各自的“成心”，也即思想观念。人们总是认为自己的思想观念是对的，是最高明的，他人都是错的，这都是“咸其自取”，都是每一个人自己在捣鬼。庄子认为，真正见道明道的人“知通为一”，知道天地间的事情从根本的道体上讲是绝对的，是没有高下、是非、善恶、成败的。只有摒除了万有的不齐，解脱物理世界的困扰，解脱一切由此引起的思想上的烦恼，才能进入无差别、真平等的逍遥境界。不然便始终无法跳脱俗世间的是非、成败、名利。

人为什么要把握物化之主呢？把握物化之主，也就是把握自己的人生，明白地活着。不然，这样的人生是毫无意义的，用庄子的话说，就是“一受其成形，不亡以待尽”。一个人有了父母给的生命，觉得自己是活着，实际上是活着在等死。100岁死，不过是等了100年。“与物相刃相靡”“终身役役而不见其成功”，一辈子辛辛苦苦，做儿孙、物质、自己身体的奴隶，成果在哪里呢？眼睛一闭，一无所成，什么都带不走。“苶然疲役而不知其所归”“人谓之不死，奚益？”一个人长命百岁，活着有什么用呢？“其形化，其心与之然，可不谓大哀乎？”你的身体在一天天变老，你的心情也随着在变老，庄子认为这样的人生是可悲可哀的。“人之生也，固若是芒乎？其我独芒？而人亦有不芒者乎？”难道只有我一个人这样茫然吗？有没有不茫然、活得明明白白、找到了生命的真谛的人？谁找到了生命的真谛呢？庄子没有明说，但读完《逍遥游》和《齐物论》，读者应该都明白了。

庄子说完“不亡以待尽”，虽然活着，只是在那里等死。那么要想活着不等死，就要懂得养生。第三篇《养生主》就是讲养生的道理。但第一句是说：“吾生也有涯，而知也无涯。以有涯随无涯，殆已。”生命是有限度的，学问知识是无穷尽的。拿有限度的生命，去研究无穷尽的知识，多危险啊！这段话似乎和养生毫无关系，然而，《庄子》文章的风格从来不是直截了当。南怀瑾读出了这段话的真实含义：学问做到了极点，道理都明白了，要能“入乎其内，出乎其外”。进得去跳得出来，然后把自己脑子中一切书本丢开了，成为白纸一张，到这个境界时，可以养生了。

其次，庄子说：“缘督以为经，可以保身，可以全生，可以养亲，可以尽年。”南怀瑾是精通气脉之学的，他解释“督”就是督脉，在我们身体的背脊部位。经常保持督脉的绝对健康，是最关键的养生之道。

接下来，庄子讲了三个故事。第一个故事是庖丁解牛，养生就要像庖丁那样，顺着牛的身体结构一刀下去把它解开来，也就是说养生要顺其自然，依乎自然。第二个故事是公文轩与独脚人右师的对话，指出每个人活着，各有独立的生命价值，不要受别人和环境的影响。自己要有打破环境的能力，创造天然的生命。第三个故事是秦失吊丧，讲到生死问题。“安时而处顺”，把生命的道理看通了，随时随地心安理得。人生除了死亡更无大事，把生死问题也看空了，“哀乐不能入也”，不被感情所扰乱，就能活得非常轻松，非常自在。在年老病苦，生死来去的时候，就一点无所恐惧，很自然地接受一切。

庄子讲完了《养生主》，接着就是《人间世》，也就是如何以出世之道转而逍遥自在地生活在这个人世间。南怀瑾说，这一篇有一个重点，就是借孔子之口说的：“先存诸己，而后存诸人，所存于己者未定，何暇至于暴人之所行。”先要救自己，所谓己立而立人，也就是佛家的“自度度人”。“德之所荡”，过分标榜的道德就不是道德了，“知之所为出乎哉？”你自认为有学问、有智慧，但聪明太过就是笨！南怀瑾总结说，这一篇核心是三个字：守本分。

在人世间中行，必须要有德行的充实，这是第五篇《德充符》的主题。庄子在这一篇里用一个残疾人王骀的寓言，说明德行要如何充满。王骀的门生弟子比孔子还多，有人问孔子，他何以有这样大的成就？孔子说，他已经是了了生死的人，然后以出世的成就处理世间法，万物对于他来说已毫不相干，不再会动摇他的心。一个人能修养到不为眼睛所骗，不为耳朵所骗，此心永远安详，在人世间很快乐地活下去，修养到这个境界，才算有德之人。

南怀瑾说，第六篇《大宗师》讲得道的人既可以出世，又可以入世。这篇的重点偏向于出世和形而上的道，这是道家和儒家的不同之处。这一篇可以分成两部分。上半部分是讲超凡入圣的出世修养。一个人能够做到了了生死，然后才可以入世做人做事。这样的人才称得上是大宗师。下半部分讲如何做一个有成就的君子，偏重于入世的修养，和儒家的原则相同。

南怀瑾最后讲到《应帝王》，在上古的中国文化中，帝王代表了治世的圣人，古人认为足以领导国家天下的人，一定要是有道之士。只有这样的人才可以入世应世，成为齐家治国平天下的帝王。南怀瑾认为，这一篇里最重要的一段话是：“至人之用心若镜，不将不逆，应而不藏，故能胜物而不伤。”这是道的最高境界。用镜子的道理做人处世，就是八个字“物来则应，过去不留”。一切事物照镜子时就有，但只是如梦如幻。事情过去了，在镜子上不留痕迹，对此既不要执着，也不要拒绝。一切恩怨是非，发生了不得不应付，过去了就不要藏在心里，此心很平静。一个人能修养到这样的程度，才能入世。活在这个世界，能战胜物质环境，让物为我所用，而不受物质环境诱惑，不会因物质环境而伤害到自己。南怀瑾说，这一段是《庄子》的精彩部分。

《列子臆说》：寓言里有哲理

《列子臆说》是南怀瑾对《列子》一书的解读和发挥。《列子》又名《冲虚经》《冲虚真经》，是道家的重要经典，相传由战国时期的郑国人列御寇所著。这部书分为《天瑞》《黄帝》《周穆王》《仲尼》《汤问》《力命》《杨朱》《说符》8篇，每一篇都由几个寓言故事组成，表达精微的哲理。

一般学者都认为，《列子》这本书不是列子本人所写，是后人伪造。南怀瑾不是不知道，甚至比一般考据学者懂得还多，但是他认为不管作者、编者是谁，《列子》的内容很重要，这是南怀瑾对古代经典一贯的态度。《列子》是古代典籍，无论是战国人写的，还是魏晋人写的，只要有思想养料，足以被拿来用，就值得去发掘。这就是南怀瑾这个传统文化的当代弘扬者和一般学究的不同之处。

南怀瑾的《列子臆说》书名用"臆说"二字，意思是毫无根据的说法。这是要表示一种自谦的态度，不想和专门学者争高低。他的这本书不是从第一篇讲起，而是从最后的《说符》篇开始。如果从第一篇开始，就先牵涉到宇宙从哪里来，天地万物从哪里生这些问题，就很麻烦了。南怀瑾讲学首先考虑的就是读者的认同与接受程度。

《说符》篇讲的都是人生哲学。列子的老师壶子就对他说："子知持后，则可言持身矣。"南怀瑾解释说，一个人讲每句话，做每件事都要知道后果。

只有这样才可以谈得上安身立命。我们很多人说话做事，或者不顾后果，凭一时冲动。或者只想有好的后果，没去想坏的后果，以及“坏会坏到什么程度”，“自己能承受得起吗”这些问题。列子问：什么叫“持后”？壶子叫他看看自己的影子就知道了。列子回头看了看自己的影子，“形枉则影曲，形直则影正”。列子明白“枉直随形而不在影，屈伸任物而不在我”。南怀瑾说，这个影子是弯是直，是随形体而变。人生想要完成一件了不起的事业，需要暂时别管一切责难与批评，因为一般人只看最后的结果。譬如要建一座伟大的建筑，必须先破坏很多东西，当时一定会遭遇许多困难，万人唾骂。等到建筑完成了，大家又会说你好话。别人的责难和批评都是影子，如果要顾全影子的弯曲，就不能做事了。想有所作为，就不要受影子的影响。“屈伸任物而不在我”，环境是外物，环境的“屈伸”和好坏是由不得我自己的，但是要弯腰还是要立正，则是由自己作主的。人要有独立的人格，想要建立一个非常之事功，不能受环境影响，始终要独立而不遗，顶天立地地站住。壶子说你懂了这一点，就可以知道“持后而处先”的道理。南怀瑾说，“持后而处先”是老子的思想。老子说过：“后其身而身先。”道家思想认为，人毕竟是自私的，不自私不叫作人。不过，人要自私，有利于自己，必须先要大公。这种思想观念后来就反映在范仲淹的千古名言里：“先天下之忧而忧，后天下之乐而乐。”知识分子应该有的气度，是自己挑起天下一切的痛苦，帮助社会国家，天下安定了，大家都得到了安乐，然后自己才敢求安乐。

关尹子告诉列子：“言美则响美，言恶则响恶；身长则影长，身短则影短。”这是当然的道理，看起来很简单，但这个比喻是要说明一个道理：“名也者，响也。”南怀瑾说，名只是一种影响。一切好坏的名誉都是虚假的，靠不住。别人恭维你，未必是真心。谁会当面说你混账啊？“混账”两个字是在背后骂的。一个想立大功建大业的人，不要被虚名所骗，只需问自己真正做的是什么。记住日本明治维新时的首相伊藤博文的名言：“计利应计天下利，求名当求万世名。”

关尹子继续对列子说：“慎尔言，将有和之；慎尔行，将有随之。”南怀瑾说这段话的意思是，说话谨慎，不要随便说话。善于说话才会引起大家的共鸣。苏轼称赞韩愈的文章“一言而为天下法，匹夫而为百世师”。韩愈“文起八代之衰”，令天下人都效法他的文章。“慎尔行”，自己的行为要小心，不能随便。你的行为好，自然会得到很多人拥护，跟着你走。这就是“知持后，则可言持身矣”。所以，“圣人见出以知入，观往以知来。此其所以先知之理也”。圣人看见某人的外表，就可以知道内里；观察一个人的言行，就可以知道他的修养；看见过去，就可以知道未来；了解一个人的过去，就可以知道他下一步会怎么做。

关尹子接着说：“度在身，稽在人。人爱我，我必爱之；人恶我，我必恶之。”做人的行为准则是自己把握的，对我们行为的稽考、反应则在别人，由不得自己。人们爱我，一定是我也爱他们；别人厌恶我，一定是我也厌恶他们。商汤王、周武王爱天下人，所以得到了天下；夏桀王、商纣王与天下人为敌，所以失了天下，这就是稽考的结果。对稽考与法度都很明白却不照着去，就好比外出不通过大门，行走不顺着道路一样。用这种方法去追求利益，不是很困难吗？南怀瑾说，对“出不由门，行不从径”也可以反过来理解。真正第一等智慧的人是没有一定之规的，“出不由门”，出去不一定由门，窗子也可以跳出去。“行不从径”，出行不一定要走在路上，可以飞过去嘛！办法是靠自己用智慧想出来的。如果墨守成规，想求得最大利益，永远做不到。

《说符》篇里还有一段严恢与列子的对话。严恢说：“所为问道者为富，今得珠亦富矣，安用道？”人们求学问道，最后的目的不就是为了生活富裕吗？假如有了钱，有了财富，何必再读书学道呢？列子答道，夏桀、商纣都是因为重利轻道而亡国的。南怀瑾补充说，只求物质文明的利益，轻视了精神文明，忽略人文文化的发展，很快就会招致灭亡的。列子说：“人而无义，唯食而已，是鸡狗也。”一个人不讲道义，没有文化修养，活着就是为了吃饭，那就同鸡狗畜生没有两样。“强食靡角，胜者为制，是禽兽也。”为了争食角力相斗，胜者为王，这就是禽兽。动物的世界就是弱肉强食，“胜者为制”，那是禽兽的哲学。“为鸡狗禽兽矣，而欲人之尊己，不可得也。人不尊己，则危辱及之矣。”道德已经降到了鸡狗禽兽水平，却想要别人尊敬自己，是不可能的。一个人活在社会上，不受人尊重是危险的，也会招致耻辱。人能够牺牲自我，帮助别人，爱护别人，才能够得到别人的尊敬。这也是佛家讲的“慈悲”，儒家讲的“仁义”。

听列子讲故事，悟人生大道理

《列子臆说》替我们点出了故事中的人生大道理。

《说符》篇里狐丘丈人和孙叔敖对话。狐丘丈人警告宰相公孙敖，人生有三种麻烦：第一，一个人的地位一高，别人就会嫉妒；第二，官做大了，出将入相，会让皇上起疑心，所谓功高就震主；第三，待遇高了，钱拿多了，羡慕嫉妒恨跟着就来了。孙叔敖回答，我的爵位越高，就越谦虚，对别人更尊重；我的官做得越大，就越小心，做事越谨慎；我的薪水拿得越多，救济帮助别人就越多。这样可不可以避免三种麻烦？南怀瑾由此说，这个故事是人生的经验，不一定只讲做官，财富上也是同样道理。

第二个例子，是同一篇里“歧路亡羊”。南怀瑾点题说：丢失的羊只有一只，因为岔路太多，结果永远找不到了。做学问也是这样，方法越多，懂得越多，最后越容易一无所成。学问本来是一个东西，真理就是一个。现在越学越复杂，分门别类越来越细，真正的学问反而没有了。学到最根本的学问、生命的真谛，人生才能不迷失。

第三个例子，是《杨朱》篇里的管仲和晏子谈养生的寓言。管仲在世要比晏子早100多年，列子假托他们的名说故事。晏子问养生的秘诀，管子说人要活得长，就放任自然，不要压制自己的欲望和思想。晏子请他讲得具体一点。管子说，耳朵喜欢听什么，就去听什么；眼睛想看什么，就去看什么；鼻子想闻什么，就去闻什么；嘴巴想吃什么，就去吃什么，用不着把自己的欲望压制得那么厉害。有些人为了健康，这也不敢吃，那也不敢吃；有些人怕舆论或权威，想说不敢说，想笑不敢笑。南怀瑾说，耳目五官的享受，听其自然，但不是放纵，不可过分。禅宗常用一个词“任运自在”。把自己困在自虐心理中而不懂得放弃，一天到晚闷闷不乐，哪怕是活上百年、千年，都不算养生。南怀瑾说，养生不用吃维他命，保持快乐就好。这就是道家说的“神仙无别法，只生欢喜不生愁”。佛寺供的大肚子弥勒佛，前面有一副对联：“大肚能容，容天下难容之事；开口常笑，笑世间可笑之人。”先学会笑，这就是养生之道。

紧接着是讲郑国名相子产与他两个兄弟的故事。子产的哥哥公孙朝好酒，弟弟公孙穆好色。子产见兄弟如此，很忧虑，听了朋友邓析的建议，就去对两个兄弟说教，希望他们走上正人君子之道。结果两兄弟把子产骂了一顿，说人生生很难得，死太容易，以难得的生命去等待很容易得来的死，谁愿意啊？他们只为看得见的东西活着，也就是为实实在在的人生享受活着，活在当下，尽情享乐，根本不顾及坏名声，也不担心会短命，过一天算一天。然后骂子产以名声和政绩来夸耀，实在很可怜，教训子产说：“夫善治外者，物未必治，而身交苦；善治内者，物未必乱，而性交逸。”南怀瑾说，这是道家观点，最高的政治哲学是医治人心。善于治理身外之物的，外物未必能治好，而自身却有许多辛苦。政治说到底只是一个地区、一段时间的行为，不能解决人生的基本问题。子产的那些方法可以暂时在一个国家实行，但并不符合人的本性。善于治理身内心性的，外物未必混乱，而本性却十分安逸。这可以推广到天下，每个人管好自己，不伤害别人。不听是非，也不讲别人是非，那么君臣之道也就用不着了，天下也自然可以太平。

接着是《力命》篇，南怀瑾说，力和命是两种东西，力是现实力量；世界上有许多事情不可抗拒，是莫名其妙来的，就叫作“命”。命运可以转变，心的转变就可以转变命运，但这个转变非常困难。《列子》在这篇里用了一个“力”与“命”对话的寓言。力与命争论，谁对人生的作用更大。好人可怜，坏人得意，善人贫穷，坏人反而富有，这究竟是命，还是力造成的？北宫子和西门子条件相同，际遇却不同；管子和鲍叔牙相知、相友、合作；季梁对三个医生的评价等。这些故事引出列子的一段话："生非贵之所能存，身非爱之所能厚；生亦非贱之所能夭，身亦非轻之所能薄。"南怀瑾解释说，人的生命不是权力、富贵、地位可以买到的。古今的英雄豪杰、帝王将相，他们有生杀大权，却没办法主宰自己的生命。不管你有多么爱护自己的身体，想不老不死做不到。人生不会因地位低贱而夭折，也不会因为你无所谓而短命。越是命贱的也许活得越健康，太爱护身体的也不见得活得久，不把身体当回事的也未必死得快。看上去是说反话，其实是最高深的道理。"此自生自死，自厚自薄。"命，就是说不出理由的存在。真信命的人，也就忘记了自己寿命的长短，不介意这些事了。真认理的人，也就没有是非的计较了。真明心见性的人，也就无所谓人生的顺与不顺了。真懂得人性的人，也就不介意安危，无所畏惧。

南怀瑾说，这四条是道家的信条，懂了这些道理可以入世，可以出世；入世可以做大事业，出世可以成圣贤。南怀瑾为《力命》篇做总结：生死是命，贫富是运。"信命者于彼我无二心"，真正懂了业力的道理，明白在人我之间没有是非，人家过得好，我也不羡慕；人家过得坏，我也不歧视，都是业力自然。真想人生没有烦恼，除非修到无我的境界。

《小言黄帝内经与生命科学》

南怀瑾的《小言黄帝内经与生命科学》是他2007年在太湖大学堂讲授《黄帝内经》的记录。《黄帝内经》是现存最早的中医理论著作。南怀瑾结合道家和佛家的养生理论，引用大量生活实例，将《黄帝内经》隐晦难懂的内容，讲解得生动清晰，使这部道家养生经典得以走入普通读者之中，成为大众能够触摸到的养生“圣经”。

《黄帝内经》共18卷162篇，分为《素问》和《灵枢》两部分。南怀瑾说，《素问》是黄帝请教他的老师有关生命与天地之间的道理。《灵枢》是黄帝与岐伯等专家的问答记录，比较偏重医药方面。南怀瑾讲《黄帝内经》，并不偏向于医药方面，而是偏重于人的生命、养生方面，所以在书名里特地标出“与生命科学”。

南怀瑾说，《黄帝内经》的宗旨要点，最重要的是在《举痛论篇》中所说的三要义：一是善言天者，必有验于人；二是善言古者，必有合于今；三是善言人者，必有厌于己。“如此则道不惑而要数极，所谓明也。”这样，才能掌握事物的规律而不迷惑，了解事物的要领极其透彻，真正称得上明白事理。

南怀瑾解释说，首先，善于谈论天道的，必能应验于人事，否则学问再大也是空谈。《黄帝内经》里很多有关养生的问题，正是讲天人合一、心物一元的道理。南怀瑾的这本书也是从这个角度去研究《黄帝内经》的。第二，通今必要博古，任何学问，如果只讲现在，不通古今绵延演变的因果关系，都容易落入偏见。第三，治理他人，医治他人，必须先从自己身上实验做起。

《黄帝内经》的第一篇是《上古天真论》，黄帝问到生命的来源，问上古之人可以长生不老，起码活100岁，现在的人为什么会衰老，为什么会死亡。其对生命来源的问题，在这一篇里做了答复。南怀瑾说，宇宙太空本来是空的，没有这个地球。地球生命的形成，是一股动能动起来的。这股动能，在印度叫作“风”，《黄帝内经》也叫作“风”，中国道家叫作“气”。道家的“气”不是空气的“气”，《黄帝内经》的“风”也不是刮风的“风”，而都是指那股动能。《黄帝内经》里有提到“风善行而数变”。一般就把这里的“风”当作外风，不要以为衣服穿好，被子盖上，就没有“风善行而数变”，这股能量会在你身体里乱钻的。

虚空中的“风”这种能忽然一动，形成地球物理的第一个要素——水。水在人体方面属于肾。《黄帝内经》中的“天癸”，指癸水，就是生命的来源。道家神仙之学认为，我们的生命里就有药，不用去外边寻，就是“上药三品，神与气精”。世界上有形的药都不行，要想健康长寿，只有保养自己的精、气、神。道家古医书上所说的“精气”，也就是肾气。肾气不足就会精力不济，因而护肾补肾非常重要。补肾就是在生命的来源消耗掉以后，再把它补回去。补肾当然不只是吃药，更重要的是修道，修心养性。

南怀瑾说，《黄帝内经》讲“上药三品，神与气精”。在生命的科学里，这是两个东西：一个是思想，是知觉；一个是五脏六腑到整个身体，是感觉。

道家、佛家讲气脉是气路，是气或风这种动能在人体里运行的路线。在身体中又分“五行气”。上行气自然地往上走，不会往下行来。假如上行气往下行来，身体就有问题了。

《上古天真论》提到“女子七岁，肾气盛，齿更发长”；“丈夫八岁，肾气实，发长齿更”。以后女子逢七一个转变，男子逢八一个转变。南怀瑾说，印度佛学讲，一个胎儿由精虫、卵子构成，在娘胎里七天一个转变。《佛说入胎经》是两三千年以前所讲的，和我们现代医学讲的怀胎出生过程几乎完全相同。娘胎里的七个阶段，叫作先天。《黄帝内经》里女七男八是后天的。生命科学离不开数理，这个数字是根据天文来的，中国的医学理论和天文有关。天文气候，1年12个月分成四季，有七十二候，二十四节气。如果有病了，不是三五天就会好的。南怀瑾说过，气血流行和十二经脉是配合的，与时辰的变化法则一样。

对于养生，《黄帝内经》说，上古时候有称为"真人"的，"和于阴阳，调于四时"，他的一切行为都是跟天地阴阳、春夏秋冬配合的。中古时代有称为"至人"的，"处天地之和"，生活于自然之间；"从八风之理"，注意冷暖气候，及时调整身体的保养。"适嗜欲于世俗之间"，照样喝酒、吃饭、吃肉，还有嗜好。但是"外不劳形于事，以恬愉为务"，不过于操劳，尽量做到生活恬淡、清静。"内无思想之患"，不但没有怨恨和恼怒，不发脾气，而且思想非常宁静，不起波澜，精神不耗散。这样的人寿命也可达到百岁。再次一等的"贤人"，"法则天地"，效法天地，日出而作，日落而息，"辨列星辰，逆从阴阳，分别四时"。知道二十四节气、春夏秋冬应该怎么吃穿，安排得好。有这样修养的人，寿命也会长。

对一般读者来说，从《黄帝内经》里学到南怀瑾发掘出来的这些养生哲理，就已经是很宝贵的了。

《我说参同契》：难懂能懂

《我说参同契》是南怀瑾继《论语别裁》后的一部力作，是他钻研道家数十年积累的心得。

自老庄之后，到了东汉时期，道家出现了魏伯阳写的《周易参同契》。这部名著历来被称为是千古丹经的鼻祖，是修炼丹道非读不可的秘密典籍。古代有不少人试图注释《周易参同契》，但真能完全理解这部书的人很少。南怀瑾说，朱熹虽然拼命地反对道家与佛家，却偷偷研究《周易参同契》，而且还化名空同道人写了一本《周易参同契考异》。他研究《周易参同契》很多年，但却搞不通，到晚年仍钻不进去。当然钻不进去，他不打坐，也不修道，怎么钻得进去？没有实际的修行体验，根本无法钻研《周易参同契》。南怀瑾比较肯定的是明代道士朱云阳注解的版本。到了近代中国更是无人能读懂《周易参同契》，这部名著几乎要淹没在历史中了。

南怀瑾年轻时就在《周易参同契》和其他道家经典上花了很多功夫研究。这本由讲稿整理而成的《我说参同契》，共80余万言，旁征博引，语言平实，由浅入深地逐段讲解《周易参同契》，使有心者能读懂这部书。

魏伯阳在《周易参同契》里讲自己如何修道、做功夫，修炼长生不老之术，以求成为超凡入圣的神仙。名叫《周易参同契》，是因它的修道方法参合三种学问熔于一炉。这三种学问就是老庄思想、《易经》的变易法则，以及神仙丹道的修炼方法。南怀瑾说，三者的原理相同，只要懂了某一面的道理，对于生命真谛就把握住了。但书中阐述的修道原理和方法，重点仍在老子的“道法自然”。

《周易参同契》分为上、中、下三篇，以及一首《周易参同契鼎器歌》，共约6000字，基本是用四字一句、五字一句的韵文写成。全书用《周易》的爻象来论述炼丹成仙的方法。南怀瑾的书一开始就用了很多篇幅介绍《周易》爻象的基本知识，以及十二辟卦与《周易参同契》的关系。他说：“研究《周易参同契》，第一步先把十二辟卦的图案，配在一年，配在一天，配在身体上，配在心理上。这个法则统统把握住了，不用向人家求方法，你自己就会懂方法去修持了。”当然，要学到这些易学的初步知识也不容易。但如果你读《我说参同契》的目的，是希望对自己养生延寿有真正帮助的话，就必须下这个功夫。如果实在不想太费脑筋，只是打算浏览一下南怀瑾的这本书，那么书里也有很多奇闻逸事，道教形形色色的门派和修炼方法，以及南怀瑾亲身经历的奇人奇事，读来也十分有趣。

南怀瑾说，《周易参同契》从天地宇宙的法则，讲到生命的法则，再到自己养生的方法。这部书主要有三大纲要：第一是“御政”，第二是“养性”，第三是“伏食”。所谓“御政”，就是讲修道先要把天地与我们生命的法则把握住。所谓“养性”，道家是把性和命分开的。他们认为，对应宇宙天地一阴一阳的法则，人的生命就是一性一命。精神方面是性，肉体的存在就是命。性命本来是一体的，就是心物一元的道理。到了“养性”的这几章才直接告诉我们，怎么样修道，怎么样入门。第三，“伏食”，就是炼制“金丹”的方法。这是《周易参同契》中叙述最详细的部分，也是全书核心内容。按照道家的说法，普通人是性归性，命归命，不能打成一片，所以这个肉体到了衰败的时候就要死亡。只有经过修炼，“一粒金丹吞入腹”，性命合一了，才能长生不老，也就是“成仙”。

气脉真通和假通

道家的修行方法和佛家、儒家是不同的。佛家追求明心见性；儒家“修身养性”中的“身”，并不是指身体，而是指行为举止；而道家主张的是性命双修。

很多人会说追求长生不老之道是迷信，自己不想做神仙，没有必要去学道。南怀瑾曾经说：“什么叫迷信呢？对自己不懂的事物，还以为自己懂；没有体验过，没有亲自摸过、看过，就随便下个结论说，都是迷信。这才是最大的迷信。”拨开神学的迷雾看道家的修行理论和方法，其中有许多对现代人仍然有用的宝藏。正如南怀瑾说的那样，修道是中国古代一门研究身心性命的学问。它有一套理论，懂了理论再修行，修行就是实验，用自己的身心去做实验。古代的修道和养生有非常密切的关系。

南怀瑾从《周易参同契》里发现养生之道，在“养性”部分，南怀瑾特别讲解了这样一段话：“内以养己，安静虚无。原本隐明，内照形躯。”所谓“养性炼已”，在佛家来讲是所谓“明心见性”，求生命的根本。唐宋以后的参禅，参“生从哪里来，死向哪里去”等。道家则认为要先从现实着手，从身心转化开始。修道打坐，开始于一句话“内以养己”，重要的是这个“养”字。道家认为，这个生命就是永恒，并不要另外求一个永恒的生命，只要把现有的生命保养住就可以了。所有的功夫修持，就是一个“养”字。“养己”

的境界有四个字——“安静虚无”，实际功夫即《大学》“知止而后有定，定而后能静，静而后能安”的步骤，一直到“明明德”为止。可以说，修性就是心理方面达到无念，杂念妄想都没有，完全空灵，连空都不存在。

“原本隐明”，就是把眼、耳、鼻、舌、身、意与外境隔离，内省自己，不向外放射。修道人都知道“开口神气散”。一个人爱说话，经常用嘴巴，精神、意念、脑力、血液都在放射、消耗。学打坐，眼睛闭起来，耳朵不主动去听，回到自己本来的那个安静的状态。而“内照形躯”就难了，这是道家修养功夫的境界，相当于佛学的“观照”“返观”。先把外用的精神收回，转向自己的身体。“内照形躯”不是用肉眼看，而是属于自性的功能。假定一个人修养的功夫够，安静下来，一闭眼，身体内部气脉的位置、气血的流行、五脏六腑的情况，都看得非常清楚，可以祛病延年，至少可以用自己的精神意志治疗自己的身体。

“伏食”部分是“性命双修”的命功范围，也就是修炼身体。南怀瑾说，真正的命是气，一口气出不来，命也就完了。呼吸一进一出，一阴一阳，是生灭现象。道家所谓恢复胎息，就是去掉后天鼻子的呼吸，恢复到胎儿在母体里的那个境界。南怀瑾关于命功，着重谈了气脉问题。许多人在身体上找感觉，以为气走到哪里，像虫爬一样，有股东西在动，就是气脉通了。南怀瑾说，这不是真正的气脉通，只是气脉动，身体的感受比普通人加强了一些。如果气脉真通的时候，就没有气脉和身体的感觉了。气住脉停到相当的时间就是“入定”了。气凝住不动了，神与气两个就结合了，也就是《周易参同契》上讲的“神入气中”。所有念头一切清净，身体内外完全如如不动，佛家就叫作“入定”。

第五部分

南怀瑾佛家著作导读

《中国佛教发展史略》：佛法、佛教和佛学

想了解佛教是怎么回事，就应该从知道佛教发展的过程开始。南怀瑾的《中国佛教发展史略》可帮大家准确了解这方面的知识。

南怀瑾多次强调，他皈依的、信仰的是佛法。佛法既不是宗教的迷信，也不是哲学的思想，更不是囿于现实的、有限的科学知识。佛法是佛揭示的宇宙生命之真谛。这一真谛不仅是佛说的道理，还包括亲身验证的方法。佛法是本来就存在的，不是什么人发明的，释迦牟尼佛则是我们这个世界发现这一真谛的第一人。南怀瑾说，他一生走的路线，是研究佛的修行方法。他的方法是解决生死问题的。

佛教则是指追求佛法的一种实践活动，包括对佛法、佛和僧的信仰。南怀瑾说，佛教是宗教，它有宗教的形式，有宗教的习惯，有宗教的行为。譬如出家、盖庙、化缘、做法事，都属于佛教的范围。真正的佛教反对拜偶像，释迦牟尼佛反对拜偶像，是后世把他供起来的。佛学仅仅是一门研究佛教理论、历史和文化现象的学问。研究佛学的学者不一定信佛。他还说，一般人研究佛经，东南亚注重小乘的国家，如泰国、缅甸；注重大乘的国家，如日本、韩国和中国。许多大学问家，研究哲学的，讲理论的，都是属于研究佛学。释迦牟尼讲的佛法，彻底地推翻了一切的宗教，一切的哲学，一切的科学，一概都扫掉，只有那个生命的主宰，你明白了、求证到了就行了，

就成佛了。佛教作为一个宗教，不跟着时代变是绝对维持不住的。

南怀瑾的《中国佛教发展史略》分为5章：古代印度的社会与宗教，佛教创始人释迦牟尼的生平事迹，汉代至清代佛教的兴衰变迁，20世纪中国佛教的现状与思考，亚洲和欧美各国的佛教概况。

在这本书的第一章里，南怀瑾说，佛教是古代印度文化的集大成者。印度宗教哲学，从《吠陀》《净行书》《奥义书》的发展，演变成各派的哲学，以及与释迦牟尼同时并存的六师外道的学说等，这不但是印度上古文化思想的形态，一直到现在的印度教，或各地方自由信仰的各种教派，或多或少，仍然保留着过去传统的观念和形式。因为几千年的传统，它已经和日常生活融合成一个整体。换言之，这些也已经成为他们的民族意识了。因此，佛教的兴起和演变必然有一条前因后果的线索可寻。如果不深切了解印度文化，只从表面观察一番，或只从某一角度去研究一遍，就认为已经了解佛教的渊源，那就有群盲摸象、各执一端的可能了。南怀瑾从一开始就简明扼要地帮我们理清了古印度文化和宗教的脉络。

第二章里，南怀瑾提出两个重点：纵观人类历史，凡是具备大仁大勇、聪明智慧的人物，他们所抉择的人生道路不外两条——不为英雄，必为圣贤。释迦牟尼在世时的印度，人类的悲哀时时处处，无不触目惊心。他放弃王位，斥外道、说正法、存平等、行教化、正思维、伸智慧，是看清了人性的症结所在，因此寻求真理，以求彻底解决整个人生社会的问题。这才是弘济万世、普度众生的圣贤事业。其次，研究释迦牟尼佛的生平，便知他也是人，不是神。他由人至于超人而成佛，也是先完成人的教养，并非生知之圣，不待学而后能。释迦牟尼以师道自任，揭示由人性的升华而至于超凡入圣的成佛作祖，也从人本位做起。如果人的品格不备，希望一入佛门，便可得道证果，永为天人师表，那是非愚则妄，绝不是佛教的本分。同时，他用自己的人生经历，揭示一切众生皆具佛性，人人皆可成佛。迷则为凡人，悟则成圣贤。什么叫成佛？就是彻底觉悟宇宙生命的真理。

南怀瑾感叹地说：释迦牟尼创立了佛教，但佛教本身却未能在印度本土长久植根或滋长，结果还要靠中国将他的全部教法与学说，一概承受下来，并加以融会贯通，建立起耀古烁今的中国佛教，实在是一件不可思议的事。世界上几个伟大宗教的历史，大体都不例外。凡是产生教主的所在地，当时都不肯珍视他的施予，必须等到外人崇敬，才会觉得宝贵，慢慢地倒流回来。古今中外，人们的共同心理大概都是贵远而贱近，崇古而薄今，拒亲而爱疏。“远来的和尚好念经”，也许就是这个道理。

佛教的中国化

《中国佛教发展史略》的第三章和第四章讲中国佛教的历史和现状。南怀瑾把中国佛教发展的历史分为初传期、鼎盛期和衰落期。

初传期，自汉末三国佛教传入中国，到魏晋南北朝。我们应该知道的重点，是佛教这个外来宗教为什么能在中国站住脚。南怀瑾是这样解释的：魏晋南北朝近200年间，因长期战争造成民不聊生，人事的努力解决不了饥馑苦难的生活。天道既不足凭，生命也无保障，恐怖、悲观、厌世的情绪充斥。正好在这个时候，佛教思想汹涌输入，生前身后，善恶业力，促成三世因果的报应和天堂地狱间六道轮回的传说，使人们更相信命运的安排是由于前生业力的造就。因此在离乱的时局中，佛教的观念很快传遍了，人人信仰它以得身心的自我安慰。

自东汉以来，儒家传统的学说，受政治和社会风气的影响，使人不能满足和信服。魏晋以来的士大夫们纷纷寻觅思想的新方向，以崇尚个人自由而逃入玄谈的领域。他们宗奉的《易经》《老子》《庄子》“三玄”之学，与此时传入的佛教“般若性空”学说相遭遇，一拍即合，形成了遁世而逃入佛法的风气。尤其是佛教禅定功夫的输入，使人们在接受佛教谈空说有的理论以外，又有确实的修持方法可循，与中国道家的养生方术，可谓相得益彰。这也是佛教在这一时期大肆流传的重要原因。南怀瑾说，这一时期佛教在中国奠定基础，特别要注意北朝的印度名僧佛图澄、鸠摩罗什和菩提达摩，以及中国名僧道安、慧远、僧肇等数人的事迹。鸠摩罗什以前的佛教传播，大多靠神通来显化。在罗什东来译经之后，才使佛教哲学与儒、道两家分庭抗礼，变成中国文化的一派巨流，以后才有儒、释、道三家之学，共同构成中国文化的全貌。慧远大师创立净土宗，菩提达摩传入禅宗，可以说是佛教史上两件大事。净土宗的创立，使佛教在中国确定了宗教的精神和形式，千余年来，一句“阿弥陀佛”，已经成为中国社会的流行语。自初唐以后，达摩传入的禅宗大兴，使印度佛教一跃而变为纯粹中国化的佛教。

中国佛教的鼎盛期，自隋唐一直到明末清初。从中唐到五代的一段时期，中国文化的哲学思想、文学风格、艺术和生活都在禅宗的韵味中陶冶。禅宗本身也在中唐、晚唐、五代之间，建立了五家宗派，临济、曹洞、云门、沩仰、法眼，这时第一流的人才多半逃禅入佛，到了宋代，儒学受禅宗影响一变为理学。尤其到南宋时，佛学的儒学化、儒学的佛学化迹象已经非常明显。这是佛教文化与中国本土文化融会的成果。佛学思想，尤其是禅宗，在中国文化方面的贡献极大，政治、社会、哲学、文学、建筑、艺术，乃至中国人的生活方式、衣食住行，都充满着禅佛的余韵。

中国佛教的衰落期，自明末清初到现在，包括南怀瑾在第四章里谈到的佛教现状。他指出的中国佛教走向衰落的表现如下。其一，佛教本身的人才衰落，这一时期极少有像唐宋那样，有嘉言懿行的高僧作为社会的楷模。其二，本来完美的佛教寺院制度产生很大的流弊，全国各地只有少数几个著名寺院。其三，许多寺庙的僧众有“禅门”与“应门”的分别。所谓“禅门”，讲究清修；所谓“应门”，专作佛事，念经拜忏，乃至荐亡送死，借此赚些报酬，聊资糊口。释迦牟尼佛以充满慈悲的宏愿创为救世的佛教，如今已是自救不暇，衰颓到极点。其四，修证的缺乏。目前的佛教，说理者多，修证者少，况且因为缺乏修证，即使说理，也有许多歪曲的理论，这是一种极其可怕、自毁教门的危机。其五，一般学佛的人接触到西藏密宗的佛法这些向来被视为神奇的修持方法，有晕头转向的趋势，甚至出现盲目崇拜的风气。

最后，南怀瑾说："所有宗教大约都不许违背良心说谎话，所以我写到这里也只好实话实说，作为有远见的佛徒们，对佛教的兴衰成败，做一策励的检讨和反省的惕勉。"

学点常识进寺庙

《中国佛教发展史略》有一篇附录《禅宗丛林制度与中国社会》，南怀瑾在这里介绍了许多有关寺庙的常识。

什么叫作“丛林”？这是禅宗僧众团体特有的名称，指众多的出家人住在一起修行，就像大树丛聚成林。在印度佛教传播的早期，出家人同居在一起修持，叫作“僧伽”，就是僧众团体的意思，统领僧伽的叫作“和尚”。后来传到中国，就把出家人都叫作僧，以讹传讹，又把他们笼统地都叫作和尚。

南怀瑾从两个方面概括禅宗丛林制度的特色。一方面，改革佛教僧众以乞讨化缘为生的依赖性。进行集体从事农业生产，“一日不作，一日不食”，达到自给自足的经济水平。丛林的经济，一切收入与支出绝对公开，收入全部为全寺大众的生活。另一方面，集中修持，以导师制来领导僧众，从事知行合一的实证佛学。消除刻板的宗教迷信仪式，以身心实践求证，完成人性、佛性的心佛平等，达到集体教学的目的。

最初的丛林是十方众生所共有，所以通称为“十方丛林”。僧人行脚遍天下，身边不需要带一分钱。不论州县乡村，只要有丛林，僧人能懂得规矩，都可挂褡安居。后来逐渐出现“子孙丛林”，师徒世代相承，等于普通人宗族的世代衔接。弟子既可继承师位，同时也接管了全寺的财产，而且一寺的财产不再为十方众生共有共享了。到了晚唐五代之间，五家宗派分立，各家的徒孙法子观念便已深入人心了。临济、曹洞等各有子孙次序的派演代字，代代流传下来，直到现在还在应用。

南怀瑾还讲到丛林制度对僧侣衣食住行的规定。对比一下现代寺庙生活，首先是衣，古代佛教僧侣的衣服不能超过三衣，多的就要布施给别人。其次是食，古代佛教僧人每天只吃一餐，至多是早上、中午两餐。其三是住，古代僧人随遇而安。其四是行，古代僧人赤足或穿芒鞋，光头安详而走。

《学佛者的基本信念》

《学佛者的基本信念》是1981年南怀瑾在台北给十方禅林共修会学员讲课的记录。这本书分上、下两篇，上篇是南怀瑾讲解《普贤行愿品》的记录；下篇“心闻洞十方，当然获圆通”，是他传授佛教念诵的具体方法。上篇书名中的“基本信念”指的就是“行愿”。“行”是指实践的精神，“愿”是崇高而远大的理想。后来由“行愿”又有了“许愿”，本来的意思是向菩萨发愿自己一定要做到的功德。发了愿又去实行，就会有愿力。现在有些人曲解了许愿，把它误解成是向菩萨提要求，如求病痛康复或考上大学。如果应验了，就供养多少财物，烧多少香烛，吃多少天的素，叫作“还愿”。其实，这是迷信，不是佛教的行愿。

南怀瑾说：“修学普贤行愿是学佛的第一步。”学佛者应该为了一切众生的利益而求佛道，不要只为自己的重重烦恼求解脱，不然表面宣称学佛修道，堂皇得很，其实也只是一种可怜的自私自利的心理。许多人不学佛还好，一学佛就变得神经兮兮，怪模怪样，因为他们不了解佛法真谛，只执迷于盘腿打坐，一会儿要“空”啊，一会要“放下”啊。真正学佛，只要见地和方法正确，绝对益处多多，如果学佛反招不顺，除了因果报应之外，也要检查自己的观念行为是否有偏差。

怎样才是普贤菩萨的境界呢？《普贤行愿品》上说：“等与一切群生乐，

如是经于刹尘劫，十方利益恒无尽。”南怀瑾解释这段话：自利利他的这种功德成就，不管经历多少劫数，都要使一切众生离苦得乐才行。佛菩萨永远有做不完的事，“虚空有尽，我愿无穷”，众生苦难的时候，正是他再来的时候。佛法的究竟在于解脱，不但自己解脱，一切众生也要解脱。在何处、何时解脱？就在烦恼中、在当下解脱。在佛法讲“解脱”，在人世间则讲“成就”，能解脱一切苦厄，便是成就不可思议功德。学佛不是逃避现实，不是独善其身。南怀瑾指出，在一些最穷苦、最落后的地方，常能看到现代天主教、基督教的神职人员在奉献心力。佛教并不是没有，只是差得多，只想自己盘腿修行成道者多，愿为救度众生入苦海者少。结果这些人尽管修了一辈子，功德还是难以圆满。目前佛教不振的原因就在这里。

南怀瑾在这本书里用通俗语言讲解修《普贤行愿品》的具体方法。普贤行愿第一条是“礼敬诸佛”：“所有十方世界中，三世一切人师子，我以清净身语意，一切遍礼尽无余。”南怀瑾说：我们进小学开始上课时，还要先向老师行个礼呢！可是你跟佛学，真真切切地磕过头吗？所以礼拜是学佛的基本第一步。其实，礼佛并不是膜拜偶像，而是真正虔诚地学习佛的光明智慧。虽然佛教徒也拜佛像，但拜的不是像而是佛。所以有没有佛像并不重要。在没有佛像下礼佛也一样虔诚，这就是所谓“无相”。

普贤行愿第二条是赞佛：“各以一切音声海，普出无尽妙言辞，尽于未来一切劫，赞佛甚深功德海。”以一切美妙的言词、音声，永远欢欢喜喜地对佛一切好处尽情地赞叹。南怀瑾说，我们念“南无阿弥陀佛”就是赞佛，口念“南无阿弥陀佛”，意念上就要观想礼敬阿弥陀佛及十方三世一切佛，观想一切众生皆同声念佛，要有这个意境才行。这个意境属于一种想象，却是自我能作主的。

第三条是供养：“以诸最胜妙华鬘，伎乐涂香及伞盖，如是最胜庄严具，我以供养诸如来。”供养时，心量要达忘我之境，心量有如无边无际的虚空，以自己的全部所有供养十方三世一切佛。这是不是幻想呢？南怀瑾说：观想就是幻想，幻想修成功了，就有神通妙用，因为神通妙用也是幻想。妄想并非全部都错，也可以是对的。当理通了时，这个幻想就不是幻想，而是功德。当我们观想礼佛、赞佛、供养时，一切都是真的。

第四条是忏悔：“我昔所造诸恶业，皆由无始贪杀痴，从身语意之所生，一切我今皆忏悔。”“忏”是切断过去的错误，“悔”是以后不再犯错。忏悔必须彻底。

然后是随喜功德：“十方一切诸众生，二乘有学及无学，一切如来与菩萨，所有功德皆随喜。”随喜指见人行善心中欢喜；见人做功德而乐意参加。南怀瑾说，学佛的人不只是对佛菩萨要随喜功德，十方一切众生的功德也都要随喜。

《定慧初修》：禅学与禅净双修

《定慧初修》收录了南怀瑾的一组佛学讲演记录，其中，前三篇是有关修习“戒、定、慧”三学的论述。

通俗来说，“戒”是指佛为出家和在家信徒制定的戒律，用以防非止恶，从是为善。“定”就是禅定，当外界的种种刺激呈现在自己眼前时，只是觉察得清楚，但不会被它所欺蒙或束缚，内心仍保持清醒、明白而不紊乱，这是一种特殊的心理生理状态。“慧”是指领悟人生和宇宙真谛的智慧。南怀瑾说，定是戒、慧二学的中心，也是全部佛法修证实验的基础。佛教各宗各派的修行方法，归根结底都统一在禅定里面了。这本书的后6篇是对净土宗《观无量寿经》以及禅观、观音法门、净土法门等所做的通俗讲解。

许多人并不知道“禅”是什么，有些学者研究禅宗公案，进行文学化、哲学化的分析，这也不是禅。禅是讲实证的，不是学说。一般人以为禅修就是打坐，或称跏趺坐。其实，坐与行、住、卧合称佛教四威仪，都可以修禅定。而且打坐也有多种姿势。修禅定约有72种方法。一般认为打坐的方法最有效，打坐得定后，再于行、住、卧中锻炼，一直到应事接物，定力不失，才算坚固。

要讲修禅，先要知道什么是“定相”。“止”和“定”是不同的，即使自己说在修行的人也十有八九分不清，以为“得止”就是“入定”了。“系心一缘，制心一处”，数息也好，念佛也好，通过心理的修持，把烦乱的思想、念头集中到一处，就是“得止”。然后逐步做到念头不起，清清净净，既不散乱，又不昏沉，叫作“入定”。南怀瑾曾用很通俗的比方来说明：“止”就像拿一颗钉子，把它钉在一个地方。“定”就像小孩子玩的转陀螺，最后不转了，停在那里不动了。南怀瑾说：“惺惺而复寂寂，寂寂而亦惺惺，定也。”这是出自永嘉禅师的话。“寂寂”就是寂静安定的意思；“惺惺”就是清楚明了的意思。内心既寂静，又清醒，就是入定。刚开始修禅定，不是散乱，就是昏沉，两者交相往来。

南怀瑾在这本书里教人们对治散乱和昏沉的方法，并讲到禅修。禅修并不是在入定后就停止下来。在定的同时还要起观，不仅安定其心，还要做清醒的觉照。所谓观，就是参究、思维的意思。提到“观”字常会被误以为是用眼睛看，其实是指用心看。唐代以后在“观”字后加一个“想”字，就成了“观想”。佛法讲求“定慧等持”，南怀瑾说，这慧力要如何修持呢？除了参研佛理外，还要靠善心、福德来培养。如果善心、功德不够，就好比提炼的火候不够，业力、习气就无法彻底转化。如此不仅慧力会不够精深，定力也无法稳固。

自宋代以来，中国佛教提倡“禅净双修”。南怀瑾在第三章和第四章里，专门介绍了修净土法门的知识。净土宗有三本大经：《无量寿经》《阿弥陀经》和《观无量寿经》。前两部经是以念佛为主，念佛法门的方法非常简单，只要念“阿弥陀佛”就行了。念到一心不乱，心心念念都挂着阿弥陀佛，用功既久，念佛之一念默然在心。《观无量寿经》则以观想佛像、佛土为入门法则，其实也是一种念佛法门。念佛号，或观佛像，无非都是让人们做到一心不乱，也就是禅宗的制心一处。

南怀瑾说，一心不乱不仅是念佛法门的初步目标，其他任何修行方法，学密宗也好，修禅也好，包括道家的守窍练气等功夫，基本上要想得到成就，都非要做到一心不乱不可。人世间的各类学问技艺，同样讲求聚精会神，心无杂念，否则很难有大成就。

南怀瑾说《心经》

南怀瑾在《定慧初修》这本书里专门解说了《心经》。《心经》全称《摩诃般若波罗蜜多心经》，唐僧玄奘翻译的《心经》260个字，加上题目总共270个字。这是大多数学佛者诵读的佛经。它字数虽少，但言简义丰、博大精深，是一部非常重要的佛教经典。

南怀瑾说，般若法门是大乘道六度最后成就的大法，所谓“三世诸佛以般若波罗蜜多故，得阿耨多罗三藐三菩提”。不修般若无法成就。“波罗蜜多”是“度”的梵文读音，“般若”是“智慧”的意思。他说，学佛不是迷信，是要你怀疑，提出问题，透彻观察而以智慧成就，不是迷信成就，所以般若法门是佛法的中心。

以往已有许多人解读这260个字的《心经》，但大多是疏解文义。南怀瑾在《定慧初修》里，先解释经题《摩诃般若波罗蜜多心经》。“摩诃”是“大”字的梵文译音；《心经》的“心”是核心的意思，是中心里的中心。这部经内容是佛的大弟子舍利子向佛请教修持般若法门的方法，佛让观自在菩萨答复这个问题。舍利子问，观自在答，记录下来成为经典流传后世。第一段“观自在菩萨，行深般若波罗蜜多时，照见五蕴皆空，度一切苦厄”，南怀瑾说，特别要注意最后一句“度一切苦厄”。佛说法是以“苦集灭道”四谛为基础的，世间一切皆苦，除非得道，灭了所有妄想烦恼，灭了所有业力作用，才能解脱一切苦，离苦得乐。但一切凡夫众生却以苦为乐，积集一切苦，拼命去追逐痛苦之事，并把它们当成现实之乐，所以佛说众生颠倒。《般若经》以“四谛”为基础，第一要知道怎样解脱苦难。观自在菩萨告诉舍利子要“行”，修行。菩萨的名号代表他的修法，“观自在”着重在“观”，随时随地观照自己的起心动念，不是用眼睛去看，而是以自己的智慧去觉察它，这就是“行”的方法。如果只晓得打坐，没有观心，呆坐那里懵懵懂懂，与睡眠没有不同。

观是观，想是想，初步的观就是想。观想，就需要想象得出来。譬如画家要画一座山、一湖水，心里一想，呈现出一山一水如在眼前。念头来了不欢迎，念头去了不追究，不来不去正好，是一段空灵，得“初住”休息之境。念念都舍掉，但不是妄造空境，只是随起随消。等智慧功力深入后，自性的般若智慧就爆发了。此时不必观了，到达另一境界，就是身也空，心也空，不需要念念再舍，而是自然静，当下就“照见五蕴皆空”。南怀瑾举例说，“观”好像打一盏灯笼，在有限的光亮范围内慢慢找；“照”则不是，像太阳一刹那普照大地。照见精神世界和物质世界一切都空，既无欢喜也无悲。

第二段菩萨告诉舍利子：“色不异空，空不异色、色即是空，空即是色。”“五蕴”的第一重就是色蕴，也就是包括身体在内的物质世界。要把“色”空掉，佛教有白骨观、不净观、修气脉等各种方法。身体空了，还不彻底清净。这个“空”还是心意识所变现的，“空不异色”，所以这个“空”也不能留。“色即是空，空即是色”，这个“色”本来就是空，念念迁流，时时不住，用不着去追求另一个空。南怀瑾说，身体的“四大”丢不丢开都一样，它本身就是空的。你觉得被“四大”困住，其实是自己的念头在作怪，自我拘束。如果参透了这个道理，四大存在又何妨？有了四大才能创造诸般事业，成就种种功德。谈了色蕴，还有“受”，感觉；“想”，思想；“行”，生命的动能；“识”，意识。经文没有一句一句写出来，而是说“亦复如是”，都和色蕴的四句话一样，就是“空”“有”“非空非有”“即空即有”。

观自在菩萨又告诫舍利子：五蕴解脱之后，“是诸法空相，不生不灭，不垢不净，不增不减”。一切现象皆空，般若智慧空性现前，才是无上解脱。如果此时还想保持一个清净的心境就错了，是个大妄想。因为心本来就是不生不灭，不垢不净，不增不减的。清净已经不空。比如说你觉得白颜色最干净，其实叫白色，不是已经着了色吗？空，没有白不白，黑不黑。所以“无色，无受、想、行、识；无眼、耳、鼻、舌、身、意；无色、声、香、味、触、法；无眼界，乃至无意识界；无无明，亦无无明尽；乃至无老死，亦无老死尽。无苦、集、灭、道，无智亦无得。”什么都没有，不但身空我空，连法也要空。般若也好，佛法也好，无一不是幻化假名。一切法空，小乘法、大乘法、显教、密宗等等，统统没有，全部丢空，连空也不贪恋，那样子就对了。在诸法空相当中，正好修持。

南怀瑾说：“无智亦无得。”“得道”吗？有个道可得，那就错了。本来无所得，何必大惊小怪，患得患失，庸人自扰。“以无所得故，菩提萨埵，依般若波罗蜜多故，心无挂碍。”当修行到这一地步，无智亦无得，便算证得般若了，但仍没有彻底解脱，还没有完全明心见性。

“故知般若波罗蜜多，是大神咒，是大明咒，是无上咒，是无等等咒，能除一切苦，真实不虚。”真正的解脱是依靠智慧度，也就是慧学，这才是真正不可思议的咒语，没有任何一个咒子能超过它。自性的智慧能顿消人生一切烦恼痛苦。

南怀瑾说，《心经》讲到这里，观自在菩萨知道大家喜欢神秘，喜欢弄个咒语念念有词。为了满足众生愿望，于是就说出般若波罗蜜多的无上大咒：“揭谛揭谛，波罗揭谛，波罗僧揭谛，菩提萨婆诃。”意思可以理解为，自度自度，快快自度，大家快快自度，并度大家。就是要大家自我承担，别再自欺欺人。人贵自立，自助天助，唯有自度，才是正法。“菩提，萨婆诃”，觉悟啊，快快觉悟！

《如何修证佛法》

1978年，南怀瑾正在台北闹市闭关。有几位长期跟随他学佛的学生，向南怀瑾提了许多佛法方面的问题。南怀瑾认为都是很重要的问题，于是暂时出关，借台北的一个寺庙，以“如何修证佛法”为主题开讲，前后凡28次。这些讲课内容经学生记录整理，以《融会显密圆通修证次第》为书名出版，后改为现在的书名《如何修证佛法》。这是南怀瑾最重要的著述之一，对信佛学佛的人，以及不信佛也不想学佛的人，都有用处。

南怀瑾在这本书里，以《楞严经》《法华经》《增一阿含经》《华严经》《瑜伽师地论》《现观庄严论》《宗镜录》《指月录》《密宗道次第论》《菩提道次第广论》等佛教经典为依据，对实际学佛修证的方法步骤有精辟的讲解及具体的指导。这本书围绕见地、修证、行愿三方面，既有要点提示，又有例证说明。南怀瑾说，见地、修证、行愿三者缺一不可。真有了见地，修证一定做得到；真正修证做到了，行愿也一定做到了。

首先，讲见地。按照南怀瑾的说法，在中国禅宗里，见地就是见道，见道须有般若大智慧。一切观念、一切修持的错误，都是“见”的问题。见地的错误，也就是所谓“见浊”。学佛想要知见正确，先要把佛教的学理搞通。南怀瑾在这本书里列举了几部经律论的佛教典籍。他说：“假定一个人想学佛，这几部经律论，花上三五年的工夫，做比较深入的研读，绝对足够了。”

但佛法不是理论，见地不是靠学佛理就可以的，佛法不是思想意识分别能解释得了的。真正的佛法，只有佛知道，或者说，只有到了大彻大悟的成佛境界，才会有真正彻底的见地。

其次，讲修证。南怀瑾说："搞佛学，不求修证，永远爬不出来，就是被这些名词给困住了，将佛学变成了思想，就在那里玩思想，永远地玩下去，玩了半天，对自己的身心一点帮助也没有，所以千万要注意。"学佛的人往往"颠倒因果，倒因为果"。比如，大家都知道缘起性空，性空缘起。但这些道理不是我们的，而是释迦牟尼佛苦行多年以后，对弟子们的回答。我们以为懂了，其实不懂，只是接受了佛的成果而已。要想真懂，就要学释迦牟尼佛，走禅定的路子，在真正的修行路上去求证，自己去证到那个缘起性空。

见地是理，行愿和修证就是事。要成佛，只是理到，事做不到是不行的。佛教的经、律、论都是告诉我们修证的方法，可是大多数人理与事合不拢，身与心不能合一，脑子知道这个道理，做起来就做不到。比如打坐，满口道理，什么奇经八脉，但有没有功夫，有没有求证，倒也一望而知。

那要如何去实证？南怀瑾说，有三个步骤。第一，照静坐的姿势，把身体坐好。第二，训练自己把所有的意识、思想都排除了，排除得一干二净。这句话讲起来很简单，做起来很难。排除了也好，排除不了也好，先努力去做。第三，把第六意识这一知，自己假造一个所缘境界，构想一个能把握住、能抓得住的事物或境界。唯识叫作"作意"，天台宗叫作"假观"，意思都是意识中本来没有，无中生有。这种假造的方法，就产生了佛说的八万四千法门。观想也是作意，想佛像，想光明点，想象一个东西摆在前面永远不动，身心忘了，意识上只有这一缘，这就是我们以前讲过的"系心一缘"。

南怀瑾说，在修持中会有个现实问题，不管缘在哪里，知觉始终会被感受拉住。学佛修道不是一个药方就可治百病，八万四千法门都是对治法。当你修持时，忽然一下空了，空久了就昏沉，睡着了，这时就需要对治，就要不空，提起"有"来。"有"久了，就又散乱了。因此，能对治的与所对治的，要恰如其分才行。

最后，讲行愿。南怀瑾说：真正的修行，最后就是一个路子——行愿。行愿就是修正自己的心理和行为。我们做功夫、打坐为何不能进步？功夫不进步，是因为心行没有转。心理和行为一点都没有改变的话，功夫是不会进步的，见地也不会圆满。“行”才是真见地，行不到，见地没有用。六祖慧能说：“佛法在世间，不离世间觉，离世觅菩提，恰如求兔角。”离开世间，无法求得觉悟；若没有痛苦，则不知快乐的舒服；若没有烦恼，亦不知清净的安详，所以烦恼即是菩提。“佛法在世间”是见地，也是行愿。打坐修道不过是行门的万分之一而已，做人做事，通通是佛法的行门。因为世间是很痛苦，所以在这里自度、度人，才能功德圆满。

《静坐修道与长生不老》：静以养生

《静坐修道与长生不老》是南怀瑾结合自己多年的修行实践以及古今论述，贡献给世人的一本好书。书中介绍了佛、道、儒三家的静坐修持法，重点是佛家的修持方法。

1996年初，我在香港一家报纸当主笔，每天下午三点钟进报馆，次日凌晨一两点钟下班，每星期还要起一个大早坐火车赶到沙田的中文大学去修读博士课程。长此以往，使我筋疲力尽，面容憔悴。有一天，南怀瑾对我说："尽管你不信佛，打坐对身体也是有好处的，不妨试试。"同时，送给我这本《静坐修道与长生不老》。我坚持打坐大半年，果有起色，还是那么沉重的负担，但朋友再见面时，都说我面色红润，判若两人。

南怀瑾一上来就回答了人类是否可能长生不死，他的答案是肯定的：所谓长生，就是"祛病延年"，一个人了解了许多养生必要的学识，使自己活着的时候，无病无痛，快快活活地活，到了死的时候，既不麻烦自己，也不拖累别人，痛痛快快地死去，这便是人生最难求得的幸福。所谓不死，不是指肉体生命的常在，而是指精神生命的永恒。所谓的精神生命究竟是什么？自古以来所谓的修道，都是要找到这个东西。

南怀瑾说，长生不老是有可能的，但如果一面要求现实人生种种的满足，同时又要长生不老而成神仙，那只有问之虚空，必无结果。

养生要静坐，南怀瑾说，佛家有七支坐法，道家有内丹静坐法，宋以后的儒家主张正襟危坐，在静中涵养心性。印度有瑜伽，欧美有催眠。其他宗教有祈祷、斋期、避静等。所有方法的共通目的都是在求静。凡是摄动归静的姿势和作用都可以叫作“静坐”。求静是养生与修道的基本方法。因为一切生命功能的泉源都从静中生长。在自然界中，任何动物、植物的成长，都从静中充实它生命的功能。一棵树、一株花的种子，或一粒谷子、一粒麦子都在静态中成长，在动态中凋谢。人类往复不绝的生命动能，靠充分的休息来得到新的生机。以精神状态而言，静是培养智慧的温床。智慧是从静中灵光一现而得。佛家戒、定、慧的三无漏学，也是以静虑禅定为中心，然后达到般若智慧的成就。

如何求静？南怀瑾说：这是一个非常可笑的问题。静便是静，用心去求静，又加上各种方法，岂不是多一番动乱吗？“树欲静而风不止”，心欲静而动乱愈多。静坐不等于无所用心地枯坐，而是要用心，要锻炼精神。南怀瑾说，静坐并不难，用心实不易。佛家流行的念佛、修止观、观心、参禅等；密宗的持咒、观想等；道家的存想、守窍等都是用心的方法，使心理与意志集中到一起。道家的静坐重视气的作用，自清末流行内家太极拳以来，所谓“气沉丹田”的说法几乎家喻户晓。

静坐和养生究竟有什么关系？一个人的身心在静止状态中，内无思虑妄想的打扰，外无身体筋骨的劳累，不昏昧、不意乱神迷，顺其自然地呼吸，精力和气力便会自然而然地恢复到原来状态。此时如能持盈保泰、平静清虚，才可真正达到“炼精化气”“炼气化神”的功效。

南怀瑾教七支坐法

静坐是有一套具体方法和技术的。对佛教来说，坐禅是禅修的基本训练。在开始修习坐禅时，应该特别注意姿势。如果姿势不正确，养成习惯，弄得曲背弯腰，对心理和生理都有影响，并且容易成病。

什么姿势才是正确的呢？南怀瑾在《静坐修道与长生不老》里说，儒、佛、道三家的静坐姿势，历来相传有96种之多，其中包括几种卧睡的姿势与方法。但通常所用的姿势，佛教各个宗派修习禅定的方法，大多采用七支坐法，简称跏趺坐，俗名盘腿坐法。道家静坐大多也用这种七支坐法，再穿插其他姿势，配合炼气修脉的作用。七支的“支”，是指肢体的支撑点，也可以解释成“重点”。这种姿势非常符合生理及心理的自然法则。大体来说，很像胎儿在母胎中的静姿，安详而宁谧。书中详细教授了如何修七支坐法。

一、足支：双足跏趺，就是双脚盘坐。如果不能双盘，便用单盘。或把左脚放在右脚上面，叫作如意坐。或把右脚放在左脚上面，叫作金刚坐。开始习坐，单盘也不能做到时，也可以把两腿交叉架住。从10分钟、20分钟、30分钟一直加，先用单盘，左右脚轮换，再改用双盘。古代医学认为人的生机是借着气化而充实的，两脚跏趺坐不但可以使气不浮，并且可以使气往下沉，气息安宁。这样心才能静下来，气也不会乱冲乱跑，而是渐渐循着各气脉流动，反归中脉。等到气脉可以回归流于中脉，达到脉解心开时，才可以妄念不生，身心两忘，这时才能进入“定”的境界。

二、腰脊支：脊梁直竖。使背脊每个骨节，犹如算盘子的叠竖。这样做了，当气被诱发起来的时候，坐姿由侧面看过来是呈现S形的。但身体衰弱或有疾病的，初始不可太过拘泥直竖，更不可以过分用力。

三、手支：两手心向上，把右手背平放在左手心上面，两个大拇指轻轻相拄，很自然地放在脚的上面，肚脐的下面，不要悬空。这便叫作“结手印”，也叫作“三昧印”，就是定印的意思。

四、肩胛支：左右两肩稍微张开，使其平整适度为止，但不要绷得太紧，架势摆出来后全身就要放松、自然。等到气充实到一定程度，背后自然而然地会挺起来。但架势绷得紧紧的，下气就上不来，就会想睡觉，或者腰部会酸痛，肩膀会僵硬，这是气不具足的表现。

五、头颈支：头正，后脑稍微向后收。下颚内收，不是低头，稍微压住颈部左右两条大动脉管的活动即可。在打坐时，后脑稍后收，下颚略压两边的动脉，使气血的运行暖和，可以减少思虑，容易定静下来。如果头颈支姿势不对，气会堵在后脑勺靠近睡穴的地方，就会出现昏沉，也就是平常讲的“禅病”之一。一觉昏沉，下颚就要往下微拉，让气从背走到头顶。

六、目支：双目微张，似闭还开，好像半开半闭地视若无睹。目光随意确定在座前七八尺处，或一丈一尺二尺处。心和眼是起心动念的关键，一个人看见色就会心动，听到声音也会心思散乱起来，这是先经过眼睛的机能而生的影响。在打坐的时候，采取两眼敛视半闭，可以使散乱的心思凝止。

七、舌支：舌头轻微舔抵上颚，犹如还未生长牙齿的婴儿酣睡时的状态。两齿根唾腺间产生津液，可帮助肠胃的消化。要用舌去接唾腺，以顺其自然。舌头卷起来抵住上颚顶部，下面来的气到喉结会拉动舌根，内气马上能往上冲入头内。

七支坐法没有提到肛门。南怀瑾说，打坐时要轻轻提肛，小腹气起，要让气先走到督脉。打坐修行的人，丹田成形了，一定要先导气到督脉去，再接到任脉，然后再入丹田，所以一定要让会阴通。一般人的会阴都下坠，一提肛的话，会阴部就会内缩，呈内凹的样子，没有压力，再观想命门，气就很容易通过会阴而至命门。提肛靠三分力量，七分意念，一阵子不经意就会掉下来，意念到时再提起来就好了。

细说静坐的身心反应

南怀瑾在香港的时候，我每个周末会去他那里。现在南老师不在了，但他留下的这本《静坐和长生不老》仍然可以解决我们在静坐时遇到的大部分问题。他在书中详细讲述了随着静坐的进步，生理和心理上会发生的现象。按照南怀瑾的说法，这些现象一般会有规律地逐步循序发生，但对有些人而言，会不依次序而突发，这完全看静坐者的健康状况。

第一步，静坐的人十有八九经过一段短时间后，首先引起感受上的压力，两腿发麻或发胀，浑身酸痛，连带引起心理的不安静。这是因为气机在筋脉、血管、肌肉之间不能畅通流行，阴跷、阳跷的气脉已经有了障碍。对治的方法很简单，当腿麻到不能忍受时，轻松地放开两腿，让它慢慢自然舒展。此时反而会感觉舒服和快乐。当静坐功夫到达某种阶段时，虽然长时间盘腿而坐，不但没有妨碍，这种快感反而会愈来愈强。

第二步，生殖系统的反应。一种是肾脏反应，静坐时或静坐后，腰背会发胀、痛、酸、麻。如果因肾亏而患有阳痿、早泄、遗精的人，可能因静坐而加重这些病症。其实，这不是静坐产生的不良后果，而是因静坐而使身体内的气机发动，在将要通过而尚未通过肾脏时，这一部位的神经与腺路遇到宿疾的障碍，于是引起这些症状的发作。只要过此一关，这一部分的宿疾顿消，恢复健康壮盛，自然不成问题。

南怀瑾说，最简便而有效的对治方法是减少饮食，甚至短期内可以不进食。佛教以过午不食为戒律也与此有关。俗话说："饱暖思淫欲，饥寒发盗心"，实在是不无道理。

第三步，背部与肩胛的反应。在静坐过程中，感觉背部或肩胛部分会有胀痛，或神经紧缩现象。归纳起来，有两个原因：一种是气机的正常反应，气机循督脉、脊髓的中枢神经上升，到达背部和肩胛部分，意识上的注意力会集中，跃跃欲试想往上冲，使得神经紧张，甚至心脏收缩，引起背部胀痛的感受。这在丹道叫作"河车"转到"夹脊"一关，是打通督脉的过程。丹道修习者会用意去"导引"它过关，或者"以意驭气"，观想"河车"的运转，配合深长微细的呼吸，似乎俨然有物通过"夹脊"而上冲"玉枕"、后脑。南怀瑾说，这属于用心理的力量作用于生理感觉，并不是气机通过"夹脊"的真实境界。此时只需要浑然忘身、沉静无为，等待气机自然充实。

第四步，头部的反应，比较复杂。南怀瑾说，修习静坐的人常常到此而发生严重问题。所谓的"走火入魔"也都是在这个阶段出了问题。当气机到达后脑的时候，最普遍的反应是感觉神志不太清明，昏昏沉沉，进入似睡非睡的状态。佛家就叫作"昏沉"。如果是身心疲惫的人甚至连体力都不够支持静坐的姿势，这是脑部的氧气不足所致。有些人在此状态中，眼前会一片无明，渐渐进入似梦非梦的情景，看见一些事物影像。南怀瑾说，这是和精神分裂互相毗邻的状态，绝对不是好现象。在静坐过程中发生这种景象，往往是心理上潜意识作祟，配合生理气机上行脑神经所引起的幻觉。只要能够自我反省，检查下意识的作用，便不会被自己所迷惑。

静坐时，当气机到达前脑时，有可能前额左右两边太阳穴发胀，眼皮重垂，杂念到此自然减少减弱。有些人眼睛会充血，往往会看见不同的光亮。这是心念之力与脑波的震动互相排荡摩擦而出现的暂时变化现象，不是眼通的神通境界。

《金刚经说什么》：善护念

《金刚经说什么》是南怀瑾所有佛学著作中流传最广、影响最大的一本。这是根据他20世纪80年代初在台湾讲解《金刚经》的记录整理而成的。《金刚经》在中国是影响很大的一部佛经，按照南怀瑾的说法，它的独特之处在于超越了一切宗教，又包含了一切宗教，不局限于佛教的范围。南怀瑾的这部书就是要揭示它的奥秘。

南怀瑾的讲解是从解释经题开始的。《金刚经》的全称是《金刚般若波罗蜜经》。“金刚”在古代被认为是最坚固的，这是形容这部经像金刚钻一样无坚不摧，能破一切法，也能建一切法。《金刚经》的中译本有五六种，南怀瑾采用的是鸠摩罗什翻译的版本。

《金刚经》原本是一气呵成、不分章节的。南朝梁的昭明太子把它分为三十二品，相当于三十二章。南怀瑾按照这一次序逐品讲解，每一品都有一首偈颂提示重点。南怀瑾说，《金刚经》一开始先告诉我们，什么是修戒的般若，那就是“善护念”这个要点。由开始发心修行到最后的成功和圆满，都要善护念。善护念的重点在于“应无所住”。无住就是定；善护念就是戒；《金刚经》的般若本身就是慧。他是用戒、定、慧的道理，来说明《金刚经》讲的般若法门。

《金刚经》开门见山提出的重点，就是“善护念”这三个字。这也是整部经的重点。凡夫也好，佛也好，只有一个修养方法，就是善护念。不管佛家，还是儒家、道家或其他一切宗教，人类一切修养方法都是“善护念”。这三个字，鸠摩罗什不知用了多少智慧才把它从梵文翻译过来的。什么叫念？一呼一吸之间叫作一念。佛经上说，人有一念就有八万四千烦恼。解脱了这样的烦恼，空掉一念就成佛了。说起来那么简单，但做起来最难的正是此生烦恼不能断。这是修行第一步就遇到的大问题，学佛最困难的地方。所以一切修行的起步，就是要善于照应自己的心念，不起烦恼，也就是善护念。

善护念，护什么念？《金刚经》第三品“大乘正宗分”说道，学佛就是证道。释迦牟尼佛及一切佛所证的，那个最高的境界叫涅槃。涅槃不是死亡，涅槃是圆满，不生也不死，不来也不去，永远是清净。纵然在动乱中，也在清净中，如如不动。所以得道境界就叫作涅槃。没有一个方法可使一切众生皆入涅槃中，因为自性自度，佛也不能度你。

佛法与其他宗教不同。其他宗教都认为存在第一因，只有“他者”可以拯救人类。我们只有等到“他”来帮忙，一切都要听从“他”的。佛法则认为一切众生都是平等的，都可以成佛，佛在每个人的心里。但众生为什么不能成佛呢？因为找不到自心，迷失了。如果自己觉悟了，不再迷失，个个能自性成佛。

学佛不是迷信，而是正信。一个真正学佛的人，必须彻底了解佛法的道理，在深解义趣的基础上建立信心，才是正信。所谓正信，是要信什么呢？信一切众生皆是佛，信我们自己的心。心即是佛，我们都有心，所以都能成佛。只是我们找不到自己，不明自己的心，不能见到自己的本性，心被蒙住了，就成了凡夫。神仙与佛，不过是自度的过来人。一切明师只是把整个修行经过的经验告诉你。人毕竟要自度，一切众生皆要自度，所以涅槃无一定之法。一个人如何自度？佛经上说的“信解行证”，是修行自度的四个阶段。“信”，是自心对佛经上的教理信得过；“解”，是理解各种教理，也就是悟道；“行”，悟道后起修；“证”，经修行而证道。“信”就是发心发愿，一个真正的修行人应该“发阿耨多罗三藐三菩提心”，也就是无上正等正觉的心。

“我应灭度一切众生”，“灭度”是离苦得乐，进入涅槃的意思。成佛不是只求自己离苦得乐，而是要救世界上一切在痛苦烦恼中的众生。

“灭度一切众生已，而无有一众生实灭度者”，即使你真的度了一切众生，但做了就做了，心里不能有已经度了那么多人的念头。一个学佛的人，只要有一点自认崇高，自觉了不起，“即非菩萨”，就不是真正行菩萨道的人了。

应无所住，如如不动

南怀瑾在《金刚经说什么》中指出：这部经的重点在善护念，这是凡夫成道之路，圣人和凡夫的同一个修行方法。那么，怎样护念呢？发起阿耨多罗三藐三菩提心的那一刻，是念念清净，没有烦恼的。不过这种清净在刹那之间就过去了。如果能够把握这一刹那的安住，修行就到家了。于是须菩提问："云何应住？"心念应该怎样才能安住在这个清净的境界上呢？"云何降伏其心？"心里乱七八糟的烦恼妄想，怎么才能降伏下去？学佛最困难的就是停止心中的思虑、情绪、妄想，求得清净。佛门修持的方法虽多，总括起来都是止与观，也就是使一个人思想专一，念头止住在一点上，一心不乱，忘记了身体，忘记了一切境况，由止就可以得定。所以须菩提会有此问。佛答道："应如是住，如是降伏其心。"就是这样住在发心的这一刹那的清净上，就是这样把心降伏下去，保持一颗清净心。

什么叫清净心？南怀瑾说，佛在《金刚经》第四品"妙行无住分"里解释"不应住色生心。不应住声香味触法生心。应无所住而生其心"。真正的清净心，不是有个佛像，有道光芒，有个境界，而是不住于色身，也不住于声香味触法。一切都放下，身体也放下。打坐练功夫，如果说让心住在气脉上，也都错了，因为那不是无所住啊。如果让心随时在"空"的境界上，那也是错的。因为此心本来无所住啊！有个空的境界就不对了，就有所住了，那是住法而生心，住在空法上了。禅宗六祖慧能初步悟道，就是听到“应无所住而生其心”这一句话开悟了，写下“菩提本无树，明镜亦非台；本来无一物，何处惹尘埃”的偈子。南怀瑾解释说，这是佛在教导我们：应如是住，也就是应无所住，不需要住。换句话说，怎样善护念？就是应该随时随地无所住，不生法相，不取于相，守护住内心平静的这一念。纵然在动乱中，也住在清净中，如如不动。

《金刚经》第十八品“一体同观分”里说：“过去心不可得。现在心不可得。未来心不可得。”一切众生的心，第六意识的活动，都在变化中。过去的已经过去，未来的还没有来，我们刚刚在心里想现在，现在已经没有了，过去了，如梦如幻。“心”，永远不会停留，永远把握不住，永远是过去的，所以说是不可得的。因为过去心、现在心和未来心都在变化，所以佛教导我们：不要在这个不可得的现象界里，去求阿耨多罗三藐三菩提，求无上正等正觉的道心。可是一切众生不了解这个道理，拼命想留住不可得的过去、现在、未来心。人心想住而无法住，于是心生烦恼。老年人最大的毛病是困在过去心里。

南怀瑾在书里特别指出：“佛讲过去心不可得，并没有说过去心没有了，佛没有这样讲吧？”“不可”是一种方法上的推断，他并没有说过去心不能得，没有说现在心不能得，未来心不能得。我们后世研究佛学，把“不可得”观念误认为是“不能得”，真是大错而特错，“错在哪里呢？如果三心是空的话，它才不能得。不存在的东西当然得不到。但三心不可得，不是空，它不断地来”。

《金刚经》一字也不提空，只说无住无相。因为空与不空，都是落两边的话。《金刚经》第三十二品“应化非真分”有四句偈：“一切有为法，如梦幻泡影，如露亦如电，应作如是观。”佛说，世界上一切有为法都不实在，但体是无为，用是有为的。有为法本来都在无为中，所以无为之道只能在有为现象中去观察，观察清楚了，才能见道。《金刚经》说，“于法不说断灭相”，说空就是断灭相，那是错的。当梦幻来的时候，梦幻是真；当梦幻过去了，梦幻是不存在的；但是梦幻再来的时候，它又俨然像真的一样。要认识清楚，现在都在梦幻中，此心不住，要在梦幻中不取于相，如如不动。

所以一个真正学佛的人，想求得大彻大悟，首先要注意不能落入断灭相。断灭相落在“空”上，认为佛法的究竟是空的，就是断灭。

南怀瑾说，空，同断灭见是一模一样的。有许多人学佛，自认什么都看空了，其实那不叫作空，是灰心了。或是年纪大了，环境不得已，或倒霉透顶，所以说自己看空了，其实，有个“灰心”在，就不是空。“空”是方便的说法，是个形容词。如果把空当作真正空得一无所有，那不是空见，那叫作断灭见。所以佛吩咐“发阿耨多罗三藐三菩提心者，于法不说断灭相”，这是一句非常严肃的话，绝对不是断灭，更没有说空。

无所住，不着相

善护念，怎样护念？归结于一句话：应无所住。无所住，必然不取于相，不生法相。“相”这个字是“现象”的意思，反映到人的思想上就是观念。《金刚经》第三品“大乘正宗分”里说到“四相”：我相，人相，众生相，寿者相。我相，就是“我”这一个体；人相，就是你、我、他的分别；众生相，是指人类这个总体；寿相，就是生命的长短。南怀瑾说，这四相是我们共同的、牢不可破的主观观念。破除了这个观念，学佛就差不多了。

无所住，不着相，表现在六度的“布施度”上，就是发愿“灭度一切众生”，要救世界上一切在痛苦烦恼中的众生。但度完众生，又要无所住，不要执着于帮人这件功德，不要有“度了众生”的念头。不然“即非菩萨”，即使帮了人，做了好事，你的心仍不清净。布施有三种，第一种财施，是物质的，像金钱财物等布施，这叫作外布施。第二种法施，是精神的，如知识的传授、智能的启发等，这属于内布施。第三种是无畏布施，如救苦救难等。不管哪一种布施，都不应该有施的念头，施者应该无我相、无人相、无众生相、无寿者相。这在佛学上有一个说法，叫作“三体轮空”。“轮”，是比喻布施的三个部分：施者、受者和施事。无施者，无受者，也无施事；施者空，受者也空，施事也空。看到有人可怜应该同情，但同情就是同情，布施了就过去了，忘记谁接受我的布施，做完了就放下。应无所住而行布施，对自己也是解脱。这才是佛法布施的道理。所以《金刚经》第四品上说：“菩萨应如是布施，不住于相。何以故？若菩萨不住相布施，其福德不可思量。”

南怀瑾说，一个修大乘菩萨的人，能够不住相布施，那么他的福德大得不可思量。福德大致分为两种，一种是人世间的福德，叫作“洪福”，是世间法；另一种是清福，出世间法。走出世间是清净，走入世间是红尘。红尘里的人生，就是功名富贵，后来“洪福”写成了“鸿福”。一辈子无病无灾，不愁吃、不愁穿，有一点钱用，这就是清福，清静的福。南怀瑾说，人要享清福比鸿福更难。地位高了，反而没时间去享清福，为了名和利把自己的健康也消耗掉了。人到老了，本来可以享清福了，多数人反而觉得痛苦，因为一旦无事可管了，就活得浑身不自在。人真到了享清福的时候，往往不知道是真正的福报来了。事实上，平安无事，清清净净，就是究竟的福报。没有智慧的人是不能享清福的。一个人要能够享受寂寞，了解人生，才能体会到人生更高远的一层境界。

《金刚经》第五品“如理实见分”里，对不着相的论述更深入了一层。佛说，不可以用有形的相来看佛。“如来所说身相，即非身相”，佛所说的那个真正不生不死的身，不是指这个肉身。肉身还是有生死，哪怕修持到活一千年，最后还是要死的。永远不生不灭的是法身，法身是没有一个形象可见的。在佛教里，成佛有三身：清净是法身，圆满是报身，千百亿不同的形象是化身。寺庙里塑的佛像，有时三尊像排列在一起，就代表三身。一切众生的身体就是报身。享福一生，是善报所得的报身。很艰难地过这一生，是过去生种下的不善之因，招致此生有这个报身。凡是得道的人，父母所生的那个色身就转了。报身修到圆满时，整个人就脱胎换骨了。南怀瑾说，学佛最困难的就是离不开身相，所有功夫都在肉身上转，都是着相。身相不去，就是我相不去；我相不去，有我，就有你、有他；有你我他，就有人，人相不去；人相不能去，寿者相不能去，众生相不能去。不要说四相，连一相都去不了，如何成佛？

法身是代表宇宙万有的本体，报身代表现象，化身代表法身的变化作用。

《心经》上说的“不生不灭，不垢不净，不增不减”指的就是法身。禅宗六祖《坛经》上说“一念不生全体现”，也是指法身。法身是无相的，所以“佛告须菩提：凡所有相，皆是虚妄。若见诸相非相，即见如来”。南怀瑾说，最重要的就是这一段话。一般读《金刚经》，到这里都自我下个定论，认为是空。那不是佛说的，是你说的。假如真是空，鸠摩罗什为什么不译成“空”，而是说“若见诸相非相”，这是教我们无所住，不着相。

接下来，第六品“正信希有分”讲道：身相去掉后，还要去心相，有心相就有“法相”。一般人信佛都要着相，无论是念佛拜佛的，还是打坐观想的，都会在自己的心中造一个法相。佛说：“无法相，亦无非法相”，“无法相”，即一切不着相，一切佛法统统放下，因为“若取法相，即着我人众生寿者”，这样就不是无所住，“是故不应取法”。佛还说：“知我说法如筏喻者。法尚应舍，何况非法。”佛说的法就像过河的船，过了河，船就不要了。如果还抓住一个佛法当作是正法，就是法不能舍。然而，“无非法相”，把一切都否定，又错了。第三十品“一合理相分”里进一步说明了这个道理。佛固然不说断灭相的空，但也不说世间相的有。有是幻有，空是真空，真空不是没有，因其真空，所以能生起幻有世界，那不过是偶然暂时存在的世界。一切有是暂时的，并不是没有，但不是毕竟，而是“毕竟空，胜义有”。空只是一个境界，一个作用。对学佛人来说，没有佛法，没有那艘过河的船，你也渡不过去啊！所以“不应取非法”。总之，真正学佛不应该着相，也不应该不着相。

《金刚经》说了“善护念”，说了“无所住”，到第十四品“离相寂灭分”，要说般若智慧，也就是“第一波罗蜜”了。什么叫作第一波罗蜜？就是至高无上的智慧。但“如来说第一波罗蜜，即非第一波罗蜜，是名第一波罗蜜”。南怀瑾解释这句话，真智慧看似无智慧，就是老子说的大智若愚。真正的智慧也就是《大学》《中庸》上说的“上天之载，无声无臭，无思无虑”。没有思想，没有忧虑，既无烦恼亦无悲，觉性清净，这才是第一波罗蜜。

南怀瑾最后总结道：一个人学佛发愿，使一切众生皆入涅槃，度一切众生。但其实没有一个众生可度。因为众生自性自度，个个都是佛，只能靠自己平实地去做。释迦牟尼佛自己做了一个榜样，穿衣、化缘、吃饭、洗脚、敷座都靠自己，规规矩矩做人，老老实实做事。修行就是“诸恶莫作，众善奉行”。

《药师经的济世观》：救人济世的大乘精神

南怀瑾的《药师经的济世观》是由其1981年对台北十方书院僧侣的演讲记录而成。《药师经》是一部佛教大乘经典，在民间流传很广。一般信佛的人遇到有人生病，都会念“南无消灾延寿药师佛”。这部经的文字很浅显，但南怀瑾说，《药师经》的真正含义，有学问的人也未必知道。他在讲解这部佛经时，结合《法华经》的相关内容，深入极细微处，并以人生经历融会经义，谆谆告诫，处处提示，使读者能有所领悟。

南怀瑾说，我们为什么不能成佛成道？因为众生皆在病中，身、心两病。心病当然要有心药医，心药只有佛法。学佛是为医治心病而找药，但有些人始终没能治好自己的病。药没有找对，病当然治不好。我们的心病，究竟要找哪一种药才能治好呢？那就要求药师佛了。《药师经》的重点在于药师佛的十二大愿。这十二大愿显示了救人济世的大乘精神。南怀瑾的《药师经的济世观》，不仅帮助我们了解什么是十二大愿，也告诉我们怎样去实践这十二大愿。

《药师经》先帮我们找出了心病的病根，也就是被十种业障缠缚：一是无惭，也就是儒家讲的无耻。二是无愧，愧是内心对自己所作所为感到难过，若无这种反省就是无愧。三是嫉，对他人的好处、学问、道德、成就等无时无刻不在嫉妒中。四是悭，就是吝啬，不只是对钱财的悭吝，还有对知识的悭吝，不肯惠施于人。五是悔，就是后悔。六是眠，就是贪睡。七是昏沉，就是脑子不清楚，迷迷糊糊。八是掉举，就是散乱，胡思乱想，停不下来。九是嗔忿，爱发脾气，怨天尤人。十是覆，做错了事，千方百计掩饰，不能坦坦荡荡做人。

想要根治心病，就要学佛。学佛必须要以愿心为第一动因，最初的发愿叫作本愿。南怀瑾说，如果没有依照佛法修持，没有发这个愿心，一切都是“梦幻空花”，毫无用处。1000多年来的中国佛教，一般人学佛，没有真正的愿力，只想空掉妄念，但是，你空得了妄念吗，永远空不了；即使空得了，那也不过是意识上的另外一个境界，把意识造成一个比较相似于空的境界而已。学佛首先一定要真正的发愿。《药师经》里说，药师佛发十二大愿。其实，也就是一切学佛者应该有的本愿。

第一大愿：“愿我来世得阿耨多罗三藐三菩提时，自身光明炽然，照耀无量无数无边世界。以三十二大丈夫相、八十随形，庄严其身，令一切有情，如我无异。”

第二大愿：“愿我来世得菩提时，身如琉璃，内外明澈，净无瑕秽，光明广大，功德巍巍，身善安住，焰网庄严，过于日月；幽冥众生，悉蒙开晓；随意所趣，作诸事业。”

第三大愿：“愿我来世得菩提时，以无量无边智慧方便，令诸有情皆得无尽所受用物，莫令众生有所乏少。”

第四大愿：“愿我来世得菩提时，若诸有情行邪道者，悉令安住菩提道中；若行声闻、独觉乘者，皆以大乘而安立之。”

第五大愿：“愿我来世得菩提时，若有无量无边有情，于我法中，修行梵行，一切皆令得不缺戒，具三聚戒；设有毁犯，闻我名已，还得清净，不堕恶趣。”

第六大愿：“愿我来世得菩提时，若诸有情，其身下劣、诸根不具、丑陋顽愚、盲聋喑哑、挛躄背偻、白癞癫狂，种种病苦；闻我名已，一切皆得端正黠慧，诸根完具，无诸疾苦。”

第七大愿：“愿我来世得菩提时，若诸有情，众病逼切，无救无归，无医无药，无亲无家，贫穷多苦；我之名号，一经其耳，众病悉除，身心安乐，家属资具，悉皆丰足，乃至证得无上菩提。”

第八大愿：让愿意成为男人的女人来世如愿。

第九大愿：教化一切外道众生皈依佛门，走上正道。

第十大愿：使受刑的人解除痛苦忧愁。

第十一和第十二大愿：让饥寒交迫的众生吃饱穿暖。

南怀瑾总结说，药师佛的正法宝藏是什么？就是十二基本大愿。十二大愿的精神，就是“舍己为人”四个字，为一切众生着想，一切利人，毫不利己。

大乘佛教精神的实践

《药师经》的前半部讲了药师佛的十二大愿。这十二大愿体现了救人济世的大乘精神。接下去，这部经还讲了如何实践这种精神。只有愿，没有行，仍然不能成佛，所以一切在于行，在于实践。南怀瑾在《药师经的济世观》里说："目前世界各地风起云涌崇尚谈禅。千万要注意，真正的禅宗是行到，不是嘴里讲的口头禅。"光谈禅没有用，要行到，因此要特别注重达摩祖师所传的禅宗，达摩禅以"二入"及"四行"为要义。所谓"二入"是理入和行入，理入是借教悟宗，由"理性"着手，觅求真本，入佛知见；行入是依理起行，由"实践"着手，依行入理，由此悟道。"四行"包括报冤行、随缘行、无所求行、称法行，四种行都要做到。如果行不到，偶然有见解，打起坐来心境上偶然有一下空灵，那不是禅。因此，《药师经》不仅讲愿，也讲行。药师佛的佛法就是大乘佛教的六度，六波罗蜜，包括布施、持戒、忍辱、精进、禅定和智慧。《药师经》重点讲了布施和持戒。

《药师经》上说："有诸众生，不识善恶，惟怀贪吝，不知布施及施果报，愚痴无智，阙于信根。多聚财宝，勤加守护。见乞者来，其心不喜。"南怀瑾解释这段经文说，一个人要分辨真正的善恶非常难。世间法的善恶、是非，都是相对的，世界上没有绝对的善恶。因此，布施、做好事需要用智慧判断。否则，看起来是做好事，结果是坏事，往往造很大的业。

接下去讲持戒。前述十二大愿的第五大愿就是“于我法中，修行梵行，一切皆令得不缺戒，具三聚戒”。“三聚戒”是一切戒律的统称，包括三点。一，摄律仪戒，“摄”是包括的意思，律是道德规范，仪是修道的端正威仪。二，摄一切善法戒，一般戒律是消极的，避免行为出错，而摄一切善法戒是积极的，利他利世。佛教要求“诸恶莫作，众善奉行”八个字。“诸恶莫作”是摄律仪戒，“众善奉行”是摄一切善法戒。三，饶益一切有情戒，又称摄众生戒，也就是利益一切众生的戒。

南怀瑾说，自己内心守戒等于保护自己的色身，使身心两方面永远是充实圆满的，没有缺点、漏洞。《大智度论》比喻受戒如乘坐一个空气袋渡海到彼岸，这个空气袋不能有一点漏。若有一点点破洞，水就会灌进来而人沉没下去。这个比喻十分恰当，同时也点出了修行的功夫和道理。一个修行人犯戒后，身心漏失，精气神不充沛，永远到不了彼岸。药师佛愿一切众生在他的法门中修行，毫无缺漏。

《药师经》上说：“若诸有情，虽于如来受诸学处，而破尸罗。有虽不破尸罗，而破轨则。有于尸罗轨则，虽得不坏，然毁正见。有虽不毁正见，而弃多闻，于佛所说契经深义，不能解了。”有些众生虽然跟佛学习，接受佛的一切教法，但也会破戒，“尸罗”就是梵文“戒”的音译。有些人虽然没有破戒，却破坏了僧团的规矩。有些人学佛不犯戒，也没有破坏规矩，但歪曲了正见。

无论是布施，还是持戒，都要有正见。不然，六度万行，有时候看似做了善事，实则是做了坏事。《药师经》上警告：“如是愚人，自行邪见，复令无量俱胝有情，堕大险坑。”俱胝，是梵文，泛指巨大的数量。邪见会令无数众生堕落险境。佛教归纳不正确的见惑有五大类。一，身见，执着色身为实有，身体丢不掉、空不掉。二，边见，就是偏见，不是执着于空，就是执着于有。三，邪见，包括执着于自我的“我见”，以及主张“心识为我”的外道等。四，见取见，执着于自己的见解是对的，别人的见解都是错的。五，戒禁见，指依戒而起的妄见。人们不能得正见，便是因为时时刻刻被“五见”遮挡。正见从何而来？必须“多闻”，对于佛所说的一切法“契经深义”。

菩萨戒的第一条就是不能“自赞毁他”。南怀瑾说，一般人为了出人头地，总是想尽办法标榜自己，毁谤他人。出家人也有门户之见，标榜禅宗，或标榜净土，说其他都不好，早已犯了根本戒。《药师经》上说，这些都是“由增上慢，覆蔽心故，自是非他”。“五惑”加上贪、嗔、痴、慢、疑，称为“十惑”。在与生俱来的傲慢心上，又把慢心推向极致，就是增上慢。比如，聪明人本来就自以为了不起，如果再加上有学问、有成就，更容易产生增上慢。如果走上坏路子，就是古人所说的：“学足以济其奸。”不学还好，有了学问更助长其恶。增上慢把自己的本心盖住了，更严重的会“嫌谤正法，为魔伴党”。以为自己学的就是正法，把自己不懂的一概否定，这是毁谤正法。南怀瑾总结说，修行就是为善去恶，把身口意的恶业转成善业，随时随地检查自己的思想、言语、行为。

《维摩诘的花雨满天》：在入世中出世

《维摩诘的花雨满天》是南怀瑾在台北讲完《药师经》后，接着给十方书院学员讲《维摩诘经》的讲课记录。在台湾出版时，书名是《维摩诘经讲记》。

《维摩诘经》，全称《维摩诘所说经》，是大乘佛教的主要经典之一。这部经因主人公是维摩诘居士而得名。维摩诘是古印度毗耶离城的一位大乘居士。他是佛经中现身说法、辩才无碍的代表人物。这部经的形式是他借称病，向释迦牟尼派来问病的文殊菩萨、舍利弗等人阐扬大乘佛教的深奥义理。《维摩诘经》包含的议题众多，如生病问题、生死问题、什么是菩提、什么是道场、什么是布施、涅槃的真正意义等，着重阐发了“在入世中出世”“心净则佛土净”“无在无不在”等大乘般若性空思想。它所代表的是佛法在世间，不离世间本位而解脱成佛的精神，也指明了十方三世诸佛如何证道，如何得到解脱，如何证得菩提的路径。《维摩诘经》为佛教的发展，尤其是中国禅宗的发展提供了重要的思想资源和方法论依据。

这部经也是由鸠摩罗什翻译的，在达摩祖师到达中国之前广为传播，是与中国文化关系最大、对中国文化影响最深、历时最久的一部经。长期以来，由于《维摩诘经》的文字流畅优美，反而掩盖了文字背后蕴藏的深刻含义。南怀瑾以其长期修行的实证体会，以经证经，将《维摩诘经》与《药师经》《法华经》《楞严经》《金刚经》《普贤行愿品》等经典相对照，并融会儒释道，将佛教与中国传统文化进行比较，旁征博引地揭示了《维摩诘经》的精髓。他讲得平实易懂，当时的听课对象主要是出家僧尼，南怀瑾的讲解偏重在修持方面。

南怀瑾说，《维摩诘经》也有人译作《不可思议解脱经》。这部经的中心就是讲解脱法门。学佛的目的就是求解脱，从三界解脱出来，跳出六道轮回，找到自己生命的本源。众生原本是佛，迷失了原路，不知父母未生之前的自己是什么，找不到这个根源，因此就在三界六道中生死轮回。此外又加上受到周围物质世界的影响，而有身心烦恼、痛苦。修行就是要解脱物质世界的束缚，解脱身心的烦恼。如何才能解脱呢？维摩诘居士告诉人们，佛法在世间，并不是非要出世不可。在世间能解脱，出世间也能解脱，没有出入之分别。出入自如才是自在，否则永远得不到自在之身。维摩诘是一个在家居士，但他说的佛法是对在家人和出家人说的。成佛不在于出家或是在家，佛法本来也就不分在家和出家。在这个世间就可以出离，证得菩提，不受任何形相的拘束。佛法在世间，学佛只能在自己的身心上自了。如果依赖别人，想了生死，想成佛道，是不可能的。因为外力仅是方便法门，非究竟法门。所以究竟法门必须要自度自了。

《维摩诘经》第一品“佛国”阐述了大乘菩萨道的各种德行成就。南怀瑾说，重心在“功德智慧，以修其心”这八个字。修行就是修心，也就是修功德、修智慧。功德是一点一点累积而来的，要身、口、意随时都在行一切善，而且在做了功德后，若因此心生一丝骄慢，这个功德也没有了。没有功德，怎么会有福报呢？修智慧，靠的是止观，不是靠打坐，越打坐越糊涂的人很多。止是止一切妄念杂想，止于至善，一念在净念上。然后要起观，参究一切佛，这才是打坐静修的道理，不是在那里玩弄气感。学佛就两条大路，一条修福德，行一切善，去一切恶；另一条修智慧。福德圆满、智慧圆满，才能成功。

第二品“方便”，南怀瑾说，维摩诘居士的美德不仅值得赞叹，而且他的每一条美德，都是我们修大乘菩萨道的榜样。佛法在世间，我们应该在平凡的生活中去学佛，不能装样子。有的人一脸佛相，满口佛话，一身佛气，进了屋子就把空气都染污了。那样的人不是真正的学佛人。

第三品“弟子”，由维摩诘居士生病开头。南怀瑾说，这是暗喻任何生命的存在都有生老病死的必然过程。释迦牟尼佛最初就是为了解脱生老病死而出家的。我们自己觉得没什么病，其实都是在病中，不是身病，就是心病。释迦牟尼派弟子去问病，维摩诘借此机会教化大众。在这一品里先后出现佛的10位最闻名的出家大弟子。他们都各有所长，但每一位的成就优点，也正是他的缺点。因为他们只是小乘的阿罗汉，没有进入佛菩萨境界。每一位被维摩诘居士申斥的佛弟子，他们所代表的是小乘佛法、渐修法门、三大阿僧祇劫才成佛的观点。这与大乘佛法、顿悟法门、直指人心见性成佛的观点是相对的。南怀瑾提示道，《维摩诘经》讲的是形而上真如法界，也就是禅宗所标榜的直指人心、顿悟成佛的法门，是最上乘的佛法，所以和一般讲渐修的法门，有许多不同的地方。后世禅宗讲求顿悟，受《维摩诘经》影响之大无与伦比。

罗睺罗被训斥，则是因为他讲出家有什么功德。维摩诘说，这个问题本身就问错了。对有为法、人世间的事来说，可以说有利益有功德。但“夫出家者，为无为法。无为法中，无利无功德”。南怀瑾说，无为法是没有丝毫的利害功德观念的。在世界上做任何事都有利益，只有学佛不同。学佛法是学空法，一切放下，连放下的观念也放下。维摩诘说：“夫出家者，无彼无此，亦无中间。”真出家了，一切放下，没有我，也没有他；没有世间，也没有出世间。南怀瑾说，出家者是心出家。你们的心真出家了，发了大乘心了，立了大愿：这一生一定要求得菩提，大彻大悟。发了这样的无上真心真愿，就是出家，就是得了具足戒。反过来说，即使形式上出家了，如果没有真发起阿耨多罗三藐三菩提心，不是真出家，也不是得具足戒。这就是大乘菩萨道的道理。

大乘菩萨的见地

南怀瑾讲到《维摩诘经》第四品“菩萨”和第五品“文殊师利问疾”，就轮到被释迦牟尼佛派去问病的大乘菩萨们了。南怀瑾说：在这部经里，佛的十大弟子都已成就阿罗汉果位了，还被维摩诘居士训斥，道理在哪里？是见地的问题。这两品的重点是每一位大乘菩萨的见地，而每一位菩萨的名号都和佛法有密切关系。

第一位是弥勒菩萨，他所代表的见地，是什么叫菩提，什么叫得道，怎样算大彻大悟。弥勒菩萨说法，劝天人发阿耨多罗三藐三菩提心。维摩诘申斥他说，一切众生此心本是大乘心，心性之体本来不生不灭。“菩提者，不可以身得，不可以心得”，菩提是无所不在的。

第二位是光严童子，他所代表的见地，是讲何处是道场。维摩诘说：“直心是道场，无虚假故。”南怀瑾解释说，所谓直心者是无心，无心无念不加任何意识就是道场。真正的道场在心，不在外形，不要着相。

第三位是持世菩萨，持世即保持这个世界。世间一切法都是佛法，世间法和出世间法没有不同。持世菩萨本来在道场入定，天魔带了魔女来玩花样。他就对魔王说，我们是出家修道的人，不可以这样。这就是一般学佛人的做法，铁青着面孔教训人。维摩诘借对魔女说法，告诉我们：什么叫作魔境？凡是贪图身心爱乐的都是魔，有情魔，有爱魔，还有更大的欲魔，这三种是人世间大魔。有所欲求就有烦恼，烦恼是魔。学佛的人也追求快乐，但与世俗追求的快乐享受不同，他们追求的是法乐。维摩诘列举了一连串的法乐，只要放弃世间的物欲之乐，转修出世的法乐，烦恼即是菩提。因此，菩萨道要度一切众生，包括魔。

第四位菩萨是一位名叫善德的世家公子。顾名思义，这位菩萨的境界是修一切善的。他转述维摩诘对布施的看法：布施最重要的不是拿财物布施，而是法布施。维摩诘居士说，第一，“以菩提，起于慈心”。悟道后从内心生起慈悲心，爱护一切众生。第二，“以救众生，起大悲心”。随时随地生起救助一切众生的大悲心。第三，“以持正法，起于喜心”。生起修持正法的欢喜心。南怀瑾说，什么是正法？尤其是末法时代，人人都说自己是正统，别人都是旁门左道。哪里去找明师呢？本师释迦牟尼佛在这儿啊！他的经教都在，都是正法。我们后世学佛的人要记住：“依经不依论”，一切道理以佛经为标准，论著在其次，现代人的佛学著作更靠不住，因为有没有修证都成问题。然后是“依智不依识”，靠智慧，而不是根据我们的意识妄想去推测。还有“依了义不依不了义”，要研究大乘了义经典，有些佛说的经典是不了义，是对不同程度的人说法。最后是“依法不依人”。法布施的第四条是“以摄智慧，行于舍心”，法布施是智慧的布施，越有智慧越能舍、越放得下。归根结底，法布施要有菩萨“慈、悲、喜、舍”四无量心。

南怀瑾认为，维摩诘讲的法布施还有一个重点，是“护持正法，起方便力，以度众生，起四摄法”。不是捐点钱给僧侣就叫护法，护法必须懂得方便法门，也就是与时俱进。现今世界的潮流到了末法时期，无法挽回。这是社会趋势，人类社会变化得太快了，每天都有新的思想观念出现。宗教的形式不变是不行的。在这样的潮流中，出家、在家的菩萨们都在维持正法，但不跟上时代变化是绝对维持不住的。不过，佛法不会因其宗教形式而衰落，反而会更昌明。现在全世界的人都在用各种方法追求人生的究竟。因此，佛法的价值会越来越高。过去护持正法的担子都落在出家的僧众身上，但这百年来起了变化，担子多半落到了在家人身上。在世界各地的高等教育机构里，佛学课程越来越普遍。但这对于佛教并不是一个好现象。只有把佛教、佛法、佛学合而为一，才能扶持正法。方便力的作用是“起四摄法”，以救度一切众生。四摄法包括了布施、爱语、利行、同事。这也就是中国传统文化提倡的“敬业乐群”。做任何一件事情都专心一致，没有推诿、没有烦恼，是敬业；人与人之间，彼此快乐和睦地相处，是乐群。

对于布施，维摩诘不但有言教，也有身教。善德菩萨用珍宝供养他，维摩诘接受供养，拿到手就分成二份，一半供养最殊胜的佛，另一半供养给法会上最穷的穷人。南怀瑾提醒我们要特别注意这一段。佛经上称，供养十亿个罗汉，还不如供养一个缘觉；供养百亿个缘觉，还不如供养一个佛；供养千亿个佛，还不如供养一个无修无证的道人。其实，供养一个无心道人，还不如供养一个世界上最穷苦的人。因为供养下方世界这样穷苦的人，就等于供养了上方世界的难胜如来，上下是一样的。很多人往往只向上供养佛，对于社会上贫苦的人理都不理，这根本不是佛法。维摩诘居士做了榜样，然后说：“若施主等心施一最下乞人，犹如如来福田之相，无所分别，等于大悲，不求果报，是则名曰具足法施。”假如布施的人，以平等心布施供养最下等的乞丐，功德等于供养了佛，是真正种了福田。

《维摩诘经》第七品“观众生”用十种比喻告诉我们，菩萨如何观众生，从而达到如梦如幻真实的三昧境界。这一品里讲到大家熟悉的天女散花。花落在大阿罗汉身上就粘住了，大菩萨身上一瓣花都不粘。什么道理？这些大阿罗汉成就很大，他们虽然空了，不动念了，但积习未断，阿赖耶识里爱花、爱漂亮的影子还在，所以天花会着身。

第八品“佛道”，维摩诘对文殊菩萨说：“若菩萨行于非道，是为通达佛道。”表面上看起来是不走修行之路，才是真正的修行佛法。其实意思是说佛法不一定在高山、在寺庙、在清净的地方。真正的大菩萨可能嘴里一句佛也没有。社会上到处有菩萨，不过是在不同的地方和不同的时间，表达有所不同而已。它不一定是菩萨这个形象，也不一定是这个宗教，但所行的都是佛道。大乘菩萨道要在入世中出世，也就是以大宗教家的精神，做社会福利的事业。

第九品“入不二法门”，维摩诘让众菩萨们各自表述什么叫不二法门。

不二法门的解脱，是《维摩诘经》的重点之一。不二就是一，无所谓出世入世、修道与不修道。佛与众生本来已经解脱了，没有人束缚你。真得了解脱，就可以证得法身了。法身本自清净，如何能证得清净呢？必须有解脱的般若。所以解脱、法身、般若是一体的，是不二的。文殊菩萨说："于一切法无言无说，无示无识，离诸问答，是为入不二法门。"正的佛法不可知，不可说，没有办法表示，不需要问，也不需要答。这样就是这样，好就是好，这就是不二法门。

《维摩诘经》最后五品大多是讲修持的具体问题，修行人可以深入研读，一般读者有所了解就可以了。

如何看待自己的身体

南怀瑾讲《维摩诘经》，有一个问题大家都关心，就是如何看待自己的身体。在这部经里，维摩诘说："于身命财，起三坚法。"人抓得最牢的三样东西，叫作三坚，就是身体、生命和财产。其实，身体和生命是相联系的，爱自己的身体，也是爱这条命。对大部分人来说，命毕竟比财重要，命没有了，财也落空了。当然，也有爱财如命的，但毕竟是少数人。对学佛的人来说，修行的第一关就是如何转变自己的色身。按照维摩诘的说法，如果学佛到了能舍弃这三样东西的境界，那就是三坚法，学佛就算有了进步。

在第二品里，维摩诘居士以生病作为说法的因由。南怀瑾说，一个人有生命一定会有病，正应了佛教基本的四句话："积聚皆销散，崇高必堕落，合会终别离，有命咸归死。"假有的生命最后一定会死亡，由生到死之间，老病不过是死的前奏。所以生、老、病、死是必然的，不是偶然的。这个前因后果的关系，不需要等到后果来到才知道。这是佛教对身体、疾病、生命的基本看法。

维摩诘居士得病的消息传开后，从国王到各界人士有好几千人都去探视。维摩诘说："诸仁者！是身无常，无强无力无坚，速朽之法，不可信也。"诸位，父母所生的肉身是不会永恒存在的，而且不坚固、很脆弱，很快就会坏掉，不要信赖这个身体。南怀瑾说，大家打坐、搞气脉，求健康长寿，都是信赖这个身体。如果以为这是在学佛修道就错了，非正见也。按佛法来说，这个肉体的我，不是真我。“为苦为恼，众病所集。”这个身体是痛苦的根本，是烦恼的根本。我们一切身心的痛苦，都是因为这个肉身而来。老子也表达过同样的意思：“吾所以有大患者，为吾有身。及吾无身，吾有何患？”因为我们有身体，所以就一定会有病，假如我们没有这个肉身，那还会有什么病呢？维摩诘又说：“诸仁者！如此身，明智者所不怙。”真有大智慧的人，不会怜惜依赖这个身体。这不是叫大家自虐身体，而是不要过分谨小慎微。

接下来的一段话，维摩诘居士讲身体：“是身如聚沫，不可撮摩。是身如泡，不得久立。”身体就像水面上浮聚了一堆泡沫，细胞、血液、神经堆拢在一起，外面罩上一层皮，就成了这个人体。水泡是捏不得、抓不住的，也是不能持久的。这层皮剥开来，泡沫一流走，身体就完了。“是身如焰，从渴爱生。”南怀瑾说，这是修观法，身体像火焰，某人气色好，红光满面，就是精神好，身体状态好。相反，身心不健康就没有光泽。这是什么道理？“从渴爱生”，和人的爱欲有关。纵欲过度必然会形如枯槁，面如菜色。南怀瑾说，男女爱欲是由荷尔蒙来的。爱欲暴发时，如果用定力和智慧把爱欲转化，将身上的荷尔蒙转成真液下来，感受到犹如醍醐灌顶似的清凉，色身就转了。这就是密宗讲的修气修脉修成了。

“是身如芭蕉，中无有坚。”芭蕉树的树干是中空的，不是实心的，人体也是如此。“是身如幻，从颠倒起。”大家都以为这个身体是实在的，看看自己年轻时的照片就会觉得如梦如幻，照片中的人与现在的你，外貌已经不同了。这个身体只是暂时属于你，不能永远为你所有，终归是要耗尽的。“是身如梦，为虚妄见”，人生如梦，这个身体的存在也是一场梦。执着于身体的实有，是一种虚妄的见解。“是身如影，从业缘现”，有人长得漂亮，有人长得丑陋，有人健壮，有人虚弱，还有人天生残缺。这都是前生前世的因缘业力所致，身体只是果报显现的影像。“是身如响，属诸因缘”，身体不仅是果报的影像，也是此生因缘的回响。我们常说“相由心生”，好事做多了，心地光明磊落，面目也会慈祥端庄。相反，坏事做多了，心地阴暗的人，面相一般也比较猥琐。“是身如浮云，须臾变灭”，身体在刹那刹那地变灭，一分钟前的你已经不是现在的你了。所以说，这个身体是捉不住的，你无法使自己永远停留在18岁，永远年轻。“是身如电，念念不住”，人的思想念头如电光一样，一闪即逝，念头一个接一个，无法停留。“是身无主，为如地”，前面讲过的，身体是无主的，不会永远属于你所有，就像大地一样，不属于任何一个人，你买一块地，只有使用权，不可能千年万年都属于你。“是身无我，为如火。是身无寿，为如风”，身体像火一样，烧完就灭了。身体无所谓寿命短长，活一百岁也会像一阵风吹过去了。“是身无人，为如水”，我们把每个身体叫作“人”，其实不存在这个人。你说的这个人就像流水一样，刚看见就已经过去了，回不了头。

“是身不实，四大为家”，身体不是实体，是由地水火风“四大”拼凑而成的。“是身为空，离我我所。是身无知，如草木瓦砾”，这个身体是空的，既没有“我”，也没有我所拥有的。身体自己没有知觉，没有一口气，就如同草木瓦砾一样。“是身无作，风力所转；是身不净，秽恶充满”，我们的身体会活动，是因为有口气在，是“风大”。风大不来就不会动了。皮肤底下充满脏的、臭的东西。如果进手术室去看看，或者看看暴死的尸首，就不会觉得身体可爱了。“是身为虚伪，虽假以澡浴衣食，必归磨灭。是身为灾，百一病恼”，人们为身体洗浴穿衣抹香水，还要吃喝，但它毕竟留不住，是会消失的。身体是一切灾难的根源。佛经上说，我们一生中所可能患的病痛，以大类计算有404种，地、水、火、风这四大，每一大各会引发101种病变。“是身如丘井，为老所逼。是身无定，为要当死”，身体像是陷阱，人陷在其中，看着老死慢慢逼近，不知到了哪一天，终归要死亡的。“是身如毒蛇，如怨贼，如空聚，阴界诸入所共合成”，身体如此可怕，不过是各种心理和生理因素拼凑起来的一个“假我”。

维摩诘居士把这个肉身说得一文不值，是要引出下面的话：“此可患厌，当乐佛身。”但南怀瑾说，即使如此，我们还是要珍惜自己这个难得的身体。佛经上有“人身难得，中土难生，明师难遇，佛法难闻”四难。佛形容人身难得，如大海中的盲龟浮上海面，正巧头能钻进浮在水面上的一只车轮孔中。这个机会是如此难得！六道之中，只有人才有可能成佛。因此，要利用这一生好好修行。

《圆觉经略说》：一念一清净

《圆觉经略说》是南怀瑾的一本重要佛学著作，是根据他于1983年在台北十方丛林书院讲课的记录整理成书的。

《圆觉经》是了义经，是可以彻底解决人生痛苦烦恼的经典，也是指引如何修证佛法的经典。在整个佛法系统中，有一个总持法门叫作“圆觉”，“圆”代表圆满，没有缺陷，没有渗漏。“圆”也包括了一切时间和空间，无时不在，无所不在，在任何时间、任何地点都可以成佛，随时随地都可以圆满觉性，随时随地都可以悟道。按照后世对佛经的分科判教，这部经归入华严宗系统。华严宗是唐代以后新兴的中国佛教宗派，其根本经典《华严经》的内容包罗万象，是佛教的大宝库。所谓“不读华严，不知佛家之富贵”。《华严经》的重点是讲“一真法界”，处处皆是佛，一切众生皆是佛，“一花一世界，一叶一如来”，是“直指人心，见性成佛”的法门。其他佛经看人生的态度大部分都是悲观的，认为这个世界都是缺陷，人生充满痛苦，因此求解脱。唯有《华严经》认为这个世界是至真、至善、至美的，是一真法界，万法自如，处处成佛，时时成道，也就是所谓的华严境界。《圆觉经》讲的是一乘圆教，没有所谓大乘、小乘之分，只有“见性成佛”，而且是无所偏的圆教。

这个世界称为婆娑世界，意思是不完美的世界。今天许多人对人生的价值感到迷茫，转而从佛教中寻求心灵的慰藉，寻求解脱痛苦的方法。然而，大多数人并不知道学佛从何入手。有人被引入歧途，错把迷信当佛法；有人因佛经艰深难懂而不愿阅读；有人唯恐走火入魔而不敢修行，即使修行也抓不住要点，到处听经拜师，求秘诀、求灌顶，对于真正的佛法却一无所知。《圆觉经》经南怀瑾深入浅出地讲解，对初学者而言，浅显易懂，可作为学佛入门；对于有心修行习禅的人，书中对修行上的诸多问题，如修止、修观、修禅那都做了重点的提示，对见地、修证及行愿都有详细的举例说明。

《圆觉经》的中心思想就在开头的一段话："身心寂灭，平等本际，圆满十方，不二随顺，于不二境现诸净土。"南怀瑾说，只要把握好这一段，对这部经也就全懂了。因为我们读不懂，所以他还要苦心孤诣地用平实的语言，解释难懂的经文，引导我们吸收《圆觉经》的深意。在这部经中，关键词是"寂灭""平等""圆满"，"清净"是核心。身心寂灭，可以理解为破了"我相"；平等本际，破了"人相"；圆满十方，破了"众生相"；不二随顺，破了"寿相"，最后达到净土境界。

南怀瑾说，菩提心是大悲心的体，大悲心是菩提心的用，清净心是菩提心的相。众生一念清净就可以进入大光明的佛境。众生为什么不能达到这个清净光明境界呢？因为住在无明黑暗中，自性光明被阻碍了。为什么会被阻碍呢？因为一世众生昼夜始终沉没在"散乱"与"昏沉"两个境界中，不是散乱，就是昏沉；不是昏沉，就是散乱。两者合起来叫作妄念。有妄念，所以不能清净，自性光明就被阻碍了，佛学上叫无明。学佛人禅坐、念佛、念咒、观想，就是要做到既不散乱，又不昏沉。不散乱，不昏沉，就是定；此时心中没有善念，没有恶念，也没有无记，一片天真，就是戒；没有散乱，没有昏沉，也就是慧。

要达到这一清净觉地，首先要做到"身心寂灭"。现代人不要说寂灭，得止就很难了。我们的心不是在散乱，就是在昏沉中，念佛愈念愈烦，打坐愈坐愈乱，如何寂静得了？况且，不只是"心"要寂灭，灭掉一切烦恼，灭掉一切妄想，佛说的是"身"也要寂灭，这个肉身之躯处处给我们设障碍，打起坐来，不是这里痛，就是那里痛，不能安详，此身如何寂灭？《圆觉经》

里教我们如何修到身心寂灭。其次，修持达到身心寂灭以后，更进一步就是“平等本际”。“本”是指形而上的道体，三世诸佛与一切六道众生在道体上是完全平等、没有差别的。在身心寂灭，到达清净觉地后都一律平等，没有大小乘之分，也没有过去佛、现在佛、未来佛之别。再次，到了平等本际，自然是圆满十方。在诸佛菩萨自性平等的道体里，没有一处不清净，没有一处不圆满。圆满就是没有缺陷、渗漏，不生不灭，不增不减，不垢不净，充满十方，无所不在。最后是“不二随顺”，不二就是唯一，一真法界，即是圆觉境界，清净处有佛，不净处有佛；天堂有佛，地狱有佛；善人心中有佛，恶人心中有佛，一切众生性平等，此谓不二法门。出世是圆觉，入世亦是圆觉；成佛是圆觉，众生亦是圆觉，无处不圆觉。到了这样的不二境界，自然就是净土。既不散乱，亦不昏沉，一念清净，真正净土现前。

《圆觉经》一开始，文殊师利菩萨就向释迦牟尼佛提出问题。文殊菩萨代表智慧成就。他问什么是如来因地法行，也就是问学佛从哪里开始。释迦牟尼佛答复，清净是成佛的因地、起步。发清净心，修行才能“不堕邪见”，不至于走岔了路。南怀瑾说，身心随时都要在清净中，假如心中有所求，想图个清净，那就不清净了，必须摆脱这一念，才是毕竟清净。不过，这个境界太高了，不容易达到。文殊菩萨退而求其次，问如何发起清净心？佛说，发清净心，要懂得自性本来清净的道理，不用你去清净，妄想念头不必去有意空它，随便它自去自来，自由自在，无挂无碍。佛说具体修行的方法是“依圆照清净觉相”。南怀瑾解释这种方法说，回照自己的起心动念，要把思想念头怎么来怎么去照得清清楚楚。不仅打坐的时候观照得很清楚，即使在忙中乱中也随时随地观照自己的念头。当你察觉妄想来的时候，就是清净，因为妄想早已跑掉了，当下清净，本来清净，妄想不空而自空。这样一念清净慢慢修下去，便可永断无明。

悟道以后，心清净了，内心没有烦恼，肉体的眼、耳、鼻、舌、身、意都会跟着转过来，六根清净，整个肉体都转成清净之身。此时，“圆觉普照，寂灭无二”，到处都清净，处处圆融无碍。

十二菩萨问，佛法精要

《圆觉经》是由12位菩萨一一上来向释迦牟尼佛提问题。第一位是前面提到的文殊菩萨。第二位是普贤菩萨，第三位是普眼菩萨，第四位是金刚藏菩萨，第五位是弥勒菩萨，第六位是清净慧菩萨，第七位是威德自在菩萨，第八位是辨音菩萨，第九位是净诸业障菩萨，第十位是普觉菩萨，第十一位是圆觉菩萨，第十二位是贤善首菩萨。南怀瑾在书里指出，这12位菩萨排列的顺序，告诉我们大乘佛教的修持方法。12位菩萨分为3组，4位菩萨为1组。第一组是直指人心，见性成佛；第二组是大乘渐修法门；第三组是渐修法门入手，而后到大彻大悟的境界。

文殊菩萨代表智慧，这是第一步。悟了道，智慧成就以后，就要起行。普贤菩萨代表行愿。他提的问题：既然佛说一切法如梦如幻，身心皆幻，那又何必修行呢？谁来修行呢？一切众生在生死轮回中，以假当真，怎样使妄想心得到解脱呢？佛的答复是：一切幻化都是自心本体变化出来的，你的觉心没有动过，本来如如不动。所谓修行，只是让“诸幻尽灭”。所以修大乘道，应当远离一切幻化虚妄境界。所有一切修行，包括持戒、修定、修慧，这些都是虚妄境界。一切众生本来在定，本来清净，有什么戒呢？本来不动，有什么定呢？本来如梦如幻，有什么慧呢？假如你还装模作样修个什么法，都是在虚妄境界，自己骗自己。若懂得这个道理，“坚执远离心故”，一切都丢！丢！丢！都远离。你觉得已一切放下的那个空的境界也要放下。“得无所离，即除诸幻。”南怀瑾说，这八个字是如何离幻化虚妄境界的结论。最后达到无所离，放到无所放，空到无所空，“即除诸幻”。“知幻即离，不作方便”，妄念自己走掉了，不用你再去除妄想，不必再用其他什么修行方法。这就是直指人心，见性成佛的法门。禅宗走的就是这条修行路线。

第三位普眼菩萨的问题比较具体，关于如何修禅定、念佛、观想，如何使正法住持世间。佛的答复也很具体：“先依如来奢摩他行，坚持禁戒，安处徒众，宴坐静室。”先修止，把心专一起来。修止是修定之因，得定是修止之果。一般佛经上都说，因戒得定，因定生慧。为什么《圆觉经》却主张先修止再持戒呢？南怀瑾是这样解释的：真正的大乘佛法，心专一得定就是戒，没有起心动念，何须有戒？不得定，不是真正守戒；不得定，不是真智慧。得了定，妄想即可转成般若智慧，其行为自然中规中矩，自然在戒中。所以要先求止，心定之后，再谈戒。戒不只是指外在的行为，起心动念都是戒。得定之后稍稍失念就是犯戒。因此，得定之后还要坚持禁戒。后世持名念佛，必须念到一心不乱，也就是得止。这是净土法门最基本的一步，也可以说是最后一步。定是一切宗教的共法，佛法还有不共法，就是般若智慧。得止得定后再修观，由观而成就慧，“即除诸幻”，远离一切妄念，进入十方清净境界。

第四位金刚藏菩萨的问题是：能以有思维心测度如来圆觉境界吗？南怀瑾这样解释佛的答复：人的心理现象就是念念相续，像流水一样接连不断，想停也停不住，抽刀断水水更流。如此“循环往复”，来了又去，去了又来，今天这样，明天那样，形成轮回。轮回就是在那里转圈子，忽东忽西，此上彼下，昏头转向，没完没了，跳不出来。一切凡夫想测度如来圆觉境界，也就是成佛的境界，等于是自己还迷迷糊糊地在圈子里转，就想了解整个绕圈子的事，怎么可能看得清楚呢？除非跳到圈子外面来看，才会了解。没有跳出圈子，即使向你解释，你也无法明白。思想不是真正的心，像眼病引起的虚空之花一样，是假的，是空的。用这虚幻不实的思维，自作聪明，自以为是，来测度分辨佛的境界，“犹如空花，复结空果”。以妄想心来学佛，修来修去，始终还在妄想中，在轮回中。结果越学佛，妄想越多。用自己的成见来解释佛法，越讲越离谱，甚至走上魔道都不自知。

第五位是弥勒菩萨，从他开始，提的问题都与大乘渐修法门相关。他问释迦牟尼佛：如何跳出生死轮回？佛菩提有几等差别？佛说，轮回的根本是爱欲。南怀瑾解释：除了男女之间的性欲之外，如爱钱财、爱名，甚至名利都不爱，但爱清高，都是欲。种种的欲望是一股力量，使你千方百计去攀缘，更增长根本的爱欲，使得我们永远在生死轮回中打滚受累。所以佛说："是故众生欲脱生死，免诸轮回，先断贪欲，及除爱渴。"佛菩提的差别在于发心，有人学佛的动机是想要脱离痛苦，最后得到的是小乘之果。有人学佛是为了拯救世人的苦难，这样的发心是大乘的"因地法行"。"尔时修习，便有顿渐。"由于初发心的不同，修行便分为两路，一是顿悟，一是渐修。但只要按照佛的教诲修行，根无大小，都会成佛。

第六位清净慧菩萨问：一切众生和佛菩萨所悟得的道有没有差别？佛回答得很干脆："于实相中，实无菩萨及众生。"实相是见道的真正境界，因此只要见道，佛与众生没有差别，因为众生自性本来一样平等，佛与众生也一样平等。只是众生在颠倒妄想中才有差别。清净慧接着再问：那么学佛修道要怎么修呢？佛说，依性起修，从自己的心性上开始起修，修行的意思就是修整自己的心理行为。用功的方法是"居一切时，不起妄念；于诸妄心亦不息灭；住妄想境，不加了知；于无了知，不辩真实"。在任何时间不起妄念；有了妄念也让它自生自灭；妄想来了不去追究，也不分辨真假，坦然而住。

第七位威德自在菩萨问：成佛渐修的法门是什么？佛的答复是修止、修观和修禅定。其他种种修行方法都是从这三种法门变出来的。第八位辨音菩萨想对修行方法知道得更具体些。佛说，修行是幻法，众生是靠妄想来修行的，由此产生了25种修行的方法。

那么如何找到适合自己的修行方法呢？《圆觉经》也有具体指导：先修清净行，就是持戒；然后寂静思维，忏悔过去种种罪过。如此专修21天以后，在25种方法上各作标记，诚心拜佛，抽取其中一个，抽到哪一种，就按照哪一种方法去修。在修持过程中，没有丝毫怀疑，"一念疑悔，即不成就”。不管走哪一种路线，最后结果都一样可以成佛。

从第九位净诸业障菩萨到第十二位贤善首菩萨，他们和释迦牟尼佛的问答，都是有关渐修法门如何入手。无论选哪一种方法入手，选定之后，就不要随便更换，一门深入，心不放舍，专心一志，全力以赴，“渐次求证”。

《楞伽大义今释》

《楞伽经》是因释迦牟尼佛在楞伽这个地方说法而得名。这部经是印度中期大乘佛教的重要经典之一，在佛教史上具有十分重要的地位。它与《解深密经》同为论述唯识思想的根本经典之一。研究法相唯识的学者把它列为“六经十一论”的重心，凡有志唯识学者，必须要熟悉深知。注重性宗的学者也必读《楞伽经》，尤其对于标榜传佛心印、不立文字的禅宗更是一部重要经典。自达摩大师东来传法的初期，就交付《楞伽经》印心，也就是以这部经的理论作为有没有悟道的依据。可见无论研究佛学教理，还是直求修证的人，对于《楞伽经》若不做深入的探讨，都是很遗憾的事。

然而，正如南怀瑾说的那样：“佛经难读，佛经中《楞伽经》尤难读。”宋代苏东坡说过，《楞伽经》义趣幽渺，文字简古。读者甚至连断句都做不到，何况读懂文字背后的义理呢？至于掌握这些义理，化为自己的思想则更谈不上了。古人已经读不懂了，更何况我们这些连文言文都掌握不了的现代人？20世纪60年代，因一批真学佛者的再三恳请，南怀瑾投入很大精力写了这部《楞伽大义今释》。他在书中为读者清晰地梳理《楞伽经》：经中首先借大慧大士之口，提出108个人生思想哲学问题，但佛陀并没有一一作答，而是直截了当地说心、说性、说相，对“五法”“三自性”“八识”“二无我”等中心论点分别加以辨析。然后引向形而上的第一义谛，指出一个心物实际的如来藏识作为总答，指明空有不异的事理，说明理论与修证的实际。可见《楞伽经》宗旨在于直指人生的身心性命与宇宙万象的根本体性。

在《楞伽大义今释》中，南怀瑾给大家揭示了这部经的奥义就在"融通性相，空有不异"。不过，对于一般初学者来说，这八个字还是不容易理解。什么意思呢？佛在说法的时候，为适应众生的根机，或者偏重于性上的阐发，说众生之心即为法性；或者偏重于相上的探究，剖析一切事物的相状、现象。无论是性还是相，任何一门都是很深奥的，于是有性、相二宗的分野。"性宗"讲空，毕竟空，一空空到底，甚至最后成佛也是空，由空才能成佛。"相宗"讲有，胜义有，一切皆是有，就连空也是有。你的确可以证到空，可以成佛，但那个空就是有，是"胜义"。"胜义"就是最高的道理，这个道理是有的，不是空的。到了后世，性、相二宗在学理上互相冲突、攻伐，变得水火不相容。《楞伽经》是说，这些冲突、攻伐，都是莫须有的。因为佛说法度众生，只在契机与契理不同。打个比方，是不同病用不同药而已，各人的病不同，你吃你的药，我吃我的药，彼此并无妨碍，只要病好就行。"病好"即是契理，"各人病不同"即是契机，契机、契理并行不悖。所以佛随机而有种种说法，大根器的人则为说大法，小根器的人则为说小法。这部经则是为最高层次的众生所说，叫作"如来自证境界"，没有妄想，万法一如，于法性、法相毫不偏颇。因此，《楞伽经》既讲"借相了性"，又讲"由相入性"，最后的终极目的都是达到性相一如的境界。

中国的唯识宗是相宗，禅宗是性宗，两者都把《楞伽经》作为自己的经典，正是因为这部经"融通性相，空有不异"，双方都可以接受。然而，很少有人能像南怀瑾那样真正领会《楞伽经》的精神，而是各执一词。参禅直求修证的人，最容易犯的毛病，就是通宗不通教，于是在意根下立足，或在独影境上依他起用，就相随境界而转；或执着清净、空无，或认光明、尔焰；或热衷于机辩；或死守古人话头公案。殊不知参禅，也仅是佛法求证的初学入门方法，不必故自鸣高，不肯印证教理，得少为足，便自以为是。相反，一般浅见误解唯识学说的人，认为"一切无自性"，自己未加修证体认，便说禅宗的明心见性是邪说。南怀瑾说，佛门中人如果稍能摆脱一些浓厚而无谓的宗教习气，把大小乘所有经论中的真义贯串起来，那么对于现实的人世间和将来的世界，可能贡献更大。南怀瑾的佛学造诣，对佛法的精通，对佛教的贡献，也正是在于打破大小乘的壁垒，跳脱性、相二宗的分野，融会贯通所有佛教经论的真义。如果只是渲染南怀瑾的“神通”“功夫”，那实在是在贬低他。

南怀瑾说，《解深密经》《楞严经》等，条理井然，层层转进，有抽丝剥茧的趣味，可以说是佛法科学化的典籍；《阿弥陀经》《无量寿观经》及密宗的经论，神变难思，庄严深邃，唯信可入，可说是佛法宗教化的典籍；而《楞伽经》可以说是一部佛法哲学化的典籍。它的难通之处，也不能完全归咎于译文的晦涩，而是因为它本来就是融通性相之学。因此，必须通达因明逻辑学，具备探索哲学、习惯思辨的素养，同时要从真修实证入手，会之于心，然后才能真正读懂。尽管南怀瑾已经尽可能地化难为易了，但除非已有一定佛学基础和实修经验的人可以细细品味，对一般读者来说，还是难懂的。

初学者可以先认真阅读南怀瑾在“问题的开始”这一章里对大慧大士赞佛偈语的解读，这是佛法精义的纲要。南怀瑾说，大慧大士的赞佛偈语，最主要的道理，是指出佛已经在无生灭的境界中证得解脱，在自性清净寂灭中得到大智慧。但为了济度世间一切众生，出离苦海，仍然兴起同体的大悲、无缘的大慈之心。但他所悲的是什么呢？是悲众生的愚迷。其实，既不是说实有人和法的可悲，也不是说绝对的无人和法的不可悲。只是悲其所悲，应无所住而已。故知大乘了义的佛法，以兴起无缘之慈、同体之悲，来济度世间，才是它主要的精神。

如有兴趣更进一步了解《楞伽经》的内容，便可以循着“五法”“三自性”“八识”“二无我”的脉络去弄懂，南怀瑾的书里对此都用通俗易懂的语言一一进行了解释和分析。尤其是先要搞清楚释迦牟尼佛说的“五法”：相、名、妄想、正智、如如。众生以见种种“相”、现象，认以为实，而依此种种相起种种“名”，然后更依此种种假名，作种种“妄想”。只要知道这些相、名、妄想皆是虚伪无实，即可进入“正智”。在此基础上，唯心直进，用这个正智返熏你的“七识”，返照本性，便能登于“如如”之境。相、名、妄想三者即是世谛、生灭门；正智、如如即是真谛、涅槃门。《楞伽经》指出，此五法可含摄一切佛法，次第修学，乃至究竟佛地，悉入其中。

自从一读《楞严》后，不看人间糟粕书

《楞严经》是南怀瑾最为推崇的一部佛经。他曾经说："芸芸众生，茫茫世界，无论入世或出世的，一切宗教、哲学，乃至科学等，其最高目的，都是为了追求人生和宇宙的真理。但真理必是绝对的，真实不虚的，并且是可以由智慧而寻思求证得到的。因此世人才去探寻宗教的义理，追求哲学的睿思。我也曾经为此努力多年，涉猎得愈多，怀疑也因之愈甚。最后，终于在佛法里，解决了知识欲求的疑惑，才算心安理得。但佛经浩如烟海，初涉佛学，要求得佛法中心要领，实在无从着手。有条理、有系统，而且能够概括佛法精要的，只有《楞严经》，这可算是一部综合佛法要领的经典。"南怀瑾在逝世前写给我的信中，要求我读满一百遍。我用7年完成了他布置的功课，读完了100遍《楞严经》。一边读经，一边实修，收获很大。

《楞严经》属于大乘佛教经典，有条理、有系统地概括了佛法的中心要义。"楞严"一词，是梵文译音，具有颠扑不破，坚固不坏，自性本来清净，常在定中之意。可见《楞严》全经所指的是直指人心，见性成佛的法门。但直指见性，只是对利智者而言，一般人很难理解。所以《楞严经》又退而求其次，也为一般人具体说明了修行证验的方法与次序，以及种种方便。《楞严经》有见道位、修道位和证道位。所谓见道，就是认识人人本有的佛性。所谓修道，"修"是修复、恢复的意思，就是把我们错误的思想和行为修正

过来，恢复我们本来的面目。所谓证道，是通过自身实践，成就佛果，证明佛所说的是正确的。从某种意义上说，《楞严经》是一部涵盖了教理行果的大乘佛教小百科全书。

《楞严经》在唐代译出并流行于世，但因为不是由官方正式译出的经典，缺少官方记录，而且梵文原本失传，所以对于它的真伪，有了经久不息的争议。河南省南阳市曾发现一函梵文贝叶经，共226叶，其中6叶残缺，据说就是唐代《楞严经》孤本。汉传佛教中，《楞严经》则长期受到尊重。尤其是北宋时，天台宗与华严宗形成研究《楞严经》的风气。在明朝之后，此经更是成为显学。古人有“自从一读《楞严》后，不看人间糟粕书”的说法。

《楞严经》的翻译文词古奥，使佛法义理比较晦涩难懂，学者往往望而却步。南怀瑾早年曾在台湾五次给学生讲解过这部佛经，后来在香港和内地又再次讲解，并组织我们讨论。20世纪60年代初，南怀瑾应读者的殷切要求，用白话文述说《楞严经》的要义，并尽可能保留原文字句的意义，糅合翻译和解释，写成《楞严大义今释》一书。他在书中，说明《楞严经》是如何从身心的实验去证明物理世界的原理，再从物理的范畴，指出身心解脱的理论和方法。告诉我们：佛教所说的心物一元，不仅是一种思想理论，而且是基于人们实际心理情形，可以用实验证明的。在《楞严大义今释》的“本经之缘起”里，南怀瑾提纲挈领地把《楞严经》的重点标示出来。

《楞严经》首先从吃饭说起，因为吃饭，才发生阿难行乞城中，途遇摩登伽女，一见倾心，几乎双双落在情波欲海之中。这是一个引子，指出食色是人生一大苦恼。我们每个人无不同阿难与摩登伽女一样，在情天欲海中出没，在生死中流转。释迦牟尼佛说出其中奥妙：世间的人，向来都不认识自己，更不知道自己不生不灭的常住的真心，本来是清净光明的。平常都被这种意识思维的心理状态——妄想所支配，认为这种妄想作用，就是自己的真心。所以发生种种错误，在生死海中轮转不休。为了说明这个道理，佛陀劈头一语就问阿难，你为什么跟着我出家学道？阿难回答说，我看你相貌好，又放光，绝不是因为欲念来的。佛就骂他，你这个笨人，你着相了，是爱漂亮出家的。因为着相，美感一念而来。美感一生，色情继起而有欲望。难怪一见摩登伽女，加以魔咒之力，阿难的本性全迷，定慧不力。接着佛陀追问阿难能知色相之美妙的，究竟是什么东西？阿难不假思索地回答说，因为眼睛看见，心生爱好。相信我们一般人都会如此照实回答。但是佛陀进一步追问，又是什么东西能使人的心目发生爱好？阿难一时茫然不知所对，明明是心目，难道除此之外还有什么东西能主使吗？于是佛陀从“七处证心”与“八还辨见”开始，逐层深入、条分缕析地讲明心物一元的原理。

佛陀与阿难研究讨论心在哪里。七处证心，阿难一次次回答，心在身内，在身外，在生理神经里，在见明见暗的作用上，在思维里，在身体中间，或说一切无着就是心。这些都被佛陀一一否定，如此反复辩论了7次，阿难仍旧茫然。问题在于阿难与我们这些凡人都以为现在应用之心就是“心”。佛陀指出这并非真心自性，而只是妄心，无一真实存在可言。我们错把妄心当真心，死死抓住虚妄不实的现象世界，妄缘不断，沉迷声色，正是人生苦恼的根源。因此，人生的解脱境界，是使现行的心理现状不再起妄想作用，住于寂然不动的自体实相。这是见性入道的基本要点。因为这种妄想不生的实相，有动心忍性，切断身心习惯活动的现象，所以叫作法忍。佛陀就波斯匿王所问，当场剖解见性的实相：三岁观河，与百年视水，同样真实。可见生老病死，只是形变，还存在不变的东西。这个不变的东西就是真心自性。

“七处证心”以后是“八还辨见”，佛陀再一次为我们寻找心性在哪里。例如，我们张开眼睛能够看见东西是什么道理呢？原因之一是因为有阳光，所以我们看见光明。夜里没有阳光，我们看见什么？看见黑暗。门窗因为有空隙，所以看见内外通达的空间。因为有墙壁的阻挡，所以看见障碍。能够观察环境，分辨各种现象的是思想的分别作用。我们也可以看见渺茫虚无的虚空。尘雾浓时，则见昏暗；尘雾消散，视线又为之清明。佛陀说，如果把光明还给阳光，把黑暗还给夜色；把通达还给门窗，把障碍还给墙壁；把观察还给意识思想，把空间还给虚空；把昏暗还给尘雾，把清明还给晴朗。把这些统统都还掉了，但是有一样东西是还不掉的，那就是能见之性。这个能见之性乃是我们的心性，这个是还不掉的。所以《楞严经》上讲：“诸可还者，自然非汝。不汝还者，非汝而谁?”一切现象，自然都可以归还其所以然的本位，那当然不是属于你自住的功能。而这个能见能知的本元，却无可归还之处。既然没有可以归还之处，不是你的自性又是什么呢?所以说，只要你不随现象的生灭变化，生起意识的差别作用，你自己的心性自体，就可以恢复到本来灵妙光明清净的本元了。

《楞严经》的宇宙观与人生观

南怀瑾说，由“七处征心”而至“八还辨见”，已经明白指出人生的种种烦恼，都是由心和眼睛引起的。心是引起烦恼的发动机，眼睛则是“心”这个发动机的开关。如果要使心和眼睛不再引起烦恼，就必须让心寂灭，让众生的心境进入无生法忍的状态。不然，人们依然会追逐尘世的一切，无法“超出三界外，不在五蕴中”。

为了让阿难和众生消除对世界和人生的种种妄见，认清自己的真心自性，佛陀又进一步指出，一切现象都是自性本体上的浮尘光影，自然界一切现象的变幻形相，随时随地出现，也随时随地灭了。所有现象有形成与灭尽，都如幻变。这种幻妄变化的现象，形成自然界的形形色色。可是真心自性本体则寂然不动，无声无臭。不仅自然界如此，人们心理生理的各种作用，如五阴、六入、十二处、十八界都是因缘和合而生起的虚妄现状。因缘分离，虚妄的现状就跟着消灭。生灭去来的作用，都是自性本体功能的现象显变。这个称为如来藏（或叫作“真如”）的自性却永远住于灵妙光明、如如不动的本位，周遍圆满十方。南怀瑾解释宇宙间的万物万象的形成都是能量的互变。正是在这个意义上，可以说心物一元，客观的物理世界与自性能见的主观无二无别。

在这里，佛陀一路讲五阴、六入、十二处、十八界，最后都说到“非因缘，非自然性”，这似乎不容易理解，佛教不是讲因缘吗？南怀瑾解释说，以本体而言，是非因缘，非自然性；以起用而言，世间一切法都是因缘所生，并非自然生，也无主宰。在大乘佛教里，这就叫作“缘起性空，性空缘起”。佛说一切法皆从因缘所生，这当然没有错，但要注意，因缘所生是讲体相起用，现象界的东西、应用的东西都是缘起，是因缘所生。但是自性功能并非是缘起的，这一点千万要注意！不过，我们说自性功能是用现代的语言来讲，不要又执着一个自性、一个功能，因为凡有所执着就不对了。《楞严经》第三卷里有段话非常重要：“如来藏中，性色真空，性空真色，清净本然，周通法界。随众生心，应所知量，循业发现。世间无知，惑为因缘，及自然性，皆是识心，分别计度。但有言说，都无实义。”南怀瑾解释说：“自性本体的功能中，具备产生色相最基本元素的本能，其本体原来是空的。换言之：自性本体的真空功能，才能产生色相。自性本体本然清净，充满周遍在宇宙间，随一切众生心力作用，依照知识学问的所知程度，依循众生身心个性的业力而发生作用。世人缺乏智慧去认识体会，误认为它是因缘所生，或是物理自然的性能。其实，这都是用意识思想的心去分别计算忖度，去推求其究竟。只是一种言语抽象的理论，却没有真实的义理。”缘起性空的道理是非常深的。南怀瑾说，如果没有证悟到缘起性空的境界，即使学佛，许多的知见仍然还是邪见，因为没有证道。什么是邪见呢？“有无二边，无复余习。”有无二边，就是有，就是有法可见；无，就是空。世界上一切宗教、哲学，乃至学佛人的见解，不是落入空，就是落入有。一般人学佛、打坐、修法门，都是以有所得之心，求无所得之法，背道而驰，都落入“有”见；相反的则是落入“空”见的人，什么都没有，“空”了，结果什么都没学好，成了懒汉、痴汉。

接着，富楼那突然发问，小乘佛教讲因缘法都从十二因缘的无明一念而起，但无明又是怎么起的？富楼那就拿这个问题替我们问佛，因为佛既然说一切皆空，他问如果一切自性本来是空，为何忽然生出山河大地？也就是问：这世界怎么来的？第一念怎么来的？无明怎么来的？这个问题就是大小乘佛法最基本的问题。所有宗教对这个问题的处理都是挂块“谢绝参观”的牌子，因为到这里问不下去了，教你只要信就好了。但是富楼那一定要问第一念无明怎么来的。佛陀回答了一大段话：自性本觉本身是灵明的。因为明到极致而产生妄动，才发生照明感觉的作用。但觉照并不就是本来觉性的性明。这个后天妄动的感觉照明，就形成有所为的功用。这个有所为的妄动功用形成后，就生出各种妄性的本能。在原来自性的本体上，本觉灵明与所发出的妄动照明作用。本来是一体所生，没有同异的，但妄动功能发生以后，就产生不同的功用，故有不同的变化。然后，于各别互异的性能内，于不同中具有相同之点，同异又互相变化，因而复立无同无异。在这些妄动相反相成的同异对待变化当中，互相扰乱，所以相对地产生物理的变态现象。物理的变态经过久远的时间，就发生物质本能尘劳的运动，自然互相混沌，形成昏沌混浊的状态。因此引起物理本能的变态作用，同时也引起心理知觉感觉上的尘劳烦恼，而形成了世界。说得通俗一点，佛陀回答富楼那：无明是从明来的，“觉明为咎”。这个回答好像没有回答，难怪许多后人认为《楞严经》是外道或是伪经。其实佛说得没有错，无明是因觉明为咎而生，一念灵知，觉性常明，久之复生无明。为了说明觉明如何会生出妄性的道理，佛陀举了演若达多发狂的例子。

南怀瑾用现代科学语言解释《楞严经》上这段话：佛所讲的自性本体，湛然明觉。因为湛然明觉的动性，发生相反相成的两种功能。互相混扰，为物理世界形成的本能。但仍不离其自性功能，所以其根本是同一体性。因为相反相成的动能互相排荡久了，两种力量爆发，又产生对等的本能。向心力收紧到极点，就发生相反的离心力。离心力放射到极点，又产生向心力。但两种能力的分化收缩作用，都以自性功能为其中心点。这个中心点是真空无形的真性功能，是绝对的灵明独立。所以说无同异中又有同异，同异中又有无同无异的存在。此处经中常提尘劳二字。尘劳就是宇宙间物质运动的现象，物理本能将要发生尚未发生的力量，要尽未尽的有形变化现象。自性本体既然有引发妄动变化的功能，就产生物理本能的作用，而形成世界。

南怀瑾认为这也和《易经》的道理相同：易经以太极为本体之表示。太极寂然不动，感而遂通。太极自具阴阳两种相生相克的功能。阴阳亦就是动能的一种代表名词。生与克，就是相反相成的作用。而太极又浑然为一体。阴阳既动以后，就生万物万汇。一事一物，又各具一太极。太极又分阴阳。如此重重叠叠，发展至于无穷无尽的万类，而总体只是一个。

《楞严经》里对宇宙形成的解释理论是十分难懂的。按南怀瑾的说法，“必须要以最深静灵明的智能去理解体会，文字极难说明”，没有相当佛学基础的人也就不必去钻牛角尖了。

根尘解脱与二十五圆通

《楞严经》不仅阐述了大乘佛教的理论，也讲解了修行的方法。在第四卷里，阿难要求释迦牟尼佛说明从六道轮回之中解脱的方法。佛陀说，对于决定修学大乘菩提道的人，便应当详细审查烦恼的根本，否则就不能知道心理、生理的虚妄颠倒作用是从哪里发生的。如果颠倒在哪里还不知道，怎样能去降伏它呢？要知道，现在的眼、耳、鼻、舌以及身、意，这六根就是你的贼媒，自己劫去自己的宝贝。因此从无始以来，众生世界就生出互相缠缚的纠结，不能够超脱物质世间。然后，佛陀以华巾做成六结，譬喻身心六根结缚的因由，指出解铃还须系铃人，只要深入一门，到达真心无妄的程度，身心的六根知觉性能，也就都能一时清净了。生理上六根的本能活动，如果得到解脱，就可以先得到人空我空的境界。进一步，使空性圆明自在，就达到法解脱，所谓空的境界也自然不生，这样才得到无生法忍。

释迦牟尼佛如此说，阿难还是不满足，希望知道更具体的修持解脱方法。于是佛陀让二十五位菩萨各自报告修持的心得，所谓二十五圆通，代表了25种修持的法门。依次如下：

一是声：憍陈那等五位比丘自述闻听妙理的修法，从听妙理的声音悟道。

二是色：优波尼沙陀自述观察色相的修法。南怀瑾解释说，这是指不净观的修法。对于烦恼障很重，贪欲心很盛的人，修不净观较为适当。

三是香：香严童子自述嗅觉的修法：以鼻观香气庄严。南怀瑾补充说，佛法中教人烧燃好香，不仅是庄严道场，同时也具有从鼻观而得清心的妙用。

四是味：药王、药上两位菩萨等自述舌观味性的修法，以亲尝物理的味性去体会修证。

五是触：贤首菩萨等自述观察身体感触的修法，从微妙感触作用去体会修证。

六是法：摩诃迦叶与紫金光比丘尼自叙心空意念的修法，从观察心意识的方法去体会修证。

七是眼：阿那律陀自述眼的见精修法：旋转能见的根元，回光返照以至于无。

八是鼻：周利盘特迦自叙调伏气息的法门：从调息到反息，息止心空，依空取证。南怀瑾补充说，修习调伏气息法门，有很多种方法。天台宗六妙门的止观修法，也是着重在调息的修法。生命存在的生理机能活动，就靠气机的往来。妄心想念的心盛，气就粗浮。换言之，气息静止时，想念妄心就比较轻微。心息二者，是互相为用，互为因缘的。

九是舌：憍梵钵提自述舌的味性修法：从返还追究能知味性的自性功能。南怀瑾说，舌观的修法，比较不容易普遍，一般人对于滋味的食欲都很深。首先要能不贪浓厚的食物，渐使淡薄，再渐渐减少饮食，归到平淡无味，进而达到没有食欲的贪恋。由此生理发生转变，心境妄念也随之皆空，自然进入正定的三昧。所以佛法制度中的头陀行，教人日中一食，而且必须淡薄，禁绝浓甘的饮食，实在有很深的道理。

十是身：毕陵伽婆蹉自述身体感觉的修法，返还止住在自性本觉上，遗忘身心感觉知觉的作用。

十一是意：须菩提自述意念空寂的修法：放下一切意念的染着，入于空寂无相的境界。最后将空寂无相的境界也一并空去，到了空无可空的实际。那时万缘都寂，万法皆空，归于无所得的大定。

十二是眼识界：舍利弗自述心眼观照的修法，由观照自心，久而久之，照见自心本来的清净实相，心境发出自性的光明。待光明圆满到了极点，自然能知能见自性是佛的体用。

十三是耳识界：普贤菩萨自述心声闻听的修法，用心声闻法的方法，发明悟了澄澈的自性，并且能够发生妙用，可以自在地运用分别心。南怀瑾说，这种修持方法，首先要熟读普贤行愿品。当念习纯熟以后，要深思他的意义与意境。然后把他说的十大行愿，构成一种意境上的境界。久而久之，意境形成妙有的实相。但是意境上一念收回，这些所有现象也完全寂灭不生。身心都不执着，自然归于了无所有的寂灭性相之中。

十四是鼻识界：孙陀罗难陀自述鼻息调气的修法，从消融气息达到气住脉停，久住以后，发出心性的光明，灭尽一切烦恼的习漏。

十五是舌识界：富楼那弥多罗尼子自述说法的修法，用言语声音来说法，降伏一切魔怨，消灭一切烦恼习漏。

十六是身识界：优婆离自述执身持戒的修法，择善固执，严格修身，先使人格净化，再使心念净化。净化到了极点，身心就一切通利，由此圆满菩提正觉。

十七是意识界：大目犍连自述意念观照的修法，从追寻妄想的起灭，得到妄念不生，返还到澄澄湛湛的心境实相。这样定力愈久，自性心光发生朗耀。一切妄想妄念，犹如一股混浊的流水，渐渐得到澄清，心境便达到清净无波、光明无暇的状态。

十八是乌当瑟摩自述依火大种性修自身欲乐暖触的修法，从内观近照身心的暖触，得到无碍流通的境地，消除一切烦恼习漏，生起智慧的大宝焰，得登无上大觉。

十九是持地菩萨自述依地大种性悟到治平心地的修法，仔细观察身体与物质世界的两种微尘，其自性都是平等，没有差别的。其实，都是自性本体的功能，虚妄乱动发生尘质。若使尘垢消除，智慧自得圆满，便成无上大道。

二十是月光童子自述依水大种性悟到自性清净的修法，从观察水性一味流通的自在功能，得入无生法忍的境界。

二十一是琉璃光菩萨自述依风大种性悟明自性无碍的修法：从观察风力气息无依的性能，悟到无上正觉自性的真心，证入正定的三昧境界。

二十二是虚空藏菩萨自述依虚空而悟到性空的修法，从观察虚空自性的无边际，证入正定的三昧境界。

二十三是弥勒菩萨自述依心识见觉悟彻自性的修法：从观察十方世界的万有现象都是意识所变，证到识心自性，本来圆满光明，进入圆成实相的境界。远离依他而起的心意作用，灭除遍计所执的执着习惯，得到无生法忍。

二十四是大势至菩萨等自述念佛圆通的修法，将六根作用都归摄在念佛的一念，不妄想散乱也不昏沉迷昧，就是自性的净念。这样念念相继无间，自然就可得到念佛的三昧。

最后，观音菩萨总结说："此方真教体，清净在音闻。"认为众生修观世音耳根圆通法门最好。利用耳根听声音来修证，声音前后、左右、上下、内外、十方无障碍，能够清净圆满通达进入道的境界。南怀瑾说，修这个法门要"反闻闻自性，性成无上道"，耳朵不向外听了，回转来听自己的心声而成道。听什么呢？听自己的思想，这思想就是没有说出来的语言，说话是发出声来的思想。音声是现象，你要听自己没说话，念头没有来之前的净心。例如你心中念佛，一个字一个字慢慢地念，耳朵不要听外面，回转来听自己念佛的声音，一字字把距离拉开一点，自己听自己念。前一字过去，后一字还没有来，就空了嘛。有杂念来了就念一句，没有杂念了，你也不念。这样反闻闻自性，是观世音菩萨所说的"初于闻中，入流亡所"，慢慢进入自己法性之流，自性清净。"亡所"就是把念佛的声音、杂念都空掉了，净性现前，这是第一步。"所入既寂"是第二步，你那个念的声音慢慢也寂灭了。

教理行果

为什么说《楞严经》是大乘佛教的小百科全书？照南怀瑾的说法，此经涵盖了教、理、行、果这四样法宝，也就是佛法的全部内容。“教”是指能被诠释的佛陀言教，“理”是指这些言教被诠释出来的义理，“行”是指能实践的修行，“果”是指修行所取得的证果。《楞严大义今释》的前四章是讲解教理，第五章开始讲“行”，修习佛法实验的原理。

讲完二十五位菩萨实地修持实验方法的自述后，佛陀再说出佛教的戒定慧三学。修行的入门基本要点，有三个程序决定了不易。首先要守戒，因戒可以生定，因定可以发慧。这是达成无漏果位的三无漏学。戒也就是慑服妄心，包括四个方面。首先是淫戒。佛陀说，如果这个世界上的六道众生的心里根本没有淫根，自然就不会跟着生死之流去连续不断地轮转。如果淫心不除，根本就不能出离尘劳之累。即使有很渊博的世间知识，或者得到少许的禅定境界，如果不断淫根，必定堕落在魔道之中，与群魔为伍。要求圆满达成佛果的寂灭境界，必定要使身心淫机之根完全断除，最后连压制断除的心念也化为乌有。

其次是杀戒。佛陀说，一切世界上的六道众生，他的心里没有杀机，就可以了生脱死。如果杀心不除，根本就不能出离尘劳之累。即便有很多的世间智识，或者得到少许的禅定境界，如果不断杀机，必定堕落在神道之中，与鬼神为伍。修习三昧就要断除杀生。这里有个需要指出的问题：禁杀生不是不可以食肉。《楞严经》里明确说，出家人可以吃五净肉，也就是说，对于自己没有亲眼看见，亲耳听到和没怀疑是特地为出家人而杀，加上自然死亡和禽兽吃剩的肉，佛教徒都可食用。只是南朝的梁武帝萧衍误认为食肉就是杀生，违背了杀戒，颁令禁止出家人食肉。从此以后，中国佛教徒才以为信佛就一定要吃素不吃肉。

再次是盗戒。佛陀说，一切世界的六道众生灭除心里的盗机与偷心，就可以了生脱死。如果偷心不除，根本就不能出尘劳之累。即使有很多的世间知识，或者得到少许的禅定境界，如果不断偷心，必定堕落在邪道之间，与精怪妖魅为伍。若是出家人，除了自己基本必需的衣食之外，应该分毫没有私蓄。乞食所得，若有剩余，也要布施与其他的众生。假如有人无理来打我骂我，也要以礼相待，必须做到身心两舍，使这个身体骨肉与众生共之。

第四是大妄语戒。所谓大妄语，就是“未得言得，未证言证”。为了求得世间人的尊敬，争取唯我至上的地位，向别人说自己已悟道成道，得到菩萨的果位。只为了贪求别人的敬礼和供养，不知已得无边罪过，消灭佛性种子。佛陀说，我可预计这一种人，会永断善根，再没有进益的知见，永远沉沦苦海，不能成就正三昧。我们大家可以对照一下周围有没有这样的“高人”?

最后，释迦牟尼佛说，所谓一切过犯，不外心三（贪、嗔、痴）口四(妄语、两舌、恶口、绮语)。如果严谨敬持戒行来自修，这些过犯就不会发生。若能永不遗失这四种戒心，心里根本不染着外界的色香味触等境，一切魔事就不会再发生。

接下去，佛陀指出了修学佛法的进度程序：对于发生虚妄乱想的根本原因，设立三个渐修的次第步骤，才能灭除其根。好像一个洁净的宝瓶，久装毒药。现在要想除去毒汁，恢复原有的洁净，必须先用汤水香灰洗涤，还它本来的洁净，然后才可以储藏甘露。三种渐修的次序：第一是修习，除去助因。修习一切善业，熏习一切善心，以消除犯戒的助因。佛教徒认为大蒜、葱、薤（小蒜）、韭菜、兴渠这五种辛菜，也叫“五荤”，熟食容易使人发生淫欲，生吃容易使人发生嗔恨，因此要戒除。第二是真修，刳其正性。也就是严持清净的戒律，永断淫欲的习气。明代蕅益大师解释“正性”是业果相续的根本，指杀盗淫，所以必须挖掉。第三是增进善业，违其现业。在行为上，为善无止境。在治心性的功用上，百尺竿头，更求进步。如此修持，使与现行业力相反而行。所谓随缘消旧业，不再造新殃。然后能够循着五十五级修行的果位不断进步。

说到这里，佛陀又详细指出轮回六道、因果循环、地狱天堂、人间苦海与圣贤的种种境界。南怀瑾说，这是全部佛法的基石。为什么这样说？我的体会是真正的佛教徒必须相信六道轮回和业力果报。我们此生只是生死轮回中的一个驿站而已。有此认识，才能了生死，不把生死当一回事。真正做到了生死，就不会再贪图尘世间的名利荣辱，才能从烦恼中解脱出来。真正相信业力果报，才会“诸恶莫作，众善奉行”。由此可见，信不信轮回，信不信业力果报，是真信佛还是假信佛的分水岭。关于《楞严经》第八卷讲述人天之事以及天堂地狱的变相，南怀瑾说：“道理深秘，恐非一般所能信解，所以没有详译。”

在太湖大学堂的一天黄昏，我和南怀瑾一起从办公室走去饭厅。他知道我在研习《楞严经》，突然对我说，我故意没有详译第八卷，怕一般人说是迷信，但你要认真读，不要跳过去不读。后来我反复玩味老师的这段教诲，才明白佛说天堂地狱与因果轮回等事，重点落在“此皆一心坚固妄想之所建立”。这些恶业所形成的果报，都是自性中所起的业力作用。既不从天而降，也不是从地而出，更不是他人所授予，完全是根于自己妄心所招引，也由自己去感受。假使能够证得菩提正觉，则此妄缘都成为一种虚浮不实的幻象，才知道都是由妄想凝结所形成。倘若还未彻悟证得菩提正觉，明见真心自性，尽管人们不相信地狱报应之说，果报来时，还须自受。南怀瑾说：“不妨细心观察现实世间的事，就可以知其大半了。”

最后说到“果”，佛教有“谄诳果、虚妄果、出世果”三种果的说法。前两种都不是正果。《楞严经》列举了修持过程中50种阴魔境界的现象，都属于谄诳果或虚妄果。例如，经上描述在禅定中，忽然听到空中说法的声音，或者听到十方虚空中，同时有人在演讲奥妙的至理。这是精神魂魄互相分离，却与别的精神魂魄互相和合的作用，不可以执着为是。如果迷顽无知，不自加忖量，遇到这种现象，就迷不自识，自己说是已经跻登圣人的地位。于是便成为大妄语，结果堕于无间地狱。南怀瑾说："善恶由心，魔佛同体，执迷处佛也是魔，放下了什么魔不是佛？世人在开眼闭眼处，举足下足时，无一不是心障的冤魂，其魔岂止50种而已。但得正身心，魔境可成趣，心无牵挂，哪有什么魔啊佛啊！"

《禅宗与道家》

南怀瑾的《禅宗与道家》，原名《禅与道概论》，是以专题研究的方式，系统阐述禅宗与道家的宗旨、源流、修持和影响的著作，非常适合初学者以及只想一般了解禅宗和道家知识的读者阅读。

全书分为两编。上编为“禅宗与佛学”，对佛教产生的历史背景，大小乘佛教的基本教义，禅宗的传承，奠定后世禅宗思想基础的六祖惠能的事迹，禅宗的语录、公案、机锋和棒喝，参禅的方法，禅学与理学的关系，禅宗对唐诗、宋词、元曲、明清小说的影响，以及闻名遐迩的丛林制度等，做了精湛的论述。下编为“道家与道教”，对隐士和方士的由来，养神、服气、饵药、祀祷的派分，老庄之学，齐燕之风，阴阳五行，神仙丹道，道教的形成与演化，以及道家与道教对古代天文、历算、地理、物理、化学、医药等自然科学的贡献等，做了深有见地的剖析。这里重点介绍书中有关禅宗的内容。

两宋以来，禅宗逐渐成为中国佛教主流。天下佛教徒自称习禅者无计其数，佛寺号为禅林者触目皆是。然而，大多数人对禅宗宗旨却浑然不知，有人以为枯坐不动就是禅宗，有人以为游戏文字就是禅宗。当今之世，像南怀瑾这样通义理、有修持的禅者可以说已经绝无仅有。因此，如果只就这方面的成就而言，说南怀瑾是当代的禅学大师也是当之无愧的。南怀瑾对禅宗的贡献集中在《禅海蠡测》一书，比较深奥。只有掌握了禅宗的基本知识后才能读懂。本书第三章“禅宗概要”为我们研读《禅海蠡测》作了铺垫。

在佛学中，“禅定”是大小乘共通行持修证的方法，“禅定”的原名为“禅那”，又有中文翻译为“静虑”，后来取用“禅”的梵文原音，加上一个意译的“定”字，便成为中国佛学惯用的“禅定”。禅宗，虽然不离于禅定的修证，但并不就是禅定，所以又名为心宗，或般若宗。心宗是指禅宗为传佛教的心法；般若是指唐代以后的禅宗，注重般若经与求证智慧的解脱。

释迦牟尼在灵山会上，拈花示众说：“我有正法眼藏，涅槃妙心，实相无相，微妙法门，不立文字，教外别传。”因此而知禅宗在中国佛教中，本来便是秉承佛陀“不立文字、教外别传”的主旨所成的宗派，与其他所有佛教各宗传承佛学的做法，显然是有不同的特点。禅宗起于“直指人心，见性成佛”的法门。宋、元以后形成参禅的风气，重新与小乘禅观合一，认为求证到心境专一，一心不乱的止静寂定的境界，便是禅宗的入手功夫，由此而产生以禅定静坐为主的“参话头”“做功夫”，或默照澄心等教授法。

南怀瑾说，如果要研究禅学，《传灯录》《指月录》《御选语录》都是必读的书。有几个重要术语需要了解。一是公案：宗门历史的故事，宋代以后的禅师有“拈古”的说法，就是把过去某一禅师求学、悟道、教授法的故事提出来作说明、讨论、研究、起疑的资料。又有“颂古”的说法，是把过去某一公案的要点，自作一首诗或偈语来批判或赞扬一番，以此启发后学的疑情。二是机锋：禅师的方便说法，因时、因地、因人而变的活用法门，活泼运用，快利如锋。在师生问答间，有时说非成是，说是成非，有时是称许，有时是否定，无一定之法可循，目的在于考核学人的见地与实证功夫，以及引起他的怀疑，自参自悟自肯。三是棒喝：禅师教授法的一种，和传统教学的体罚有关。禅师们喜欢手持禅杖，作为领众的威信象征，必要时用禅杖轻碰学人，作为惩罚的象征。所谓“喝”是大声叱责，和“棒”的作用是一样的。公案、机锋、棒喝都是禅宗的教授法，不可当作禅宗的宗旨。

南怀瑾在书中指出了当前对禅宗的种种误解和歪曲，有几点应该特别注意。第一，禅宗本来是注重于身心行为的实证，与功夫见地并重。然而，现在成为一种学术思想，与行为及功夫的实证脱离关系，于是“口头禅”之风便大为流行。其实，真正的禅者，除了生活与言辞的机趣以外，其德行修证功夫，都是顶天立地的。

第二，认为禅宗是受老庄思想的影响，是融会老庄思想的道家佛学。其实，禅宗与佛学，很多名辞语句，都借用于老庄与儒家的术语，但那只属于借用而已，禅宗本身的精神，并不因为借用老庄的名言，就成为老庄或道家思想的加工改装。

第三，动辄抓住禅宗言下顿悟、立地成佛的话柄，好像只要聪明伶俐、能言善道，说一两句俏皮话，立刻就算悟道，完全不管实际做学问与做功夫的重点，落在自欺欺人的野狐禅。或者自己不用反省的功夫，只是找一个明师秘密传授一个“诀窍”，便认为是禅宗的功夫。近代谈禅不是落于空疏狂妄，便是落在神秘玄妙。更有甚者，认为凡是出言吐语在模棱两可，可解与不可解之间的语句便是禅境，这实在误人不浅。

第四，认为冥心闭目的静坐或沉思默想便是禅宗。于是旁门左道者不计其数，互相标榜如此这般便是禅宗，各种禅修班应时而生，成为时髦生意。

第五，印度的瑜伽术普遍传播到世界各国。瑜伽强身功夫，也很注重打坐，于是把催眠术与瑜伽炼气炼脉的功夫交错，便认为就是禅。鱼目混珠，指鹿为马，使不明究竟者难以分辨。

第六，禅宗在佛教中素来被称为教外别传的法门，但这并不是说根本不要佛学的经教，别有一个秘密或微妙地传授。教外别传只表示对普通佛学教授法的不同，却不等于教理以外特别有个稀奇古怪的法门。佛学教理的“教”，是教导你如何修行证果；教外别传禅宗的“宗”，是要如何求证修行。宗与教，只在教导方法上有不同，并非目的不同。禅宗有一句名言：“通宗不通教，开口便乱道。通教不通宗，就如独眼龙。”

第七，达摩大师东来，除了传授心法以外，同时还要求以《楞伽经》印心。《楞伽经》提出以“无门为法门”的求证方法，并且要求顿悟与渐修并重。近世有人提出六祖以前的禅宗，名为楞伽宗，以此作为有别六祖以后禅宗的分界，说达摩所传的是渐修的禅，六祖以后的禅宗是顿悟的禅。实在是因为不明真正禅宗心法所致。

第八，许多人引述六祖所说“无念为宗”，就以为禅宗目的在求无念，又以为打坐时什么都不知道就是入定了，其实那是大昏沉现象。这样的误解十分危险。六祖在《坛经》中明白解释“无念”说：“无者无妄想”，等于是教理说的无分别心，“念者念真如”。可见六祖所讲的无念绝不是昏沉。打坐时觉得昏昏沉沉似睡非睡，不要以为这是清净，小心这样坐久了以后脑子就退化了，记性、悟性越来越差。

除此之外，南怀瑾还有一本《禅话》，深入浅出地介绍历代禅门公案，堪称一部通俗禅宗史，可以参照阅读。

《禅海蠡测》是正本清源之作

《禅海蠡测》是南怀瑾最重要的禅学著作，也是一部传世经典之作。这部书的内容包括禅宗的历史、禅宗的宗旨、公案语录、机锋转语、证悟知解、宗师授受、神通妙用，以及禅宗与道教、密宗、净土、理学的关系。南怀瑾在这部书里，着重阐明了禅宗与教理、顿悟与渐悟的道理，广征博引，直斥各种文字禅、知解禅和口头禅，将中国文化的百川纳入禅海，又在禅门的指引教化中随说随破。

《禅海蠡测》不仅记录了南怀瑾毕生习禅的心得，也是一部禅宗正本清源、拨乱反正之作。当初禅宗所以标榜“不立文字”，是希望摆脱教条，以独特的方法给陷入种种文字、名相、戏论中不能自拔的佛教徒打开思想活路，进入一个充满自信和活力的世界。及至唐宋，禅门活法已成死语，所以诸家宗祖不得不别标心法，如参话头、看公案、擎拳、棒喝等，以勘验学人，锤炼其知见。

但后世习禅者舍本逐末，老死话下，永无出期。南怀瑾有鉴于此，故不以话头为实法，不以棒喝为家风，直探禅宗的活水源头。在禅宗愈益衰落的今天，唯有南怀瑾能写出这样一部正宗而高远的禅门巨作来。研究禅宗的学院派学者轻视实修，只能做皮相之谈，根本无法深入禅宗的堂奥；而佛教徒，无论僧俗，很少有人精通佛理，能像南怀瑾那样对三藏五教融会贯通。

他的《禅海蠡测》为真正有心习禅的人指明了一条正途。不过，真要读懂这部书并不容易，一方面需要一定的禅学基础，另一方面此书是南怀瑾亲自用文言文写成。尽管文字极其优美，但不懂文言文的读者会望而生畏。我在这里勾勒出这部书的重点，也许对有志研读者能起到按图索骥的作用。

南怀瑾首先要我们明白一个道理：不要把禅宗和禅定混为一谈。禅定是世间、出世间、凡夫、外道所共有的修持方法。佛法虽然离不开禅定，但也不完全依赖禅定。佛法以“缘起性空，性空缘起”与“实相无相”的中道为正知正见，而不是以禅定为得道的最高法则。佛教的禅定和外道禅的区别，首先在于修行目的不同。外道为生于天界而习禅，佛教修禅则是依禅定而发智慧，最后达到解脱知见的境界。其次，佛教强调以持戒为修定的前提，只有节欲乃至绝欲，超脱散心妄念，才能进入高深的定境。第三，佛教修禅强调止观双修，也就是在禅定的同时进行观想，不只安定其心，而且要做清醒的觉照。外道与佛教的禅定，看上去差不多，实际则大不相同。佛教的禅法又分小乘禅、大乘禅、最上乘禅等类别。最上乘禅的特点是不立文字，直指人心，以求证悟涅槃妙心的极致。菩提达摩所传就是这门禅法，后来进一步发展成为中国禅宗。禅宗虽以禅为名，实际上不是以禅定为宗旨的。

南怀瑾指出，近人言及禅宗，动辄以坐禅坐得多少时间作为判定其造诣深浅的标准。这是把禅宗和禅定混为一谈。这种风气自元代以来，一直到现在没有改变。天下丛林，聚集数十百众，群居禅堂，长年打坐，或垂头丧气，或勾腰驼背，或借此为安闲休息之区，或借以作逃避现实之地，调身无法，百病丛生，观心无门，永抱话头以终老，还沾沾自喜，以此为禅宗法则，岂不知达摩一脉的慧命因而被绝杀了。再说，所谓禅定并不是仅仅指打坐而言，如果说打坐就是禅定，那么所谓佛教“四威仪”也就只剩下坐相了。因此要在行、住、坐、卧中处处修习禅定。

按照南怀瑾的说法，禅宗在中国的发展，大致可分为初、中、后三个时期。南朝至初唐为初期，禅宗勃兴不久，不但分为南北二宗，俨然对峙，即使都在六祖门下也逐渐分途。后人都把南宗兴起的功劳归于菏泽神会禅师。尤其是胡适写过一本《菏泽神会大师传》，断言《坛经》的几个本子中，只有神会整理的版本是“真”，其余必是伪托和篡改。他认为，六祖的传人不是别人，正是神会禅师，神会应该列为禅宗第七代祖师。由于胡适的名气大，后来研究禅宗史的学者大多鹦鹉学舌。南怀瑾拿出有力的证据指出，神会擅改《坛经》，当时已深为同门所不满。有一次，六祖惠能曾当众提问说：“吾有一物，无头无尾，无名无字，无背无面，大家知道是什么吗？”神会在大众中，即刻站起来，回答说：“这个我知道，是诸佛的本源，是神会的佛性。”六祖听了以后，很不高兴地呵斥他说：“跟你说过，无名无字，你偏要唤做本源，偏要唤做佛性。你就是将来有出息，也是个知解宗徒，也只是个知识分子！”本源、佛性不是嘴上说的，语言里的不是本源，不是佛性。可见神会根本未得惠能真传。唐肃宗时，因为安禄山造反，国家府库缺钱，神会出售度牒，帮助政府筹募军需。朝廷因此定南宗为正统，打压北宗神秀一支，但神会却从此开创了卖度牒的坏风气。

中唐至南宋是禅宗发展中期，此时大师辈出，自南岳青原以后，有马祖道一、药山惟俨。这两位大师使禅宗宗风大变，尤其是马祖见地超越，接引机用，不重讲解，门下培养出84位高徒。此后，5家宗派兴盛，所谓德山棒、临济喝、云门饼、赵州茶，各种教法别开生面，开创了中国禅宗特有的典范。南怀瑾说，这些教法必须是聪明绝顶、甘苦到头的人才能当下知归，契入宗旨。不然就会生出弊端，因而出现癫狂放浪、圆滑幽默的风气，宣称不教而得，虽然形式上近似宗师的棒喝机锋等教法，实际上是以假乱真。宋代禅门大师，如圆悟勤、大慧宗杲等反对这种风气，强调理事并行。棒喝机锋等稍稍被遏止，却又以四言八句的偈语取而代之。宗师授受不再注重心法，形式主义盛行。

南怀瑾说：元、明、清是后期。这一时期既受元朝入主带来的喇嘛教冲击，又遭明儒理学取代禅宗心法的蜕变。到清初两百余年来，禅宗几乎已经若存若亡，命若悬丝。所谓起疑情、参话头之学，成为习禅的定式，从明到清一直没有改变。其间，憨山大师等所谓明末四大高僧，说不上是禅宗正统，至多是卫教功臣而已。最后，禅宗所剩下的只有打坐而已。到了现代中国，不但禅宗，而且佛教整体都遭受新文明的撞击而没落。可以说，今日中国的禅宗是徒有虚名了。南怀瑾的这些见解可以说是正本清源，重写了中国禅宗史。

南怀瑾还有一本《习禅录影》，是他历年主持禅七的开示语录，及学人的修行报告。在这本书里可一睹真正的禅门风范。南怀瑾参照禅密，采用唐宋方法，因众生习气烦恼各有不同，打破传统打七方法，嬉笑怒骂，因人施教。读者如能将此书与《禅海蠡测》结合起来读，对南怀瑾的禅学思想与造诣会有更深一层的理解。

禅宗与教理

南怀瑾曾说："禅宗虽以禅为名，实际上不是以禅定为宗旨的。"那么禅宗的宗旨究竟是什么呢？《禅海蠡测》第二章专门讨论了禅宗的宗旨。对于禅宗的宗旨历来是众说纷纭。有教授说，禅宗以冥想为宗旨。南怀瑾说，这样去理解禅宗，无异于村子里的小孩议论朝廷上的国家大事。说句老实话，没有实修实证经验的学者最好不要去奢谈禅宗禅学。所谓"禅外说禅"，只能是自曝其短，说的都是不着边际的门外话。此外，也有人抓住释迦牟尼佛对迦叶说的一段话："吾有正法眼藏、涅槃妙心、实相无相法门。"就说"正法眼藏"一句即为禅宗宗旨，而且着重在"眼藏"二字，声称如果能将我们的双眼，藏在无相实相之境，那么涅槃妙心自然就会现前。还有人以密宗的"看光""观空"等修行方法，来证明"眼藏"就是禅宗宗旨。这种说法看上去持之有故，言之成理，实际上是离开禅宗本意愈行愈远，不是直指人心，而是向外驰求。南怀瑾指出，禅宗既然称为佛法的心宗，当然应该是以"不立文字，直指人心，见性成佛"为其宗旨，也就是平常所说的"明心见性，洞达法性"。

中国佛教有十宗流派，包括俱舍宗和成实宗两个小乘宗派，还有八个大乘宗派，分别为禅宗、天台宗、华严宗、密宗、法相宗、律宗、三论宗和净土宗。除了禅宗以外，其他各宗都各有佛教经典为依据，声称只要依教修行，便可以修成正果。例如，俱舍宗奉行世亲菩萨的《俱舍论》；成实宗以何黎跋摩法师的《成实论》为依据；天台宗奉行《法华经》，又名法华宗；律宗，也名南山宗，以五部律中的《四分律》为依据；华严宗奉行《华严经》；法相宗，又叫唯识宗，依《楞伽经》等六经及《成唯识论》等十论而成立；三论宗依《中论》《百论》《十二门论》以开宗；密宗以《大日经》《金刚顶经》等密教经典为依据；净土宗以净土三经《阿弥陀佛经》《无量寿经》《观无量寿经》为依据。

中国佛教十宗里只有禅宗称为"教外别传"，摈弃文字，直指人心。于是后来的许多禅门中人以为可以废弃佛教的经藏之学而悟道。他们甚至蔑视和抛弃教理，认为经律论三藏以及十二部都是多余的话，不屑一顾。十二部，也称十二分教，即长行、重颂、孤起、譬喻、因缘、无问自说、本生、本事、未曾有、方广、论议、授记等十二种佛经的形式。他们胡说教理会"笼统真如，颟顸佛性"，使佛性模糊不清。南怀瑾说，禅宗与教理的关系，"宗者，乃教理之纲宗；教者，乃宗旨之阐演。离宗旨以何为教，离教理安可标宗。"教是教理，就是经、律、论三藏，一切大乘、小乘、显密教法。所谓"万法归宗"，宗即是心，悟我们这个念心。禅宗的宗旨就是明心见性。明心见性是一切教理的纲领，教理是这一纲领的阐发演绎。离开了明心见性这个纲领，就谈不上教理；离开了教理，也就无从明心见性。禅宗古德也明确说过禅宗和教理的关系："依文解义，三世佛冤；离经一字，允为魔说。""通宗不通教，开口便乱道。通教不通宗，好比独眼龙。"永嘉禅师说过："宗亦通，说亦通，定慧圆明不滞空。"禅宗和教理，两者皆通，才能定慧圆明不落于空谈。

禅宗与其他宗派不同的，不是要不要教理，而是其他宗派只以某些经论为依据，而禅宗则把三藏十二分教都作为依据。把全部经论所讲的教理推到极致，则一字不立，不必再多说理论了，只须着重在证悟上，就可以见性成佛。南怀瑾用画龙点睛做譬喻说明这个道理：钻研教理就像画龙，禅宗功夫就像点睛。等到鳞甲爪角都画好了，栩栩如生的时候，双睛一点，这条龙立即破壁飞去。因此，习禅者不能忽视研习佛经，应当温故知新，融通诸说。

接着，南怀瑾对长期以来禅门中人蔑视教理的种种说法一一据理驳斥。

首先，他指出，心生万法，文字当然包括在万法之内。佛教经典既然是佛说的话，就是佛心的流露。人表达思想的言语、动作乃至默默无语，都是没有文字的文字。记下来就是文字，不依文字就没有人会知道你想些什么。尽管这些人反对学习教理，但自己又并非不立文字。禅师们做出扬眉、瞬目、棒喝、伸腿、吹布毛等种种动作示法，就是肢体语言，并未脱离文字的范畴。到后来，有些禅师更是连修持都不要了，反而在文字理趣中出没，偶有会心处，就自夸为得道了，或者找一些俚语俗话，巧立名目，惊世骇俗，借以显示高明。例如，后人把祖师考核学人修持程度的标准"三关"，曲解成"破参"为初关，然后有"重关"，最后是"牢关"的次序，并杜撰出"山海关""雁门关"等名目。照此说法，明心见性也有循序渐进的阶梯，那么禅宗哪里还称得上是直指人心、见性成佛的圆顿之教呢？实在是错得离谱。

其次，禅宗"不立文字"不等于不要掌握教理。初祖达摩禅师付法慧可时，传授《楞伽经》以印心，五祖向六祖惠能传心时，是以《金刚经》为依据。有人以惠能目不识丁为依据，说禅宗不用学教理就可以顿悟。然而，不识字不等于不能靠口耳相传来记诵钻研啊！在禅宗史上，大多数著名的大师无不精通经论。南怀瑾列举了惟俨、宣鉴、元安、匡仁、延沼、义青、法演以及永嘉大师等都是由先学习教理而入禅的。即使不是由先学习教理而入禅，但也都是在悟前或悟后通晓义理，融会心宗的，没有一个人不通教理而能成道。大多数禅师悟道后都会阐扬教理，但在禅宗鼎盛时期也有很多大禅师悟后不再讲经。这是什么原因呢？南怀瑾解释说，在唐宋之际，讲经法师多得如麻如粟，佛法宣明，普及社会，所以只需要悟后禅师专授心法，而不必再去讲经了。就像药山禅师说的："经有经师，律有律师，争怪得老僧?!"他们当时批评研习教理者，是因为很多人钻在经论里成了书虫，理论脱离实际，只知道引经据典而忽视了修证，白白浪费了大好时光。所以当时的禅宗大师强调以修证为上。

既然禅宗以修证为上，为什么还必须贯通教理？因为不通教理，修证就可能走偏。南怀瑾举禅宗传诵千年的六祖金句“不是风动，不是幡动，乃仁者心动”为例。佛经里出现的“心”字，有时指宇宙万法本体，有时指妄念之心。这都是因翻译佛学概念时的疏忽所致，况且文字语言往往不能表达深意，容易混淆。例如马祖有时说“即心即佛”，有时又说“非心非佛”，两个“心”字的含义是不同的。那么六祖所谓“心动”，究竟是指什么“心”？如果不懂教理，很容易把六祖所谓的心说成是第六意识之识心，而不是心物一元之本体心。很多人都是这样理解的，这个错误就大了。禅宗证悟本性，是证心物一元的本体。可见蔑视教理而习禅，反而会自招罪过。

顿悟与渐悟

在《禅海蠡测》里，南环瑾阐明了禅宗与教理、顿悟和渐悟的道理。

中国禅宗从五祖弘忍门下有南北分途。弘忍门下人才济济，其中最著名的是神秀和惠能两人。神秀曾做过弘忍门下的上座。弘忍去世后，他在北方弘法，受到武则天、睿宗和中宗的礼遇，号称“三帝国师”，神秀一系不断壮大，称为“北宗”。惠能本是一个不识字的樵夫，因偶尔听人诵《金刚经》颇有领会，便去黄梅拜弘忍为师，开始时被派做杂务。有一次，弘忍命各人作偈以试对禅宗理解的深度，准备付以法衣。神秀作一偈说：“身是菩提树，心如明镜台，时时勤拂拭，莫使惹尘埃。”惠能改作一偈，请人写在壁上：“菩提本无树，明镜亦非台，本来无一物，何处惹尘埃？”弘忍认为惠能的体悟较神秀的深刻，故秘密传授法衣给惠能。惠能回到南方，隐居15年之后，在韶州大梵寺说法。惠能提倡“直心是道”“见性成佛”。他并不特别强调坐禅这种形式，而强调主体的当下觉悟为解脱的极境。他主张返璞归真，不借他力，念念不忘悟，自觉成佛。弟子法海辑录他的言行为《坛经》，惠能一派称为“南宗”。以往的说法，是说南宗主顿悟，北宗主渐修。后来北宗日趋衰微，南宗则成为禅宗主流。惠能被尊为中国禅宗六祖。从此习禅的人以为禅宗法门不需坐禅修定，只需在一机一境上骤然悟得，就可以得道了。他们把六祖以前的禅法称为祖师禅，六祖倡导的禅法被称为如来禅，并声称祖师禅是主张渐修的，如来禅则是主张顿悟的，把两者对立起来。那些一知半解的学者甚至说顿悟才是中国禅宗的特色。你们找几本讲中国禅宗史的书来看看，几乎都是这样说的。

南怀瑾“拨乱反正”，他在《禅海蠡测》第五章“证悟知解”里有一段话：“尽一大藏教，统诸修行法门，皆渐法耳。即禅宗祖师，于言下顿悟者，亦由熏修渐积而来。既或素未熏修，如石巩禅师，原为猎人，因见马祖，言下顿悟；又如屠刀放下，立地成佛之诸师等，或为往劫修持，至今缘会，或为悟后起修，渐至成熟，安可认言下即悟之一着子，为超前绝后哉！然则，祖师禅与如来禅，究有何别？曰：凡由博地凡夫起修，乃至渐入圣众，皆如来禅也。纵饶人法两空，而有一毫悟迹未扫，皆不能与入祖师禅之门。”佛教的所有修行方法都是渐修的，即使那些所谓当下顿悟的禅宗祖师也无一不是由渐修而来。即使像原来是猎人的石巩禅师，因见马祖而言下顿悟，包括那些放下屠刀、立地成佛的禅师，也是好几辈子渐修，时机成熟才豁然开悟的。开悟后再跟从大禅师渐修，方能成道。怎么可以只说他们当时一顿，而对未顿以前，或顿悟以后，一概不论呢？怎么可以由此而说顿悟是一种超前绝后的法门呢？南怀瑾说，祖师禅和如来禅的差别在哪里呢？凡是没有教理基础的凡夫悟后起修，逐渐得道的叫作如来禅。但哪怕他们已经到了人法两空的地步，只要还不彻底洞达法性，就进不了祖师禅之门。言下之意，祖师禅才是真正的禅法。

禅宗讲“悟”，这个词的本意是有所体会和理解。比如，水可以解渴，茶是煮熟的水，所以也可以解渴。即使没有喝过茶的人也能悟到这个道理。但这不是禅宗讲的“悟”，只能叫知解。禅宗的“悟”是证悟，比方说一个人渴了，取水而饮，饮完水后就解渴了。此时对水与渴的关系“理事全消”，理性认识和感性认识都没有问题了，所以叫作“亡言绝虑”，不要再讨论再思考了。此时不但有了认识，而且实际上也不再会起口渴的烦恼，这就是禅的功用，所以说：“言语道断，心行处灭。”不仅嘴上不必再说，心里也不再有渴的念头了。进一步研究水与渴背后的道理，知道生命是由水、火、风、土、空五大组成，缺一不可，那么举一反三，可以运用到各个方面，就是

“悟后起用”。在佛学上就是说“既得根本智，复须明诸差别智也”。得道以后，明心见性所获得“赤子之心”就是根本智。但得道以后，并不就是一通百通，不是只要一悟了道，什么都会知道，电机工程也懂了，造原子弹也懂了。这些人世间的各门各类知识，名为“差别智”。不过得到了根本智，学起差别智来会更快，可以说能到达一闻千悟。对同一件事，普通人要听一百句话才能懂的，而有了根本智的人，只要听一句话就全懂了。

有人说，儒家讲的体会，也就是证悟。南怀瑾明确说，这是错的！体会是指“知行合一，即知而行，即行而知”，是指理论与实践相结合，相当于佛学上的“行解相应”。证悟则不是由学问知解而得，而是经长期修持而忽然开朗，把握了宇宙万物的本体。南怀瑾称为“顿超之大实验事”。古德说：“参要真参，悟要实悟。”“大疑则大悟，小疑则小悟，不疑则不悟。”这都是教导参禅人要从真实疑情着手，不要以学问知解为标准。如果只是因理解或体会而有心得，那只是理论上的事。大家在书架上看到文人学士说起禅来头头是道，就是这种文字禅、口头禅。这就像画饼充饥，只是空谈。还有一种“说亦说得，明亦明得，只是行不得，则理仍是理，事仍是事”，一点用处也没有。佛学上叫作“干慧”。智慧却又“干”，就像枯木无根，终为废物，所以必须要有禅定之水来滋润。定慧等持，才能根深叶茂，果熟香浓。

说清楚了禅宗所讲的悟，南怀瑾进一步解释什么叫作顿悟。他说：“真参实悟，必须当人于一切时、一切处，锻炼纯熟，功夫深入，定力已稳，忽地‘囮’的一声，涣然冰释。”这就像抬头看着树枝，顿时看见瓜熟蒂落。“此顿者，顿此之一悟，是谓证悟。”这里“囮”的一声，就和“一声霹雳顶门开”一样，都是形容词，不能像有些禅师执着的那样，顿悟非要有这种境界不可。南怀瑾说：“所称顿悟证得者，实自渐修而来。顿者，指渐修之最后一刹那也。”这一个“顿”字，或顿悟教理，或顿见空性，最后都需要渐修而后才能圆满。因此，习禅者必须注重修定。

禅门中人有三种说法：一种是主张先修后悟。如果不做功夫，不依教奉行，纵有所悟，也都是狂见。只要功夫到了，大彻大悟也就水到渠成。第二种是主张修悟同时。说得一尺，不如行得一寸。一边修行，一边悟道，这样最后才能事至理圆，修行功夫到了，教理也透彻了，最为稳当。第三种是主张悟后起修。五祖所谓："不悟本性，修法无益。"这种说法的根据是《楞严经》所说："生因识有，灭从色除。理则顿悟，乘悟并销，事非顿除，因次第尽。"我们生命投胎来的时候，心意识和地、水、火、风四大结合，精神和物质结合，才有了身体。因此，修行也必须从色身入手。道理弄懂了才会顿悟，一下子全明白了。但是功夫是一步步来的，不是道理懂了，色身就可以空了，必须一步步渐修才能达到。至于是先修后悟、修悟同时，还是悟后起修，南怀瑾认为，三说虽有差别，通途是一样的，众生的根器各有不同，知道哪一条途径最适合自己修行就可以了，不必去争论高下。

“拨乱反正”之作

在《禅海蠡测》里，针对禅宗的许多习以为常的观念和规矩，南怀瑾追根溯源，讲述了它们的来龙去脉，辨别其真伪，指明其利弊，拨乱反正，希望恢复禅宗活泼泼的本来面貌。2007年，南怀瑾曾应净慧法师之请，为他主编的《虚云和尚全集》撰写了《序说虚老年谱致净慧长老》一文。这篇文章是继《禅海蠡测》之后，南怀瑾以其毕生习禅心得，再次对当今禅门的“拨乱反正”之作。我们可以将它和《禅海蠡测》结合起来研读。南怀瑾解决了禅宗的哪些疑难问题呢？

首先是有关语录、公案的问题。语录是古代禅师修行悟道的心得，后人搜集刻印流传。公案和语录相近，不过是以记事为主。两者目的都是使后世学者得以观摩奋发，印证心得。禅宗的语录公案汇编有《正法眼藏》《景德传灯录》《人天眼目》《五灯会元》《指月录》等。到后来，凡是僧俗学禅者无不人手一册，侈谈公案，互相论辩。公案或者成为讲经说法的点缀品，似乎穿插公案愈多，善讲的名气就愈大，真正的功夫见地反而无关紧要了。南怀瑾说，能够流传下来的古代禅师语录大部分是精心之作，但其中也有一些尽管辞藻华丽，令人悦目，至于见地则并不透彻。后世禅宗衰敝，一般禅师或为求誉，或弟子为光耀师名，虽了无见地的也杜门编造语录，或出钱雇文人学士撰造。所以对古代禅师语录要有所选择，不能一味迷信。公案也是如此，真伪互杂，深浅难量，不能因为记录在案就都当作是真悟道的。例如宋代的洪觉范，名气很大，著作甚多，文章华丽。不过，他的见地却并不正确。如果根据他的话去修行就会误入歧途。再说，禅宗语录公案大多是用口语写成，与佛教经典难免有出入，似是而非的说法随处可见。所以必须与佛经互相对照印证，才能贯通。

其次是“参话头”的问题。采用公案中的一个字或一句话供学人参究之用，称为“话头”。如问：“狗子还有佛性也无？”答：“无。”这个“无”字便是话头。参禅时，在公案的话头下功夫，称为参话头。现在禅宗动辄便说参话头，大有禅宗即是参话头，参话头即是禅宗之意。南怀瑾说：“禅宗从达摩东来，直指人心、见性成佛开始，秘密传承而直到盛唐，方由六祖慧能、神秀等崛起北渐南顿之风，从来未有以参一句话头相标榜。”所谓参者，是要学人在事上、理上，脚踏实地去求证。近似教理上所说的“思维修”，而又不是纯粹的思维。思维仍可用意识寻伺觉察。参禅则不是思量意识可及。所谓“离心意识参去”。若能离了心意识之作用，了了无事存心，无境当前，无物妨碍，到得此时，正好一参。所谓参者，不专指话头而言。宋元之间，禅宗已见衰落，才有大慧宗杲极力提倡参话头之学。禅门话头约分二种：一种是有义味语，另一种是无义味语。如问：“如何是祖师西来意？”答曰：“镇州大萝卜头”“青州布衫重七斤”“麻三斤”“干矢橛”“庭前柏树子”等，都是无义味语。如“僧问赵州：狗子还有佛性也无？州曰：无”，“无梦无想时，主人公何在”，“万法归一，一归何处”，“谁教你拖这死尸来”，“念佛是谁”等，都是有义味语。也有不用一句话头，只参一则古人可疑公案，如蚊子咬铁牛，死死啃去，这叫作参公案，也和参有义味话头相类。大慧宗杲只教人参话头，如何用功则无指示。而且传说赵州从谂禅师还说过“念佛一声，漱口三日”，因此又形成后来的禅宗从不念佛的陋规。南怀瑾说：“参话头之学兴，禅宗真面目灭矣！”

第三是机锋转语的问题。禅宗的机锋转语，本来是为了勘验学人见地造诣，问答辩论的特别作风。虽有时会引用俗语村言，或风马牛不相及的话语，乃至扬眉瞬目，行棒行喝，其实皆有深意。南怀瑾在书中列举实例，将古代禅师的机锋转语大致分为六类：接引学人、勘验见地、辨器搜括、锻炼盘桓、换互开眼和简练操履。他们或故设迷阵，慈悲接引；或轻轻点缀，即启机括，皆以自身为机用，以炼锻学人操履。然而，后世禅师自身见地未实，功用毫无，强学古人机锋转语，驰骋宗门，以争胜负，可说是画虎类犬，东施效颦，说是口头禅还算是雅号，其实是狂妄乱统，自误误人，适自成为禅魔。禅门古德的机锋转语大都出言不同凡响，而格调新奇。后世说机锋的禅师往往是预先构思，编出奇特怪论以当机用者。古德应机接物，句句话语从自己心中实相天然流出，语多平实，直显明心，才叫作机锋转语。后世禅师则追求语不惊人死不休，或作女人拜，或作鹁鸪鸣，或掀禅床，或画圆相，以为这才是机锋。他们自称宗师，从学千人，百无一悟，机权接引，死守成规，不但误人，实在也是自误。这实在是禅宗最大的流弊。

第四是钟板和打香板的问题。现行禅宗寺庙有钟板和打香板等遗风。南怀瑾指出，这些都不是佛教古制。盛唐时期，百丈禅师建立丛林制度，所谓百丈清规，浓缩了印度佛教传统戒律，成为中国佛教修行的戒相。因而渐次形成后世禅门五宗有钟板的遗风。到了清初，雍正以帝王之身，又自居为禅宗大师，再三诏告天下禅门统归临济门下，并规定出家僧尼持戒牒、烧戒疤、坐禅而打香板等。禅门各宗只好悄然自制方圆长短以及三角弧式等钟板，以便私自分别保留宗派门户观念，就像商业招牌的标记。至于禅堂坐禅而打香板之风，始于南宋临济宗杨岐派第五代传人大慧宗杲，他经常手握竹篦以接引后进，近似临济棒的遗风。后来禅门特制成一如剑形的香板以鞭策精进，初衷并非以此随便打人，但从清朝中叶以后，丛林香板之风，遍及全国，愈演愈烈，各自相承创立规矩愈多。有人甚至专心求人打自己香板，说是可以消除业障。至于一般执行打香板的人，既不知参学者身心变化的内情，更不明古德禅师锻炼学人的锤炼手法。只要看到坐禅者落头昏沉，或勾腰驼背、坐姿不正，就打香板警策。现在丛林名刹的禅堂坐禅，虽然自诩“德山棒、临济喝、云门饼、赵州茶”等口头语，而真能知道棒喝妙用的已经罕见。

最后是师徒传法的问题。南怀瑾说：历代禅宗祖师付法都慎重其事。虽然门下弟子众多，而指定接班人则必须是德才兼备，胸襟广阔的，才得以继往开来、承先启后。百丈禅师说："见与师齐，减师半德，见过于师，方堪传授。"可见付法之人实在不容易找。南怀瑾说："尝见此辈至众，深引为戒，愿毕生长居学人位，不串演斯剧，免自陷堕。苟平实商量，当知无不言，言无不尽，方不违于行愿矣。"正是在这个意义上，南怀瑾常说，没有人够得上做我的学生。当然，我也是一个不够格的学生。

第六部分

南怀瑾杂说

谈谋略学

南怀瑾是中国现代最早关注古代谋略的人之一。他不仅对古代谋略的著作进行了精要的分析，还做了深入浅出的介绍。他不仅系统地讲谋略，而且还编过一套《正统谋略学汇编》，包括50种古书。

什么叫谋略？“谋略”两个字，在古代的书上有好几个别名，如“纵横之术”“钩距之术”“长短之术”等。战国的时候，所谓的纵横家就是谋略家。像苏秦、张仪一类人，他们东奔西跑，游说诸侯，动之以利害，当时称为谋士或策士。这些人专门出计策，拿方案。其实，纵横也好，钩距也好，长短也好，计策也好，韬略也好，南怀瑾说，根据都是太极拳四两拨千斤的道理。普通人不懂这个道理，对方1000斤的拳头打过来，自己起码要1100斤的力量才能抵得住。如果自己只有990斤的力量，就一定吃瘪了。可是懂了这个道理，1000斤的拳头打过来，自己略略向后闪让，让到距他拳力所到的地方一分远，就挨不了打。卸去了他的力量后，自己身子侧一下，让开一条路来，两个手指头帮一点小忙，牵着他的拳头，顺着他的千斤来势，沿着他的去向轻轻一带一送，变成1500斤的力量，向空间里冲，他就扑倒了。这个道理就叫长短术、钩距学。用长可以制短，用短可以制长。这套道理体现的是奇正反复、阴阳互变、动静互用的原则，用在政治、军事、经济、外交、社会等等人际关系的事务上，就构成了谋略学。

庄子说过："且以巧斗力者，始乎阳，常卒乎阴，大至则多奇巧。"南怀瑾解释说，"以巧斗力"就是谋略学。所谓兵法都是"以巧斗力"，以寡击众，以弱击强，这个就是最高的谋略，也是最强的兵法。这个"巧"字也代表智慧，搞政治也好，外交、军事也好，总而言之，人在社会上相处都要用巧，以智能来"斗力"。我们现代人应该好好研究古代谋略学，拿它和孔孟之学互相参究。以孔孟之学的王道德政作为治事与立身、立国的中心，以《战国策》《孙子兵法》等作为权变、应变、适变、拨乱反正的运用之学，实在很有必要。千万不要认为这些书是老古董，根本不去摸它。胡乱抛弃固有文化中这些宝藏，实在是很盲目，而且非常可惜。

可是要注意，学这一套，要以道德为基础，不要乱用，应该知而不用。为了救别人、救国家、救社会，不得已而用之则可。讲谋略学必须要严格地负责，因为谋略是一把刀，它的本身没有善恶，用得好是救人的，用不好，的确是害人的。所谓奇计者，就是古怪的、特殊的异端、偏道。异端有没有用处？仍是有用处的。举个例子来说，汉朝平定天下，汉高祖说，我不过是得到几个人而已。他是指张良、萧何、陈平等，尤其是陈平，这个人六出奇计，帮助汉高祖统一天下。但是我们读了历史也就知道，异端不能乱用，还是要以德业为基础。异端多半走入术的路子，术就是方法、权术。权术没有德业为基础，就要不得。按照庄子的说法，用智慧用谋略，开始是阳面的，后来必然会走到用阴谋。所谓奇计就是阴谋。对于用谋略的人，中国文化始终称他们为阴谋家。所以陈平也知道其中的利害关系。《史记》记载，陈平说了一个预言："我多阴谋，是道家之所禁。吾世即废，亦已矣，终不能复起，以吾多阴祸也。"果然汉高祖封给他的诸侯国，到他的孙子手里就亡了，陈平早知难逃自取灭亡之道。用谋略斗智的，挖空心思搞了半天，想故意骗人家整人家，好话说给人家听，最后害了人家，自己还在那里笑。越聪明的人，鬼心思越多，最糟糕了，而最后总是害了自己。所以人生在世，不可以走阴谋的路，还是要行正道才是。

南怀瑾认为，《庄子》一书的《外篇》和《杂篇》，对中国文化影响巨大。中国的帝王之学、作战的谋略、做人的谋略都受《外篇》《杂篇》的影响。这是谋略学的鼻祖。关于谋略学和道家的关系，他在《正统谋略学汇编》的序言里说，谋略学是道家擅长的。历史上国家有问题的时候，拨乱反正都是靠道家，天下治平的时候才用儒家。在乱世时，道家的谋略就像给病人治病的药一样，哪怕药再糟糕，是牛粪马尿，只要能治病就好。等到天下太平了，就要靠儒家的仁义学说来治理，道家的谋略可以藏之名山，知而不用。儒道两家作用不一样，但殊途同归。然而，现代学术界研究道家，有一种很严重的错误观念：认为老子的谋略学是阴谋，是阴谋之术。于是一说到老庄，就联想到谋略；一说到谋略，就联想到老庄学说是很阴险的学问，是搞阴谋的。南怀瑾说，老子是主张用阴、用柔，但所谓“阴”，指的是静，是暗，出之于无形，行之于隐蔽，与奸诈是不同的，可以理解为是比较隐蔽性的谋略。道家和我们固有的文化，远古的源流——阴阳五行与《易经》等系统是同一个来源的，阴与阳是一体的两面，只是在用上有正面与反面的不同而已。无论用阴用阳，都要活用。

关于谋略学，南怀瑾系统地介绍了一些古书，有兴趣者可以阅读。首先，他认为，《春秋左传》就是很好的谋略书。它以编年的方式记载古老的历史事实，有很多谋略的实例。其次，《史记》也蕴含着丰富的谋略思想。司马迁著《史记》时，在每一篇后面都有总结，以“太史公曰”来总结历史经验，其间包含着很多谋略的大原则。司马迁以君子之道来总结谋略经验，站在儒家的立场上，兼容道家、兵家、法家、纵横家等，其谋略智慧，耐人寻味。再次，汉代刘向编的《战国策》，集中了当时以及古代关于谋略方面的事例，偏重于纵横辩术，可以说完全是记载智谋权术之学的书。此外，还有《素书》和《长短经》。后者又称《反经》。以前《反经》不被重视，因为《反经》与儒家的主张是有矛盾的，它是“反其道而言之”的。《反经》更多地关注纵横家、法家、兵家的思想，而不是儒家的正统思想。古代的高官，对于《反经》表面上抨击，背地里精读深悟。《反经》的“反”字，意思就是说，天地间的事情，都是相对的，没有绝对的。没有绝对的善，也没有绝对的恶；没有绝对的是，也没有绝对的非。其实是想说明天地间的人情、事情、物象，没有一个是绝对固定不变的。先秦时老子就提出：“祸兮福之所倚，福兮祸之所伏。”就是说，福祸没有绝对。由此推论，历史上的政治制度、时代变化，也没有什么绝对的好坏。宇宙万事万物都在变。能知道这“什么都在变，唯有‘变’是不变的”，才是真正的“识时务者为俊杰”。所以，南怀瑾说，面对着“变”，“第一等人晓得要变了，把住机先而领导变；第二等人变来的时候跟着变；第三等人变都变过了，他还在那里骂变，其实已经变过了，而他也被时代遗弃而去了”。这就是《反经》要说的道理。

谈历史

南怀瑾说，中国的历史，比较详细的记载是从周朝开始的。《礼记》上告诉我们，我们这个民族文化很特别，从上古黄帝一直到周朝，史官的职位是帝王封的，但是封成史官以后，帝王不能干涉。所谓“左史纪言，右史纪事”，在帝王旁边的史官，左史纪言，皇帝及臣子们所说的话，都要真实地记录；右史纪事，大到帝王做了国家大事，小到亲近女色，做了什么事，都如实记下。中国古代史官的权力有这么大，这种体制也是全世界独有的。我们的历史，单讲正史，留下来的有二十五史，每一代的历史都有详细的记载。

南怀瑾说，一个民族的文化中心就是自己的历史。如果自己祖先的历史传统都不知道，那就是数典忘祖。在欧美留学拿到博士、硕士学位回来，就想把某个国家的文化体制用到中国，就想治国平天下，这叫“隔靴搔痒”“药不对症”，可以说影子都没有，所以不读历史是不行的。不注重历史，就不懂政治，不懂经济，也不懂商业。这些学问经验，历史上都有。“有人问我，推翻清政府到现在100年了，你看中国的前途怎么样？我说，要想了解现在这个时代，你就要去读历史，研究历史，懂得历史。古书上说：‘观今宜鉴古，无古不成今’，想知道未来，要知道过去，不懂得历史是不行的。”

他还说，历史本来就是人和事经验的记录，换言之，把历代人和事的经验记录下来，就成为历史。所谓历史，一共不过是两个问题：一个是人的问题，一个是事的问题。历史的记载，不外乎人与事。从人的方面来讲，大概又分两个方向：一个是经，一个是权。经是大原则，不能变动，变了社会就乱；权又叫作权变，就是运用的方法要顺应潮流，与时并进。所以我们研究历史，要“经史合参”。既要掌握历史传统中一以贯之的“经”，也要了解历史的变动、各个不同朝代的特点。经史合参，要学观音菩萨千手千眼，每一只手里有一只眼睛，每一只眼里有一只手，要清清楚楚。南怀瑾这样说的意思，是看历史要有“史眼”，看待具体的历史人物和事件，要有“经”，有原则；理解“经”，传统的思想，又要结合具体的历史事实。司马迁引用过孔子一句名言，是讲写历史的重点，“我欲载之空言，不如见之于行事之深切著明者也”。写历史，如果光讲空洞理论，没有用，而是要把人的思想、行为、言语，写得明明白白的，让大家看得清楚。

南怀瑾说，研究历史有两个方向：一种是在大学里的学者，站在后世——另一个时代、另一种社会形态、另一种生活方式中，从自我主观意识出发去看历史，而又自称是客观的，然后再整理那一个历史时代的人与事——政治、经济、社会、教育、军事、文学艺术等，从各个不同的角度去评论。这种研究尽管说是相对客观的，其实，始终是有主观的成见。很多书是钻牛角尖，没有全盘了解。

其实，南怀瑾已经看到了当前史学研究的弊端，也就是碎片化。史学就此失去了它的社会价值。对此，国际学术界也有人开始出来说话。近些年，有两位美国历史学家写了一本《历史学宣言》，呼吁历史研究应该回归长时段，使历史服务于现实政治及社会，让普罗大众都能阅读历史、读懂历史，实现其作为人文学科的现实意义和价值。有兴趣的读者可以去阅读这本书。

南怀瑾说的另一种历史研究方向，是从历史中吸取教训，学习古人做人临事的经验，作为自己的参考。他认为，这是中国史学的一个传统。宋代有一部著名的历史巨著，便是司马光的《资治通鉴》。顾名思义，司马光编著这部史书的方向，是将其作为皇帝和领导班子成员的政治教育参考书，用古代历史兴衰成败的资料，帮助他们实行贤良政治、清明政治。在司马光之前，这类历史主题的书也不少。唐太宗写了一本书叫作《帝范》，即做皇帝的典范，想留给儿子，留给子孙后代。他死后，有个大臣吴兢写了《贞观政要》，总结唐太宗治国的经验。还有张九龄写的《千秋金鉴录》，也是给皇帝看的。这些书都离不开《孟子》里“徒善不足以为政，徒法不能以自行”这两句话的原则，讲的统统是从历史中总结出来的霸术、权术。以前的中国人为什么那么注重历史呢？历史是给人类留下的经验，叫作“经世”之道，是救世救人的学问。孔子的《春秋》就是经世之学，春秋的道理是“议而不辩”，只是责备贤者，不责备一般人。他的“一字褒贬”，一个字下去，就判定了领导者的得失。社会出了问题，那主要是领导者的责任，与老百姓关系不大。所以中国的史学传统更多的是讲政治史，总结政治成败的得失经验教训。

南怀瑾看历史，有许多自己独特的视角和观点。第一，他主张一种“循环史观”。有一次，他和我讨论历史哲学，我说史学界大致有唯物史观和唯心史观这两种对立的观点。他认为都不对，应该叫“唯时史观”。你看我们的史书上，不把帝王当主体，纪年先讲甲子、乙丑、丙寅、丁卯等，是以时间来推算的。从尧、舜、禹，夏、商、周开始，一代一代下来，开始创业的祖宗们都了不起，天下太平，武功文治。到了后代就慢慢衰亡了，又换成另一个历史阶段。“存亡废兴”是讲历史演变的大原则。一切存亡废兴都不会脱离这个法则、这个道。这个道是讲历史哲学、人文法则。不照这个法则去做都会失败。讲历史哲学，有两个重要观点，一个观点认为人类历史是重演；一个观点认为人类历史是进化的，不会反复重演。这两个观点是可以融会贯通的。历史的现象，事物的变化，并不一定重演。譬如我们现在穿的西装，同古代衣服的式样就不同了，但是大原则，人要穿衣服，则是一样的。历史会重演吗？不可能。真的不可能吗？也许可能。古人是人，现代人也是人；中国人是人，外国人也是人，人与人之间，外在不同，原则却变不到哪里去，所以说历史是重演的。虽然古代的社会形态与我们不同，原则却没有两样。

南怀瑾的另一个历史观，是把因果关系看作历史的定律。他在《原本大学微言》和《孟子旁通》里都列举了大量历史事实，然后说，如果从因果中去看历史，可以发现许多很奇妙的事情。古今中外都逃不开这个“因果律”。中国的历史，每一朝代都是如此。怎么来的江山，也将怎么失去；怎么样取得的政权，也是怎么样交出去，一点都不差。因果律是宇宙间的自然规律，人不可以违反这一自然规律的力量。自然科学的因果律，种瓜得瓜，种豆得豆，人类社会与自然界的因果原则是一样的，当然过程中的变化更错综复杂，并不尽相同。研究历史上的因果循环，也就懂了人生，知道为什么做人要有道德。

谈文学和诗

南怀瑾也是一个文学家，尤其是他在诗词上的造诣非常突出，可是他的文学成就往往被他在儒、释、道等方面的学问所掩盖，因此被大家忽略了。他曾经说："中国文化，在文学的境界上，有一个演变发展的程序，大体的情形，是所谓汉文、唐诗、宋词、元曲、明小说，到了清朝，我认为是对联，尤其像中兴名将曾国藩、左宗棠这班人把对联发展到了最高点。我们中国几千年文学形态的演变，大概是如此。……文化的基础在文学。研究中国的历史、哲学乃至科学，都应该好好研读中国文学。"

南怀瑾说，中国人的哲学思想，不像西方那么严谨艰涩，它寄托和隐含在美妙灵动的诗词歌赋和文学作品中。最典型的莫过于我们熟知的《西游记》《红楼梦》《三国演义》《水浒传》这四大名著，它们是普及度最高的，影响和改变了历代中国人。中国历史上那么多状元、宰相，有多少个能被大家记住？但孙悟空、贾宝玉、张飞、武松这样的文学人物却是家喻户晓的。抗日战争时期，很多国人，其中大多数是没受过多少教育的农民能够舍身就义、保家卫国，不是因为他们接受了什么主义，影响和改变他们的恰恰就是他读过或听过的某部传奇小说、评书演义。他还说，中国历史上，凡是大政治家，都是大诗人、大文学家。过去人家说我们中国没有哲学，其实中国不但有哲学，而且几乎没有外国人有资格研究中国哲学。因为我们是文哲不分，中国的文学家就是哲学家，哲学家就是文学家，要了解中国哲学思想，必须把中国所有的古书都读遍。西方的学问是专门的，心理学就是心理学，生理学就是生理学，过去中国人做学问要样样懂一点，尤其文学更要懂，才能谈哲学。譬如唐初有首诗《春江花月夜》中有几句说："江畔何人初见月？江月何年初照人？"与西方人的先有鸡还是先有蛋的意思一样。宇宙哪里来的？生命怎样起源的？他问的不是哲学问题吗？但到了中国人的手里就高明了，在文字上有多美！所以说中国是文哲不分的。中国的历史学家也都是大文学家、哲学家。司马迁著的《史记》里面到处是哲学。古代的笔记小说，有着史家所不能及的记录作用。我们现在所看到的历史史料，因成王败寇或政权交替、帝王喜好，记载未必真实，而文学笔记小说表面说是虚构，但人物和情节往往描述的却是史实。南怀瑾生前既读经史子集，也爱看各类野史小说，并且是夹杂着读。

南怀瑾说，中国的大政治家都是大文豪，唐代的诗为什么那么好，因为唐太宗的诗太好了。他提倡写诗，所以写诗就成了风气。这种风气，由唐代开始，一直到了民国，只要读过几年书，好诗不会作，歪诗也要歪几句。过去读书考功名，不管你有没有作诗的天才，一定要考你作诗。过去我们读书，没有人不是在小学就开始学诗的。每一个人都会作诗，不过是不是一个诗人，是另一个问题。因此，有人说，过去的中国是诗人的国土。要作诗先学对对联。譬如《千家诗》集唐、宋各家的名诗，是初学作诗的课本。在清末民初的石印本上，有的还附有李渔的韵对，如"天对地""雨对风""山花对海树""赤日对苍穹"等，很有趣。尤其到了清朝，作对联比作诗还要盛行。对联是从明代开始发展起来的，为什么？因为明太祖朱元璋尽管不读书，却喜欢作对联，而且作得很不错。有个故事说，朱元璋过年的时候，从宫里出来，看见一家老百姓门前没有对联，叫人问问这家人是干什么的，为什么门口没有对联。一问是阉猪的，不会作对联。于是朱元璋替他作了一副春联："双手劈开生死路，一刀割断是非根。"很好！很切身份。唐太宗诗好，大臣都是大文学家，如房玄龄、虞世南、魏徵，每位的诗都很好。为什么他们没有文名？因为在历史上，他们的功业盖过了文学上的成就。如果他们穷酸一辈子，就变文人了，文人总带一点酒酿味，那些有功业的变成醇酒了。其他，像宋代的王安石，他的诗很好，但文名被他的功业盖过了。所以中国文史不分、文哲不分、文政不分，大的政治家都是大文学家。就说那个大老粗皇帝汉高祖，他也会来一句“大风起兮云飞扬，威加海内兮归故乡”，别人还作不出来呢！所以大政治家一定要具备诗人的真挚情感。如果用西方人的话说，一个真正做大事的人，要具备出世的精神、宗教家的精神。

为什么文学在中国文化中有如此重要的地位？中国人为什么提倡诗和礼？南怀瑾说，因为人生有痛苦，尤其是搞政治的人，经常有痛苦、烦恼。中国人特别讲究道德修养，修养不到家，痛苦就更深了。英雄与圣贤的分别是“英雄能够征服天下，不能征服自己；圣贤不想去征服天下，而征服了自己”。英雄是将自己的烦恼交给别人去挑起来，圣人却自己挑尽了天下人的烦恼。这是中国文化的传统精神，能完成圣贤的责任，才能成为伟大的政治家。碰到人生的烦恼，西方人就付诸宗教，中国过去不专谈宗教，人人有诗的修养，诗的情感就是宗教的情感，不管有什么无法化解的烦恼，自己作两句诗就发泄了。孔子说：“诗三百，一言以蔽之，曰思无邪。”就是说从政的人，除了思想不走邪路以外，自己的修养更要有诗人的情操，才能温柔敦厚，才能轻松愉快地为政。

南怀瑾对诗词有自己的看法。他经常说，写诗的目的并不是专搞文学，为写诗而写诗很容易无病呻吟。孔子曾经告诫子贡，诗教并不是教你变成一个酸溜溜的书呆子，而是“告诸往而知来者”。透过诗的感情以培育立身处世的胸襟，而真正了解诗背后的人生、宇宙境界，这才是诗教的道理。

谈到诗，不能不说说南怀瑾自己的诗词创作。南怀瑾自少年时代就十分喜欢诗词，广泛阅读历代名家诗集，曾从童蒙老师朱味渊那里学诗，成人后又曾向四川前清遗老学诗。他曾自述，十九岁时喜舞文弄墨。此后佳作不断，由于涉猎广泛，见解独到，他的诗出口就高人一等，诗中带有一股空灵之气，有一种超脱世俗的韵味。《金粟轩纪年诗》收录了南怀瑾1932年至2009年所作诗词。这些诗词大致可以分为热心感众生和冷眼看三界两大类。或者说，他的诗歌总能在积极救世和冷眼观世的冲突中达成和谐。南怀瑾的诗词风格，所记录之事情真实，所抒发之情怀真实，所营造之境界真实，但遣词造句则追求含蓄，一般不做直露表白。他的一些咏史诗、纪实诗、言情诗，都需要结合他的身世时代，在文字之内和文字之外两个方面去多方求解。在南怀瑾的诗词中笼罩着一种忧愁和寂寞，但他的愁既不是酸寒之愁，也不是绝望之愁，而是一种得大解脱后的悲天悯人之愁。这就是南怀瑾的诗词，别人学不来，在整个中国20世纪的诗坛上，只此一家，只此一格。

谈商道

在南怀瑾的饭桌上，有不少来自工商界的精英人士。他曾经说过，好的企业实际上就是一个教化人心的好学校，商界精英们如何处世为人，实际上能够影响所有的员工。一个普通员工很少感受到国家给他施加的影响力，但是却能够时时感受到企业内部给自己的影响力。美国管理大师德鲁克也说过同样的话："企业不仅仅是企业，企业是民主化的动力。"将企业当作人生修为的场所，是南怀瑾的一种智慧贡献。在饭桌上，他勉励正派而又成功的企业家，也教化那些不循规蹈矩的土豪。他常告诫这些人要逆取顺守。在一个社会变动的时候，如果完全按照旧的规矩去做，是发不了财的。发财难免要走一点灰色地带，叫作"逆取"，建立了事业之后，就要"顺守"，一切要按制度、法律、道德去做，否则一定会倒霉。但很多人不信，以为可以永远按照以前的办法做下去，永远可以靠借银行的钱来运作，九个盖子盖十个碗。后来果然一个个倒霉了。

南怀瑾常说，我们中国的商业行为，现在走的是西方商业发展的路线，靠的是兼并别人资产的手段。大家拼命去学工商管理，这些管理学都是西方来的，都是"西学为体，西学为用"。对于自己几千年的商业文化、商业道德，我们研究工商、金融、经济的学者以及各行各业领导者，大都没有研究。大家似乎都认为只有西方才有这套学问，那么中国几千年是怎么走过来的呢？

中国有一套自己的经商之道、工商文化。中国传统的商业道德，讲究“仁义礼智信”。即使是专事求利求财的商业行为，也要心存“不欺”和“公平”的义利之辨。南怀瑾回忆童年时候，家里是开小杂货铺的，卖布、卖米，还卖南北货、日常生活物品。商店门口贴的是“贸易不欺三尺子，公平义取四方财”的对联。这是中国上千年传统商业文化的道德标准。做生意不欺骗人，不耍花样，不讹诈，价钱定了就定了，就是小孩子、老人来买东西也都是一样的价钱。可以说，这是孔孟思想在商业道德上的教育成果。可是现在这些商业道德统统被破坏了，整个商业的风气转向了“欺、哄、吓、诈”四个坏的方面。我们要深深反省，中国几千年文化是教育人人成为“礼义之邦”的国民，结果现在连基本的道德都没有了，这成什么话？

南怀瑾还说，中国文化，不管是孔孟之道，还是诸子百家，都是讲勤劳节俭的。譬如《大学》里说：“生之者众，用之者寡。”这是经济的大原则，生产得多，用得要少，一个社会的经济才能正常发展。老子也讲，吾有三宝：“曰慈”，仁爱爱人；“曰俭”，勤劳节俭，但俭省不是小气；“曰不敢为天下先”，绝不成为开时代坏风气的先驱。现在社会的消耗太过，饮食男女没个规范，人人自己有责任。南怀瑾谆谆告诫工商人士要居安思危。

有关商业之道，南怀瑾要大家读司马迁《史记》里的《货殖列传》。文章中引用管子的两句话“仓廪实而知礼节，衣食足而知荣辱”。这是大政治家管仲富国强兵的政治经济思想，和商业道德有关系。司马迁还有几句话很重要：“天下熙熙，皆为利来；天下攘攘，皆为利往。”世界上的人为什么那么忙碌？都是为了利，但是这个利并不只是代表赚钱，我们把利看成赚钱，是缩小了范围的观念。求利要求天下大利。南怀瑾说，世界上所有的财富银钱，在哲学的道理上来讲，是“非你之所有，只属你所用”而已。人就这样，就是不明白财富功名，连这个身体、生命，都非你之所有，只属于你所用，这个原则先要把握住。现在大家只学西洋的经济学，很少学中国的经济学，更没有研究过释迦牟尼佛的经济学。如果你懂了释迦牟尼佛的经济学，就真懂得经济了。释迦牟尼佛说，财富是靠不住的，不属于你，只是给你所用，不是你所有，任何人赚的钱，第一是官府要收税，第二是有盗贼抢你或骗你。佛经上是王贼并称的，皇帝是合法的盗贼，盗贼是不合法的皇帝。所以赚的钱先要扣掉王贼这一份；万一碰上个水灾、火灾又扣掉一份；还要花在父母儿女、六亲眷属、朋友等身上一份；再一份花在保健治病上；最后一份可以自由做主的，也只有使用权，没有所有权，并非你真正所有，只属于你所用，最终死的时候还是两手空空。懂了这个道理，就要好好安排自己的财富，考虑如何对人类做贡献。

说到企业的社会责任，南怀瑾在《论语别裁》里说："儒家那个道，也就是说以出世离尘的精神，做入世救人的事业。"把这句话用在企业经营管理中，就是告诫企业家要有社会责任感，要带着使命去做事，多为公众着想，多做一点好事，这样才会有更大作为与收获。南怀瑾还说过，企业是社会的一份子，企业经营当然要和企业的生存环境相融相生。企业家不仅要经营好自己的企业，也需要为自己的生存环境做出贡献，毕竟环境是大家的。承担起自己的社会责任，就是追求经营的长期稳定。南怀瑾在与留美学生谈到对中国内地的投资时，结合当时中国内地的国情和自身的经商经验，提出了与时俱进的投资新理念，即对内地投资必须具备四项理念和认识："共产主义的理想、社会主义的福利、资本主义的经营和中国文化的精神。"作为社会经济的主体，企业不仅享有合法经营的权利，同时还肩负着一个国家经济发展的重任。对于企业来说，必须要有"人格"追求，唯有把"天下为公"的中国传统精神融入到投资和经营的理念中，才能平衡个体与整体、企业与国家的矛盾，从而实现和谐的共同发展。

他看到"国内政治制度不同、意识形态不同，对政令解释不一"。因为，在资本主义社会，投资是完全利益化的，但这样的投资理念在中国是行不通的，唯有入乡随俗，处处为国家着想，为人民着想，才能在投资经营的过程中赢得国人的信任，从而获得更多的支持，实现双赢的共同目标。如果抱着一本万利的想法去内地投资，无疑是从耕夫手中夺牛，从饥渴之人手中抢夺食物，结果可想而知。如果从一开始就走错了路，一步错就会导致步步错，最终会被国家的经济现状逼进死胡同。南怀瑾把企业承担社会责任作为企业经营的最高智慧来强调。他不但是这样说的，也是这样做的，在投资修建金温铁路的过程中，南怀瑾为工商企业家们树立了一个榜样。

谈养生之道

在南怀瑾的饭桌上，经常会听到来客们问他如何养生，也有人知道南怀瑾精通医道，常常会问一些医学方面的问题。其实，在南怀瑾的著作和讲话中，很多地方都提到了养生之道。

南怀瑾曾经引用过《黄帝内经》里的一段话："从阴阳则生，逆之则死，从之则治，逆之则乱，反顺为逆是谓内格。"他说，你们要懂阴阳、四时、六气的法则，自己养生，调养、保养这个身体。如果违反了这个法则就会生病。阴阳两个字是代号，就是正面、反面。什么事都有正反两面，是相对的。每天的气候、每件事情也都是相对的。整个宇宙大气层跟着太阳、月亮的行度，12个月当中有6种变化，所以说是"六气"。哪六气呢？风、寒、暑、湿、燥、火。比方说，现在梅雨季节快要过了，马上到三伏天了，就是《黄帝内经》讲的燥、热、火这个季节，身上特别难受。如果学医的就会知道，夏天身体里面反而是寒的，我们的胃是寒的。可是大家喜欢夏天吃冰凉的东西。以养生之道来讲，夏天反而要喝热的，吃热的。我们夏天觉得热，是因为受大气的影响，身体体能的温度向外发散，表皮上感觉很热，会流汗，内部就寒了。所以高明的医师，夏天的病，不是给你吃凉药，反而是吃大热药。

他认为，"治未病"是中医的精华。《黄帝内经》上说："圣人不治已病，治未病；不治已乱，治未乱，此之谓也。”这是中国上古的文化，医道跟政治是一样的。所以“圣人不治已病，治未病”。在没有病的时候，身体有一点不对就先吃药，先把它治好。如果等到已经生病再治已经晚了。“夫病已成而后药之，乱已成而后治之，譬犹渴而穿井，斗而铸兵，不亦晚乎。”病已经成形了，而后再用药来治，就像是社会已经动乱了，再用严法和兵力来管理，都不是圣人之道。这种做法，就像嘴巴干了才去挖井，要打仗了才去制造武器，不是太迟了吗？我们生命衰老死去，平常都觉得没有病。其实，没有一个人没有病，绝对有病，随时都有病。我自己养生的道理，是绝不让身体内有一点不舒服停留在那里。只要身体有一点不舒服，立刻吃药，非把它排除干净不可。

人为什么会生病？南怀瑾引用《列子》里的一段话：一位姓矫的医生告诉季梁：“汝寒温不节，虚实失度，病由饥饱色欲，精虑烦散，非天非鬼，虽渐，可攻也。”他解释说，这是医学的道理。“汝寒温不节”，是指气候变化，暑湿寒热，有冷有热的天气，有寒温不调和现象。譬如说到了夏天，大家喜欢用冷气。很多的病都因为冷气吹风来的，进到身体内都不知道，等到将来一旦爆发，不可收拾，西医也叫作冷气病。这就是寒温不节，自己不晓得调节。“虚实失度”，譬如说，你饿过头了，就是虚，胃的消化力量减弱了；吃得太多就是实，这是容易了解的。再譬如说，有些人生病是因为身体虚了。虚了就吃补药，完了！补药不能乱吃啊！什么人可以吃补药？身体特别好的人可以吃补药，因为他有吸收的能力。你身体衰弱，是个穷家，忽然送了一千万美金给你，都没处放，又怕小偷，又怕土匪，虚不受补啊！假使你感冒了，高丽参等补药吃进去，本来三天好的，三个月都好不了，把病封死在体内了，就像把土匪、小偷封死在家里一样。还有一个很重要的原因，是性行为的关系。很多人生病是“色欲”引起的，自己还不知道，医生也不好意思问，问也不会老实讲。“精虑烦散”，人因为有痛苦和烦恼而生病。人有七情六欲，思虑与感觉随时随地可以使人生病。人的生命非常脆弱，如果医生真能够医好病的话，人就不会死啦！可见真有病要死的话，西医中医都没有办法，所以医尽管医，死还是照样的死，人要不死是做不到的。很多人修道打坐，都以为一修道百病皆除。实际上，一修道是百病皆生，都生完了以后才百病皆除。本来没有病，你体内潜伏的病都要发出来，爆发完了以后才可以。

前面提到《列子》里的话“非天非鬼，虽渐，可攻也”。病都是自己造成的，但还有希望，可以用药攻，就是把体内的病打出去。不管中医西医，只有三条路，汗、吐、泻。不是发汗就是催吐，把它吐出来，再不然就是从大小便里把病气排泄掉，这是攻的道理。病刚好的时候，或大病之后，不管中医西医，一定要休息7天，这7天最重要。伤寒说不定要拖到七七四十九天才能够好，才能把病菌完全杀死。就是普通的感冒，你觉得不要紧，其实，感冒的病菌在体内至少潜伏18天。吃药不吃药都差不多，吃药是把痛苦减轻一点，真正感冒一进来，要把它排除干净了，如果病没有好，又感冒了，你的生命便会衰弱下去。

南怀瑾还说：卫生是西方的文化观念，中国人讲养生，要想懂得养生，首先要知道“持盈保泰”。所谓“持盈”，如一杯水刚刚满了，就保持这个刚满的水平线，不加亦不减，加一滴则溢出来了，减一滴则不足。所谓“保泰”，即最舒泰的时候要保和了，譬如用钱，决定保存100元，如用去10元，便立即补上，仍保存100元，这就是保泰。把心身两方面放平静，永远是祥和，摆正常，像天平一样，不要一边高一边低。中国道家讲究两个东西：“性”与“命”，性就是精神，命就是肉体。思想用得太过了，妨碍了性；身体劳动太过，就妨碍了命。这两方面要中和。具体来说，特别要注意饮食和睡眠。道家有句话说：“如要长生，腹内常空；若要不死，肠中无屎。”就是肠子里边没有大便，要常常清理它。道家有所谓“休粮辟谷”，所以才有“要想长生，腹内常空”的话。一个人要随时保持腹内的空，不要吃得消化不良，搞坏了肠胃。老实说，除了特殊的天灾外，现在很少人是饿死的，多半是吃死的。

一个人太多思虑的话就会上火，心属火，心火不能沉下来，肾水就不能上升，造成心肾不交的状况，就是心与肾的活动能力都在衰竭，不能互通联系，发生中断现象。年纪大了，多忧虑，体力差，就容易出现心肾不交的状态，心肾不交就会失眠。讲养生之道，就要把心神凝定，自然就睡着了。道家有个办法，不管老年、中年或是少年，失眠时把身体蜷起来睡，变成婴儿状态，两只脚缩拢来，两手也抱起来，容易睡着，这是勉强使心肾的气相交。南怀瑾一再提到“活子时”这个名词。子时就是每天夜里11点到1点钟，还有白天的午时，即中午11点到1点钟，都是阴阳交媾的时辰。子时和午时特别需要休息，必须睡，睡眠休息会恢复精神。

谈生死

生死问题是一般人最关心的。世界上的宗教，都在探究人生，追问生与死的问题。南怀瑾在他的著作和演讲中，很多地方都谈到了这个问题。

生死是什么？他曾经讲述儒、释、道三家的不同看法。首先是儒家，孔子说过："未知生，焉知死？"意思是生与死是同一件事，如果知道生从何处来，也就知道了死向何处去。孔子在《周易》的《系传》中说："明乎昼夜之道则知。"南怀瑾说，《易经》认为生死不是问题，如果在这句话上加两个字就是："明乎昼夜之道则知生死。"就是说人活着的时候，像白天一样，像太阳出来的时候一样。人死了，就是休息了，像太阳下山一样，天黑了。不过有一点，他承认生命的延续。人活一辈子，最终死了，但并不是生命的结束，只是休息一个阶段，等于天黑了，明天又要天亮一样。一个白天，一个夜晚而已。可是西方的宗教把生死问题看得很严重。纯粹的中国文化，根据《易经》认为不是一个问题，根本不去考虑它。

道家思想则认为："生者寄也，死者归也。"人活着是在这世界上作客人，活了100年，也只是在这皮包骨的血肉之躯中寄放了100年，等到死了就回去了。老子从另外一个角度表达叫"出生入死"。出来就叫作生，进去就叫作死。生死就是在一进一出之间，像演话剧一样，从后台到了前台，就看到有几个人在那里演起戏来，等他演完了这一幕进去了，台上还是空空的。其实人并没有死，不过是进去了而已，人生境界就是如此，所以没有什么严重的。

《庄子》的说法是“方生方死，方死方生”，当我们刚刚生下来的第一天，不叫作存在，因为第一天过了，第一天的生命就完结了；第二天是第二天的生命，所以方生就方死。当一个东西刚刚生下来，就是死亡的开始；我们认为它是死亡的时候，却是另一个生命的开始。生死是两头的现象，那个能生能死的，不是在生死上面，这两头都是现象而已，不相干的。所以我们自己是被现象骗了。庄子的文章，没有落任何一边，刚刚讲了“方生方死”，接着就讲“方死方生”，两头都说完了，如珠子走盘，不着边际。

庄子还借孔子的口来表达自己对生死的看法。《庄子》一书里记载：颜回问仲尼曰：“孟孙才，其母死，哭泣无涕，中心不戚，居丧不哀。无是三者，以善处丧盖鲁国，固有无其实而得其名者乎？回壹怪之。”颜回问孔子，鲁国有一个人叫“孟孙才”，他的妈妈死了，他哭起来无涕，干叫唤，干叫唤谓之嚎，就是哭着眼泪也没有。“中心不戚”，内心没有觉得悲伤。“居丧不哀”，办丧事时，一点哀痛的形象都没有。但鲁国人还说他丧事办得最好，这难道不是有名无实吗？孔子说：“孟孙氏不知所以生，不知所以死。”他本人已经得道了，已经了了生死。所以颜回你不要过分要求。南怀瑾解释说，道家的观念，并没有把生死看得那么了不起，所以把生死叫作“物化”，也叫“变化”。我们活着的肉体，是许多如素菜、牛肉、虾子等各种各样东西变出来的，死了以后，这个肉体又变化成其他东西去了。整个程序是复杂变化的，万物都在互相变化。人死了就是“化为物，以待其所不知之化已乎”，“化”为物后并不是没有，他的生命没有完，我们看见生死，是外形变化了，外形变化后还要变回来的，这个生命精神永远不生不灭。所以等待其“不知之化”，下一个生命要变成什么是不可知的。一般人是不可知，得道的人是知道的。一个人刚刚生下来，就是一个新生命变化的开始。“且方将化，恶知不化哉？”一个新生命活着，难道不知道随时都在生死变化吗？实际上我们的身体，随时都在生死，随时都在变化。昨天的我已经死掉了，今天的我不是昨天的我，前一分钟的我不是现在的我，现在的我不是后一分钟的我，都在变化之中。“方将不化，恶知已化哉?”我们感觉到活着存在，不晓得现在有一部分随时死去了，另一部分随时又生回来。因为我们悟不到这个道理，所以不能得道。对孟孙才这样得道的人来讲，死亡的是形骸、形体、尸骸，“而不损心”，那个生命的本心没有死亡，它不会因为外形的死亡而死亡，它永远长在。“有旦宅而无情死”，“旦”就是早晨，“宅”就是住在那里。生来与死去，等于是早上与晚上一样，真正的生命没有死亡，那个对生命起作用的东西永远长在。

佛家认为，宇宙万有的本体是一元的，以空为体，以一切作用为用，以一切现象为相，心和物都是本体的作用。人有生命存在只是本体的一环。所以佛经上常以海水比喻本体，以水泡比喻生命的存在。生命有变迁，如车轮的回转不停，叫作轮回，看不见它的终端。生命的轮转，此死彼生，此生彼死，大体分为六类，叫作六道。生死之间，归纳为过去、现在、未来这“三世”。时间上无始无终，空间上无量无边，生死像车轮旋转在时空之间，生与死是生命的变迁而已。我们的生命本来是永恒不绝的，但在现象上看有生死，活了几十年就走了。这在整个生命上看来，是个分段的作用。佛家提倡的超脱生死，意思是超越分段生死。修持有定力的人可以做到，古代常见记载有人可以预知什么时候要死了，就先通知别人，到时两腿一盘就走了，很自在。一般人看来，能修行到这个地步，好像是了生死了，其实还不一定。真正能彻底了生死的，只有成佛的人，证得涅槃。涅槃不是死亡，是不生不灭。真正的涅槃是不生不死。

南怀瑾认为，了解了生死的道理，就是教我们不要在乎生死。一个人健康快乐地活着，死的时候干脆利落，不牵累别人、不拖累自己，就是第一等人。当然一个人死得光明磊落、痛痛快快很难。众生在生死中都有恐惧，尤其到断气的时候，几乎没有一个人肯死。中国人有句老话：“好死不如赖活”，最痛快的死都不愿意。这是因为人最爱的是自己的生命。为什么会如此爱惜生命？这就是欲的本身。《圆觉经》上说：“爱欲为因，爱命为果”，二者互为因果而循环不已。众生爱自己生命的欲最严重。所以说，爱惜自己的生命是必然的现象。佛告诉弥勒菩萨，众生若想要了脱生死，免受轮回，

“跳出三界外，不在五行中”，第一步就应该断除贪欲，还要更进一步，断除更深一层的爱。假如一切众生能够舍弃一切欲望，以及灭除憎恨痴爱之心，就可以永远断除生命的生死轮回。

谈待人处世

南怀瑾一生行迹奇特，交游广泛，包括奇能异士、高官武将、银行家、企业家、艺术家、小商人、名教授、大学生，也有江湖大哥，以及美国的外交官、法国的汉学家、印度的金融家和韩国的和尚，等等。每个见过他的人都觉得如沐春风。在和三教九流的交往中，他既能有教无类，又能出淤泥而不染。一位朋友曾说：在南怀瑾那里学到的最大收获是如何待人接物。那么南怀瑾自己是如何待人处世的呢？

南怀瑾经常说，世出世间，一切都建立在人道基础之上，这个基础没有，其他的都立不起来。人道的基础稳固了，学佛学道就很容易。他在讲《论语》时，引用《泰伯》篇的原文："曾子曰：可以托六尺之孤，可以寄百里之命，临大节而不可夺也。君子人与？君子人也。"南怀瑾说："人的学问修养做到在朋友之间'可以托六尺之孤'，托妻寄子的，非常非常难，简直没有。"言下之意，这是我们做人处世最高修养的行为标杆。他举了刘备在临死前托孤给诸葛亮的事例，进而讲了托孤与寄命的关系："照中国文化的大义，可以托六尺之孤的人，就'可以寄百里之命'。"这就是做人与做事的关系，只有把人做到家了，才可以不辱使命地做事。南怀瑾这样讲的意思，应用到我们实际生活中，就是说，你做人做好了，人家才敢把事情托付给你，才能授之于重任。反过来，他也是在说识友、择友、交友的重要性。

南怀瑾在讲《孟子》时谈到万章向孟子请教，朋友之道应该如何。孟子告诉他说，交朋友之道，第一，“不挟长”，不以自己的长处，去看别人的短处。例如读书的人，觉得不读书的人没有意思；练武功的人，认为文弱书生没有道理，这都是“挟长”，也就是以自己的长处为尺度，去衡量别人。第二，“不挟贵”，自己有地位、有钱、有名气，因此总是看低别人。这也不是交友之道。第三，“不挟兄弟而友”，就是说朋友就是朋友，友道有一个限度，对朋友的要求，不可如兄弟一样，换言之，不过分要求。一般人交友，往往忽略这一点，认为朋友应该一如己意，事事帮忙自己，偶有一事不帮忙，便生怨恨。另一面，朋友不帮忙还好，越帮忙，越生依赖心，结果帮他反而害了他，所以要“不挟兄弟而友”。这三个要点，非常重要。每人如稍作反省，就会发现，自己常会犯这三种毛病。在相反的一面，“不挟长”就是并不因为对方有长处，想去沾一点光。“不挟贵”，不因为对方有地位、有钱、有权势才去交这个朋友，企图得什么便宜。“不挟兄弟”也就是说，只有一面之缘的人，却口口声声说：“他是我的老朋友，我们熟得很。”这叫交浅言深，也是不好的作风。南怀瑾说“友也者，友其德也”，交朋友是为道义而交，不是为了地位而交，不是为了利用人而交，也不是为了拜把兄弟多，可以打天下，如江湖上人“开码头”而交。交朋友纯粹是道义之交，不可有挟带的条件。孔子说，朋友的道义，是彼此规过劝善，不是专说好话。其次，朋友有“通财之义”，要“患难相扶持”，而不是富贵相扶持。其中以“通财之义”最难做到。自古以来有句俗谚“仁义不交财，交财不仁义”，可见通财之义更难。

交友如此，人与人之间的一般交往又应该如何呢？南怀瑾还是借用《孟子》的话说：人与人之间的交往，要有恭敬的心理，不要儿戏，不要马虎，不只是表面打躬作揖的礼貌，要出自内心的恭敬诚恳。现在我们流行两句成语，所谓“却之不恭，受之有愧”。有人送礼给你，过分地推辞与轻易地接受都是不恭。孟子不谈“受之有愧”，只讨论“却之不恭”的问题。要看送来的东西是否合理，是否合礼，如果不合礼仪或不合道理，就要“却之”，不能接受。“恭”不只是外表的恭敬态度，更是内心的庄严，对自己重视，对朋友尊重。孔子也说过“其交也以道，其接也以礼”，动机不纯的交往、来路不明的东西、一切不义之财，都是不合“道”、不合“礼”的，那就应该断然拒绝。

南怀瑾对如何处世也有自己的看法。他经常引用《论语》中孔子的话说：“邦有道，危言危行；邦无道，危行言孙。”国家社会上了轨道，要正言正行；遇到国家社会乱的时候，自己的行为要端正，说话要谦虚。天下太平，一个正人君子，行为端正、说话正直，没有关系，无所顾虑，也不会被斗争。但当处在动乱的社会里，行为还是要端正，规规矩矩、方方正正，但在言语上要少发牢骚，不要得罪人。因为乱世没有章法，否则的话，往往会惹麻烦。任何一个时代的混乱，都有深层原因，不能心急，要利用太极拳原理，四两拨千斤，就是顺其势，慢慢来。如果想一下子用突变的方法把它改过来，往往还没有变好，新的问题又出来了。南怀瑾反复提到道家“曲则全”的道理。他说，老子把我们老祖宗传统文化的原则抓住，指出做人处世与自利利人之道——曲则全。为人处世，善于运用巧妙的曲线，只此一转便事事大吉了。换言之，做人要讲艺术，便是要讲究曲线美。一件事情走直线有时候是不行的。一件领导决定的事，明知他是错的，挑明说决策有问题，那就糟了！人是有个性的。善于言辞的人，讲话只要转一个弯就圆满了，既可达到目的，又能彼此无事。若直来直往，有时是行不通的。不过曲线当中，当然也须具有直道而行的原则，老是转弯，便会成为大滑头了。

南怀瑾在青年时代的经历可以说是多灾多难，所以对如何保护自己有很多感受。他曾引用庄子的话：“为善无近名，为恶无近刑。缘督以为经，可以保身，可以全生，可以养亲，可以尽年。”他说，庄子的话，对于人生处世虽然滑头而逃避，不过有它的道理。“为善无近名”，是说做善事应该做到没得名气，人家不晓得你在做善事。偷偷做了好事，别人不知道，这就是阴功。阴功才是真正的积德。如果做好人做好事，是为了让人家表扬，说我们是好人，这个不算是善事。“为恶无近刑”，做坏事，有时人也难免，每个人都有私心，总有做得不对的地方，但不要到犯法的边缘，不要觉得痛苦、失败到极点。换句话说，就是在善恶之间恰到好处。

南怀瑾一贯主张“不在其位，不谋其政”。有些不在其位的人，就喜欢乱谋其政，越外行的越喜欢谈内行话题。比如，有的文人喜谈战争，开口就是应该打。他们却不知道打仗的难处，自己又没有打过仗，也不知道怎么打。一个知识分子，如果不是身居官职，最好不要随便谈论、批评政事。政治绝对要靠经验，不是光凭理论的。不是自己的执掌范围，不必过分地去干预，不要乱替别人出主意。“不在其位，不谋其政”是孔子所说，常被人说成是滑头话、推托词。事实上，这是告诉人们学以致用，真正的学问，要和做人做事配合。对一件事还不了解，无法判断时，不要随便下断语，不要随便批评，因为真正了解内情，太不容易了。

跟南师学做人

我从1995年开始跟随南怀瑾，直到2012年他离世，整整17年。其间，在香港时，每个周末都会去他在坚尼地道的寓所。南怀瑾定居内地后，我每个月都会来看望他，聆听他的教诲。从2008年到2010年的两年里，我到太湖大学堂，在他身边长住，朝夕相处。经常有朋友会问我："跟随南怀瑾学到最多的是什么？"我总是不假思索地回答："是学他如何做人。"在他的言传身教下，不断完善自己的人格，提高自己的人品。南怀瑾常说，做人要佛为心，道为骨，儒为表，大度看世界。我的理解是，佛心就是一颗善心，对任何人慈悲为怀，不起分别心；道骨就是无为而无不为的清高风骨；儒表就是温良恭俭让的言行举止。这些做人标准都写在纸上，但现实中有几人做到？我在南老师身边，就看到了这样一个圣人。

南老师经常告诫我："一个人的学问，不是指写文章做论文的功夫，而是指他做人做事成功的方法。"文学修养好，知识渊博，那是枝节的，学问之道在自己做人的根本上，在人生的建立、内心的修养。他引用孟子的话"虽有智慧，不如乘势；虽有镃基，不如待时"，说虽然你有聪明绝顶的智慧，但是客观环境还没有构成有利的形势，所以你还是没有办法成功的。你虽然有了无比坚固的基础，但还是要等待时机，才能发挥作用。所谓时机，也就是"命运""机会"。时机不到，你纵然有天大的本领也是枉然。不过，时机来了，不晓得把握又有什么用？我常说第一流智慧的人，创造机会；第二流的聪明人，把握机会；而愚笨的人错过机会，失去了以后又不断抱怨。当然，无论时机到不到，都要永远保持初心，如老子所讲的“如婴儿乎”。不受外界环境影响污染，永远保持光明磊落、坦白纯洁！人为什么容易苍老呢？因为受了外界影响而产生情绪变化，就由青年到中年到老年了。其实，生命只有当下，过去已经过去，未来还没有来，你去想那些干吗？也就是《金刚经》讲的，过去心不可得，现在心不可得，未来心不可得。

南老师经常教诲我，做人要做大丈夫，学佛要学文殊普贤，一上来便是泱泱大度，气象万千，发大愿行，生大智慧，凡事以别人的利益为紧要，处处为别人好。临境觉照清明，洒脱自在，不依不着，不但洞察事情本末，知晓因应处理之道，并且果断能行。他常把张载的名言“为天地立心，为生民立命，为往圣继绝学，为万世开太平”挂在嘴边，勉励我做人处世要效法天道，“作焉而不辞，生而不有”，尽量地贡献而不辞劳瘁，但自己绝不计较名利，功成而弗居。现代社会的风气，大家每做一件事，先要考虑有没有价值。所谓价值，就是对自己有没有利益，这是通常的心理。南怀瑾说，凡是学佛学禅的人，首先要建立一个人生观：我这一生来到世界上就是来偿还欠债，报答所有与我有关之人的。我们赤条条地来到这个世界上，本来就一无所有。长大成人，吃的、穿的、所有的一切都是众生、国家、父母、师友们给予的恩惠。只有我负别人，别人并无负我之处。因此，要尽我之所有，尽我之所能，贡献给社会人类，以报谢他们的恩惠，甚至不惜牺牲自己而济世利物。学佛修道的人，如果没有牺牲精神，没有利益他人的精神，只顾自己，只图自利，那不是真的学佛修行。

南怀瑾非常重视做人的气节，说到《论语》里的一句话：“临大节而不可夺也。”南怀瑾说，气节对一个人极其重要，是做人的脊梁骨。但现实中，真有气节的人并不多，为了名利，很多人往往不择手段、不顾一切。他经常举南宋文天祥的例子说，大家都知道文天祥，也念过他的《正气歌》，他以一朝宰相的身份，于宋朝亡国时做最后的抗争而被俘虏，那是何等滋味！元朝皇帝忽必烈请他当宰相，硬是空着宰相的职位等了他3年，只要他点头投降，仍然是一人之下，万人之上的宰相，然而文天祥不干，请求忽必烈杀了他。南怀瑾说："看人要看大节……小事糊涂没关系，面临大节当头时，怎么都不动摇才行。"南怀瑾引用《孟子》的话说："生，亦我所欲也；义，亦我所欲也；二者不可得兼，舍生而取义者也。"谁不想活下去？"生"是每个人的欲望，希望长生不老，但是"义"，也是每个人所需要的。真理、人格的建立都是"义"。到了这两样不能兼得的时候，宁可不要生命，也不能丧失人格，不能违背真理而生存在世界上。"成仁取义"是我中国文化的中心点，与其无意义、不合理、羞耻地活着，不如死掉。孟子还说过："一箪食，一豆羹，得之则生，弗得则死。呼尔而与之，行道之人弗受；蹴尔而与之，乞人不屑也。"一碗饭，一碗汤，吃了就能活下去，不吃就会饿死。如果是吆喝着给人吃，或者用脚踢过去给人吃，就是讨饭的也不吃这碗饭。所谓"君子不受嗟来之食"，这是人格、气节的道理。为了保持气节，就应该有所为有所不为，有些事是不屑为的。对于世界上的功名富贵、权力地位，一切都要看得很平淡。有些事该做的才做，不该做的则绝对不去做。

南怀瑾离开我们了，但他不仅给我们留下了丰富的著作，更重要的是为我们树立了做人的榜样。我的余生不仅要读南怀瑾的书，更要按照他的教诲去完善自己的人生。

后 记

前年应喜马拉雅有声读物公司的邀请，在他们的平台上做了“南怀瑾大学问100讲”的讲座，介绍怀师的生平和思想。讲座播出后反应不错，许多听众希望将讲稿用文字的形式编辑出版，于是就有了这本读物。

在讲课时，我引用了许多南怀瑾研究者和推介者的成果。例如，有关怀师的生平，他生前曾希望我帮他撰写自传，答应下来以后却因突发眼疾而无法完成，甚为遗憾。怀师早期经历留下的资料不多，我也不能凭空捏造。因此，在讲课时主要参考引用了刘雨虹的《禅门内外》和练性乾的《我读南怀瑾》。有关南怀瑾的治学和著作，在讲稿里参考引用了薛仁明的《南怀瑾的学问与修行》、薛健的《〈论语别裁〉别裁了什么》、喻学才的《南怀瑾先生诗词意境蠡测》等论文。因为是讲稿，而不是学术研究著作，所以对出处没有一一标明，在此深表歉意和谢意。此外，南国熙先生允许本书使用怀师的照片，叶鹿城先生为本书的出版提供了许多帮助，在此也一并表示感谢。最后也要感谢吾妻范伟女士，她承担了全部家务和对外联络工作，使我得以心无旁骛地在短短两个月里完成了讲稿。

魏承思

2021年春